깟짜야나 문법

【상】

깟짜야나 문법【상】

1판 1쇄 인쇄 2024년 3월 20일
1판 1쇄 발행 2024년 4월 3일

—

저 자 | 깟짜야나
역주자 | 김서리
발행인 | 이방원

—

발행처 | 세창출판사
신고번호 · 제1990-000013호 | 주소 · 서울 서대문구 경기대로 58 경기빌딩 602호
전화 · 02-723-8660 | 팩스 · 02-720-4579
http://www.sechangpub.co.kr | e-mail: edit@sechangpub.co.kr

—

ISBN 979-11-6684-317-4 94790
979-11-6684-316-7 (세트)

—

· 이 책은 한국연구재단의 지원으로 세창출판사가 출판, 유통합니다.
· 잘못된 책은 구입하신 서점에서 바꾸어 드립니다.

—

이 번역서는 2021년 대한민국 교육부와 한국연구재단의 지원을 받아 수행된 연구임 (NRF-2021S1A5A7080024).

깟짜야나 문법

An Annotated Translation of
“Kaccāyana and Kaccāyanavutti”

【상】

깟짜야나Kaccāyana 저
김서리 역주

세창출판사

역자의 말

인도 석사 유학 시절, 공부할수록 더 궁금해지던 과목은 생소했던 빠알리어 문법 수업이었다. 그래서 관련 박사 논문도 썼다. 그런데 빠알리어 문법 관련 자료에서 빠짐없이 등장하는, 가장 오래된 빠알리어 문법이라는 '깟짜야나 문법'이 궁금해졌다. 그러던 중 태국에서 생애 첫 강의 기회가 주어졌는데, 바로 〈깟짜야나 문법〉 수업이었다. '내게도 낯선데, 학생들한테는 얼마나 더 낯설까?'라는 걱정으로 첫 수업에 들어갔다. 학생들은 미얀마, 방글라데시, 캄보디아 등에서 유학 오신 스님들이었는데 수업 열기가 대단했다. 왜냐하면 그분들에게 깟짜야나 문법은 낯선 것이 아니었기 때문이다. 혼자 가는 길이 아니라는 걸 필자만 몰랐던 거였다. 참 가슴 벅차게 행복한 시절이었다.

그런데 관련 논문을 쓰고 강의까지 했어도 일부 문법 주제의 규칙만을 참고하다 보니 '깟짜야나 문법' 전체가 보이지 않아 여전히 궁금했었다. 그러다가 지금으로부터 3년 전, 오래 살던 곳에서 멀리 떠나오게 된 계기가 있었다. 어차피 자의 반 타의 반으로 고립되었으니 오랜 궁금함을 풀어 볼 때인가 싶어 '깟짜야나 문법(KV)'의 번역을 시작하게 되었다.

필자가 KV의 원문을 번역할 때 가장 많이 참고했던 영역본은 ① Phramaha Thiab Malai의 Kaccāyana–Vyākaraṇa: A Critical Study(1997), ② A. Thitzana의 Kaccāyana Pāli Vyākaraṇaṃ(2016), ③ U Nandisena의 Kaccāyanabyākaraṇaṃ(2005)이다. 문법 용어와 관련 개념의 이해를 넓히는 데에는 많은 분의 책과 논문의 도움이 컸다. 그분들의 학문적 결실이 필자에게 스승이고 이정표였다.

KV 번역 작업에서 가장 어려웠던 부분은 역자로서 어디까지 개입해도 되는지에 대한 그 경계 짓기였다. '이것만은 꼭 덧붙여야 해!'라는 확신은 있는데, 온전히 저자의 영역인 '본문'이라는 자리에 역자의 자격으로 과연 어디까지 들어가도 되는 걸까? 신나게 짊어지고 들어갔다가 아차 싶어 도로 짊어지고 나오기를 반복했다. 문법 공부에 실질적인 도움이 될 수 있도록 역자로서 개입하여 풀어내는 부분들이 혹여 KV 저자의 저술 취지에 어긋나지는 않을까 끊임없이 살폈다.

KV 번역의 취지로, 테라와다불교의 성전(Pāli) 강독을 위한 빠알리어 문법의 중요성, 최초의 빠알리어 문법서로서 깟짜야나 문법의 연구 가치, 깟짜야나 문법과 산스끄리뜨 문법(Pāṇini의 Aṣṭādhyāyī나 Śarvavarman의 Kātantra vyākaraṇa)과의 연관성, 깟짜야나 문법 전통의 확립과 발전을 통한 현존하는 파생 문법서 연구 등의 거창한 의미가 분명히 있겠지만, KV 번역에 대한 필자의 솔직한 목적은 다만

'KV가 궁금해서'였다. 한 글자 한 글자 우리말로 옮긴 후에야 비로소 빠알리어가 독자적인 문법 체계를 갖추고 있다는 것을 알게 되었다. 필자에겐 감탄할 일이었다.

물론, KV와 같은 옛 빠알리어 문법서는 현대 빠알리어 문법서에 비해 한눈에 들어오는 주제별 정리나 표 등이 부족하여, 편집과 도식화가 잘 되어 있는 요즘 책에 익숙한 독자들에게 '한번에 마스터되는' 책이라는 인상을 줄 순 없을 것이다. 하지만 KV의 체계에 적응하고 익숙해지면 저자가 얼마나 친절하게 설명해 주고 있는지 알게 될 것이다. KV의 저자는 독자를 위해, 눈에도 귀에도 쏙 들어오도록 주제의 '핵심 단어(규칙)'만 간략히 먼저 알려 준다. 그리고 알아듣기 쉬운 완전한 문장으로 풀어 주고 나서(해설), 이 규칙 기능이 적용된 단어(예시)를 보여 준다. 그런 다음, 독자가 헷갈리는 부분이 있겠다 싶으면, 규칙의 조건 일부가 맞지 않아 규칙이 적용되지 않은 예를 문답으로 보여 주면서 본 규칙의 조건과 기능을 더 잘 이해하도록 도와준다. '규칙이 적용되지 않은 예'도 그 규칙이 적용되지 않았을 뿐, 빠알리어 경전에 있는 단어들이기 때문에 문법 공부의 최종 목적인 '경전 강독'에 결과적으로 도움이 되는 어휘이다. 이러한 구조를 가진 KV는 마치 학생이 이해할 때까지 인내심을 가지고 여러 설명 방식으로 가르쳐 주는 친절한 선생님 같다.

이렇게 문답으로 상세 분석이 끝나면, 때때로 규칙 일부와 관련되지만 조금은 예외적인 기능을 예와 함께 제시하기도 한다. 또는 불규칙하거나 예외적인 형태의 단어를 모아 하나의 규칙으로 묶은 몇 규칙들도 있다. 문법의 체계성에 의심을 할 만한 이 불규칙하고 예외적인 단어를 왜 버리지 않았을까? 왜냐하면 이 단어들 모두 경전에 나오는 단어들이기 때문이다. 문법이 먼저 존재하고 그 문법 체계를 토대로 하여 경전의 구절들이 만들어진 것이 아니고 오히려 그 반대이므로, 기존 규칙들에서 문법적 절차가 언급되지 않은 단어들을 모아 하나의 문법 규칙으로 제시한 것은, 이런 단어들이 문법 규칙에서 배제되지 않도록 하는 장치였을 것이다. KV 규칙들 사이에 "승리자(부처님)의 말씀에 어긋나지 않는 방식으로"라는 구절이 여러 번 등장하는데, '문법'을 내세우기 위한 문법이 아닌, '부처님 말씀'을 제대로 이해하기 위한 도구로서 KV가 만들어졌고 독자도 그런 자세로 접근해야 함을 알려 주는 것 같다.

이렇게 필자의 소회는 길지만, 필자는 여전히 부족하고 번역의 결과물에 대해서도 조심스럽다. KV를 비롯한 옛 빠알리어 문법의 취지와 중요성이 있는 그대로 드러나길 바랄 뿐이며, 부족한 것이 있다면 모두 필자의 역량 부족 탓이다. 문법이 누군가에게 도움이 되면 좋겠지만, 그렇다고 이 책이 누구에게나 필요한 책은 아닐 수도 있다. 목적지도, 출발점도 각자 다르기에 이 길로 가야 한다고 말할 순 없지만, 그래도 누군가에게는 한 걸음 내딛는 데 도움이 되길 간절히 바라본다.

이 번역연구를 선정·지원해 주신 한국연구재단 '명저번역지원사업' 심사위원들과 모든 관계자님께 감사드리고, 복잡한 원고를 보기 편한 책으로 만드느라 애써 주신 세창출판사의 모든 관계자님께 감사드린다. 필자를 늘 믿어 주시고 따뜻하게 품어 주시는 부모님과 가족들께 감사드리고, 고집스러움과 예민함으로 가득했던 필자의 메마른 감정의 방에 항상 밝게 문 두드리며 들어와 온화하고 건강한 일상을 만들어 준 남편과 아이에게 미안함과 감사의 마음을 전한다. 이와 같은 공부의 모든 인연에 감사드린다.

그리고 그리운 한 분. 책 나오면 봄날 찾아뵙겠다 마음먹고 연락도 드리지 않고 지내며 최종원고를 검토하던 2023년 11월 말, 그분의 부고를 받았다. 적막과 슬픔 속에 마음을 추스르고 원고를 다듬으며 시간을 견뎠다. 봄이 와도 '김성철 교수님께'라고 적은 책은 전하지 못하지만, 눈물은 마를 것도 같다. 왜냐하면 스승님의 가르침과 따뜻했던 마음은 바람을 거스르고 계절을 넘어 많은 이들에게 오래도록 머물 것임을 알기 때문이다.

2024년 2월

김서리

차례

상권

I. Sandhikappa(제1장 연성의 장)

II.3. 제2장의 세 번째 부분

II.4. 제2장의 네 번째 부분

II.5. 제2장의 다섯 번째 부분

II.7. 제2장의 일곱 번째 부분

‖ nāmānaṃ samāso yuttattho ‖ 318 ‖

‖ tesaṃ vibhattiyo lopā ca ‖ 319 ‖

‖ pakati c' assa sarantassa ‖ 320 ‖

‖ upasagganipātapubbako abyayībhāvo ‖ 321 ‖

‖ so napuṃsakaliṅgo ‖ 322 ‖

‖ diguss' ekattaṃ ‖ 323 ‖

‖ tathā dvande pāṇituriyayoggasenaṅgakhuddajantukavividhaviruddhavisabhāgatthâdīnañ ca ‖ 324 ‖

‖ vibhāsā rukkhatiṇapasudhanadhaññajanapadâdīnañ ca ‖ 325 ‖

‖ dvipade tulyâdhikaraṇe kammadhārayo ‖ 326 ‖

‖ saṅkhyāpubbo digu ‖ 327 ‖

‖ ubhe tappurisā ‖ 328 ‖

‖ amādayo parapadehi ‖ 329 ‖

‖ aññapadatthesu bahubbīhi ‖ 330 ‖

‖ nāmānaṃ samuccayo dvando ‖ 331 ‖

‖ mahataṃ mahā tulyâdhikaraṇe pade ‖ 332 ‖

‖ itthiyaṃ bhāsitapumitthī pumā va ce ‖ 333 ‖

‖ kammadhārayasaññe ca ‖ 334 ‖

‖ attaṃ nassa tappurise ‖ 335 ‖

‖ sare an ‖ 336 ‖

‖ kadaṃ kussa ‖ 337 ‖

‖ kâppatthesu ca ‖ 338 ‖

‖ kvaci samāsantagatānaṃ akāranto ‖ 339 ‖

‖ nadimhā ca ‖ 340 ‖

‖ jāyāya tu daṃ jāni patimhi ‖ 341 ‖

‖ dhanumh' â ca ‖ 342 ‖

‖ aṃ vibhattīnaṃ akārantā abyayībhāvā ‖ 343 ‖

‖ saro rasso napuṃsake ‖ 344 ‖

‖ aññasmā lopo ca ‖ 345 ‖

II.8. 제2장의 여덟 번째 부분

‖ vā ṇ' apacce ‖ 346 ‖

‖ ṇāyanaṇāna Vacchâdito ‖ 347 ‖

‖ ṇeyyo Kattikâdīhi ‖ 348 ‖

‖ ato ṇi vā ‖ 349 ‖

‖ ṇavôpagvādīhi ‖ 350 ‖

‖ ṇero vidhavâdito ‖ 351 ‖

‖ yena vā saṃsaṭṭhaṃ tarati carati vahati ṇiko ‖ 352 ‖

‖ taṃ adhīte tena katâdisannidhānaniyogasippabhaṇḍajīvikatthesu ‖ 353 ‖

‖ ṇa rāgā tassêdamaññatthesu ca ‖ 354 ‖

‖ jātâdīnaṃ imiyā ca ‖ 355 ‖

‖ samūhatthe kaṇṇā ca ‖ 356 ‖

|| gāmajanabandhusahāyâdīhi tā || 357 ||

|| tad assa ṭṭhānaṃ īyo ca || 358 ||

|| upamatth'āyitattaṃ || 359 ||

|| taṃnissitatthe lo || 360 ||

|| ālu tabbahulatthe || 361 ||

|| ṇyattatā bhāve tu || 362 ||

|| ṇa visamâdīhi || 363 ||

|| ramaṇīyâdito kaṇ || 364 ||

|| visese taratamissikiyiṭṭhā || 365 ||

|| tad ass' atthī ti vī ca || 366 ||

|| tapâdito sī || 367 ||

|| daṇḍâdito ikaī || 368 ||

|| madhvādito ro || 369 ||

|| guṇâdito vantu || 370 ||

|| satyādīhi mantu || 371 ||

|| saddhādito ṇa || 372 ||

|| āyuss' ukār' as mantumhi || 373 ||

|| tappakativacane mayo || 374 ||

|| saṅkhyāpūraṇe mo || 375 ||

|| sa chassa vā || 376 ||

|| ekâdito dasass' ī || 377 ||

|| dase so niccañ ca || 378 ||

|| ante niggahītañ ca || 379 ||

|| ti ca || 380 ||

|| la darāṇaṃ || 381 ||

|| vīsatidasesu bā dvissa tu || 382 ||

|| ekâdito dasa ra saṅkhyāne || 383 ||

|| aṭṭhâdito ca || 384 ||

|| dvekaṭṭhānaṃ ākāro vā || 385 ||

|| catuchehi thaṭhā || 386 ||

|| dvitīhi tiyo || 387 ||

|| tiyo dutâ pi ca || 388 ||

|| tesaṃ aḍḍhûpapadenaḍḍhuḍḍhadiva ḍḍhadiyaḍḍhaḍḍhatiyā || 389 ||

|| sarūpānaṃ ekasesv asakiṃ || 390 ||

|| gaṇane dasassa dviticatupañcachasa ttaaṭṭhanavakānaṃ vīticattārapaññāsasattasanavā yosu yonañ c' īsaṃ āsaṃ ṭhī ri t' ît' ûti || 391 ||

|| catûpapadassa lopo t' uttarapadâdicassa cu co pi na vā || 392 ||

|| yadanupapannā nipātanā sijjhanti || 393 ||

|| dvâdito ko nekatthe ca || 394 ||

|| dasadasakaṃ sataṃ dasakānaṃ sataṃ sahassañ ca yomhi || 395 ||

|| yāvataduttariṃ dasaguṇitañ ca || 396 ||

|| sakanāmehi || 397 ||

|| tesaṃ ṇo lopaṃ || 398 ||

|| vibhāge dhā ca || 399 ||

|| sabbanāmehi pakāravacane tu thā || 400 ||

|| kimimehi thaṃ || 401 ||

|| vuddhâdisarassa vâsaṃyogantassa saṇe ca || 402 ||

|| mā yūnaṃ āgamo ṭhāne || 403 ||

|| āttañ ca || 404 ||

|| kvac' âdimajjhuttarānaṃ dīgharassâpaccayesu ca || 405 ||

|| tesu vuddhilopâgamavikāraviparītâd

esā ca ‖ 406 ‖

‖ ayuvaṇṇānañ c' āyo vuddhi ‖ 407 ‖

III. Ākhyātakappa(제3장 동사의 장)

III.1. 제3장의 첫 번째 부분

‖ atha pubbāni vibhattīnaṃ cha parassapadāni ‖ 408 ‖

‖ parāṇy attanopadāni ‖ 409 ‖

‖ dve dve paṭhamamajjhimuttamapurisā ‖ 410 ‖

‖ sabbesaṃ ekâbhidhāne paro puriso ‖ 411 ‖

‖ nāmamhi payujjamāne pi tulyâdhikaraṇe paṭhamo ‖ 412 ‖

‖ tumhe majjhimo ‖ 413 ‖

‖ amhe uttamo ‖ 414 ‖

‖ kāle ‖ 415 ‖

‖ vattamānā paccuppanne ‖ 416 ‖

‖ āṇattyāsiṭṭhe 'nuttakāle pañcamī ‖ 417 ‖

‖ anumatiparikappatthesu sattamī ‖ 418 ‖

‖ apaccakkhe parokkhâtīte ‖ 419 ‖

‖ hīyoppabhuti paccakkhe hīyattanī ‖ 420 ‖

‖ samīpe 'jjatanī ‖ 421 ‖

‖ māyoge sabbakāle ca ‖ 422 ‖

‖ anāgate bhavissantī ‖ 423 ‖

‖ kiriyâtipanne 'tīte kālâtipatti ‖ 424 ‖

‖ vattamānā ti anti si tha mi ma te ante se vhe e mhe ‖ 425 ‖

‖ pañcamī tu antu hi tha mi ma taṃ antaṃ ssu vho e āmase ‖ 426 ‖

‖ sattamī eyya eyyuṃ eyyāsi eyyātha eyyāmi eyyāma etha eraṃ etho eyyavho eyyaṃ eyyāmhe ‖ 427 ‖

‖ parokkhā a u e ttha a mha ttha re ttho vho i mhe ‖ 428 ‖

‖ hīyattanī ā ū o ttha a mhā ttha tthuṃ se vhaṃ iṃ mhase ‖ 429 ‖

‖ ajjatanī ī uṃ o ttha iṃ mhā ā ū se vhaṃ a mhe ‖ 430 ‖

‖ bhavissantī ssati ssanti ssasi ssatha ssāmi ssāma ssase ssante ssase ssavhe ssaṃ ssāmhe ‖ 431 ‖

‖ kālâtipatti ssā ssaṃsu sse ssatha ssaṃ ssamhā ssatha ssiṃsu ssase ssavhe ssaṃ ssāmhase ‖ 432 ‖

‖ hīyattanīsattamīpañcamīvattamānā sabbadhātukaṃ ‖ 433 ‖

III.2. 제3장의 두 번째 부분

‖ dhātuliṅgehi parā paccayā ‖ 434 ‖

‖ tijagupakitamānehi khachasā vā ‖ 435 ‖

‖ bhujaghasaharasupâdīhi tumicchatthesu ‖ 436 ‖

‖ āya nāmato kattupamānād ācāre

|| 437 ||

|| īy' upamānā ca || 438 ||

|| nāmamhā 'tticchatthe || 439 ||

|| dhātūhi ṇeṇayaṇāpeṇāpayā kāritāni hetvatthe || 440 ||

|| dhāturūpe nāmasmā ṇayo ca || 441 ||

|| bhāvakammesu yo || 442 ||

|| tassa cavaggayakāravakārattaṃ sadhātvantassa || 443 ||

|| ivaṇṇâgamo vā || 444 ||

|| pubbarūpañ ca || 445 ||

|| yathā kattari ca || 446 ||

|| bhuvâdito a || 447 ||

|| rudhâdito niggahītapubbañ ca || 448 ||

|| divâdito yo || 449 ||

|| svādito ṇuṇāuṇā ca || 450 ||

|| kiyādito nā || 451 ||

|| gahâdito ppaṇhā || 452 ||

|| tanâdito oyirā || 453 ||

|| curâdito ṇeṇayā || 454 ||

|| attanopadāni bhāve ca kammani || 455 ||

|| kattari ca || 456 ||

|| dhātuppaccayehi vibhattiyo || 457 ||

|| kattari parassapadaṃ || 458 ||

|| bhuvādayo dhātavo || 459 ||

III.3. 제3장의 세 번째 부분

|| kvacâdivaṇṇānaṃ ekassarāṇaṃ dvebhāvo || 460 ||

|| pubbo 'bbhāso || 461 ||

|| rasso || 462 ||

|| dutiyacatutthānaṃ paṭhamatatiyā || 463 ||

|| kavaggassa cavaggo || 464 ||

|| mānakitānaṃ vatattaṃ vā || 465 ||

|| hassa jo || 466 ||

|| antass' ivaṇṇ' akāro vā || 467 ||

|| niggahītañ ca || 468 ||

|| tato pāmānānaṃ vā maṃ sesu || 469 ||

|| ṭhā tiṭṭho || 470 ||

|| pā pibo || 471 ||

|| ñāssa jājannā || 472 ||

|| disassa passadissadakkhā vā || 473 ||

|| byañjanantassa co chappaccayesu ca || 474 ||

|| ko khe ca || 475 ||

|| harassa giṃ se || 476 ||

|| brūbhūnaṃ āhabhūvā parokkhāyaṃ || 477 ||

|| gamiss' anto ccho vā sabbāsu || 478 ||

|| vacass' ajjatanismiṃ akāro o || 479 ||

|| akāro dīghaṃ himimesu || 480 ||

|| hi lopaṃ vā || 481 ||

|| hotissar' ehohe bhavissantimhi ssassa ca || 482 ||

|| karassa sappaccayassa kāho || 483 ||

III.4. 제3장의 네 번째 부분

|| dântass' aṃ mimesu || 484 ||

|| asaṃyogantassa vuḍḍhi kārite || 485 ||

|| ghaṭâdīnaṃ vā || 486 ||

|| aññesu ca || 487 ||

|| guhadusānaṃ dīghaṃ || 488 ||

|| vacavasavahâdīnaṃ ukāro vassa ye || 489 ||

|| havipariyāyo lo vā || 490 ||

|| gahassa ghe ppe || 491 ||

|| halopo ṇhāmhi || 492 ||

|| karassa kāsattaṃ ajjatanimhi || 493 ||

|| asasmā mimānaṃ mhimh' antalopo ca || 494 ||

|| thassa tthattaṃ || 495 ||

|| tissa tthittaṃ || 496 ||

|| tussa tthuttaṃ || 497 ||

|| simhi ca || 498 ||

|| labhasmā īinnaṃ ttha tthaṃ || 499 ||

|| kusasmād ī cchi || 500 ||

|| dāssa dajjaṃ || 501 ||

|| vadassa vajjaṃ || 502 ||

|| gamussa ghammaṃ || 503 ||

|| yamhi dādhāmāṭhāhāpā mahamathâdīnaṃ ī || 504 ||

|| yajass' ādiss' i || 505 ||

|| sabbato uṃ iṃsu || 506 ||

|| jaramarāṇaṃ jīrajiyyamiyyā vā || 507 ||

|| sabbatthâsassâdilopo ca || 508 ||

|| asabbadhātuke bhū || 509 ||

|| eyyassa ñāto iyāññā vā || 510 ||

|| nāssa lopo yakārattaṃ || 511 ||

|| lopañ c' ettaṃ akāro || 512 ||

|| uttaṃ okāro || 513 ||

|| karass' akāro ca || 514 ||

|| o ava sare || 515 ||

|| e aya || 516 ||

|| te āvāyā kārite || 517 ||

|| ikārâgamo asabbadhātukamhi || 518 ||

|| kvaci dhātuvibhattippaccayānaṃ dīghaviparītâdesalopâgamā ca || 519 ||

|| attanopadāni parassapadattaṃ || 520 ||

|| akārâgamo hīyattanajjatanīkālâtipattīsu || 521 ||

|| brūto ī timhi || 522 ||

|| dhātuss' anto lopo 'nekasarassa || 523 ||

|| isuyamānaṃ anto ccho vā || 524 ||

|| kāritānaṃ ṇo lopaṃ || 525 ||

IV. Kibbidhānakappa(제4장 Kita의 장)

IV.1. 제4장의 첫 번째 부분

|| dhātuyā kammâdimhi ṇo || 526 ||

|| saññāyaṃ a nu || 527 ||

|| pure dadā ca iṃ || 528 ||

|| sabbato 'ṇvutvāvī vā || 529 ||

|| visarujapadâdito ṇa || 530 ||

|| bhāve ca || 531 ||

|| kvi ca || 532 ||

|| dharâdīhi rammo || 533 ||

|| tassīlâdisu ṇītvâvī ca || 534 ||

|| saddakudhacalamaṇḍattharucâdīhi yu || 535 ||

|| pārâdigamimhā rū || 536 ||

|| bhikkhâdito ca || 537 ||

|| hanatyādīnaṃ ṇuko || 538 ||

|| nu niggahītaṃ padante || 539 ||

|| saṃhan' aññāya vā ro gho || 540 ||

|| ramhir anto râdi no || 541 ||

|| bhāvakammesu tabbânīyā || 542 ||

|| ṇyo ca || 543 ||

|| karamhā ricca || 544 ||

|| bhūto 'bba || 545 ||

|| vadamadagamayujagarahâkārâdīhi jjammaggayheyyā gāro vā || 546 ||

|| te kiccā || 547 ||

|| aññe kit || 548 ||

|| nandâdīhi yu || 549 ||

|| kattukaraṇappadesesu ca || 550 ||

|| rahâdito no ṇa || 551 ||

IV.2. 제4장의 두 번째 부분

|| ṇâdayo tekālikā || 552 ||

|| saññāyaṃ dādhāto i || 553 ||

|| ti kit c' âsiṭṭhe || 554 ||

|| itthiyaṃ atiyavo vā || 555 ||

|| karato ririyo || 556 ||

|| atīte tatavantutāvī || 557 ||

|| bhāvakammesu ta || 558 ||

|| budhagamâdyatthe kattari || 559 ||

|| jito ina sabbattha || 560 ||

|| supato ca || 561 ||

|| īsadusuhi kha || 562 ||

|| icchatthesu samānakattukesu tave tuṃ vā || 563 ||

|| arahasakkâdīsu ca || 564 ||

|| pattavacane alamatthesu ca || 565 ||

|| pubbakālekakattukānaṃ tūnatvānatvā vā || 566 ||

|| vattamāne mānantā || 567 ||

|| sāsâdīhi ratthu || 568 ||

|| pâdito ritu || 569 ||

|| mānâdīhi rātu || 570 ||

|| āgamā tuko || 571 ||

|| bhabbe ika || 572 ||

IV.3. 제4장의 세 번째 부분

|| paccayādaniṭṭhā nipātanā sijjhanti || 573 ||

|| sāsadisato tassa riṭṭho ca || 574 ||

|| sâdisantapucchabhañjahaṃsâdīhi ṭṭho || 575 ||

|| vasato uttha || 576 ||

|| vassa vā vu || 577 ||

|| dhaḍhabhahehi dhaḍhā ca || 578 ||

|| bhajato ggo ca || 579 ||

|| bhujâdīnaṃ anto no dvi ca || 580 ||

|| vaca vā vu || 581 ||

|| gupâdīnañ ca || 582 ||

|| tarâdīhi iṇṇo || 583 ||

	bhidâdito innannaīṇā vā		584	
	susa-paca-sakato kkhakkā ca		585	
	pakkamâdīhi nto ca		586	
	janâdīnaṃ ā timhi ca		587	
	gamakhanahanaramâdīnaṃ anto		588	
	rakāro ca		589	
	ṭhāpānaṃ i ī ca		590	
	hantehi ho hassa lo vā adahanahānaṃ		591	

IV.4. 제4장의 네 번째 부분

	ṇamhi rañjayassa jo bhāvakaraṇesu		592	
	hanassa ghāto		593	
	vadho vā sabbattha		594	
	ākārantānaṃ āyo		595	
	purasaṃupaparihi karotissa khakharā vā tappaccayesu ca		596	
	tavetūnâdīsu kā		597	
	gamakhanâdīnaṃ tuntabbâdīsu na		598	
	sabbehi tūnâdīnaṃ yo		599	
	canantehi raccaṃ		600	
	disā svānasvântalopo ca		601	
	mahadabhehi mmayhajjabbhaddhā ca		602	
	taddhitasamāsakitakā nāmaṃ v' âtavetūnâdīsu		603	
	dumhi garu		604	
	dīgho ca		605	
	akkharehi kāraṃ		606	
	yathāgamaṃ ikāro		607	
	dadhantato yo kvaci		608	

IV.5. 제4장의 다섯 번째 부분

	niggahītaṃ saṃyogâdi no		609	
	sabbattha ge gī		610	
	sadassa sīdattaṃ		611	
	yajassa sarass' i ṭṭhe		612	
	hacatutthānaṃ antānaṃ do dhe		613	
	ḍo ḍhakāre		614	
	gahassa ghara ṇe vā		615	
	dahassa do laṃ		616	
	dhātvantassa lopo kvimhi		617	
	vidante ū		618	
	namakarānaṃ antānaṃ n' iyuttamhi		619	
	na kagattaṃ cajā ṇvusmiṃ		620	
	karassa ca tattaṃ tusmiṃ		621	
	tuntūnatabbesu vā		622	
	kāritaṃ viya ṇānubandho		623	
	anakā yuṇvūnaṃ		624	
	kagā cajānaṃ		625	

IV.6. 제4장의 여섯 번째 부분

	kattari kit		626	
	bhāvakammesu kiccaktakkhatthā		627	
	kammaṇi dutiyāyaṃ kto		628	
	khyâdīhi man ma ca to vā		629	

|| samâdīhi thamā || 630 ||

|| gahass' upadhass' e vā || 631 ||

|| masussa sussa ccharaccherā || 632 ||

|| āpubbacarassa ca || 633 ||

|| alakalasalehi layā || 634 ||

|| yāṇalāṇā || 635 ||

|| mathissa thassa lo ca || 636 ||

|| pesâtisaggappattakālesu kiccā || 637 ||

|| avassakādhamiṇesu ṇī ca || 638 ||

|| arahasakkâdīhi tuṃ || 639 ||

|| vajâdīhi pabbajjâdayo nipaccante || 640 ||

|| kvilopo ca || 641 ||

|| sacajānaṃ kagā ṇânubandhe || 642 ||

|| nudâdīhi yuṇvūnaṃ anânanâkânakāsakāritehi ca || 643 ||

|| iyatamakiesānaṃ antassaro dīghaṃ kvaci dusassa guṇaṃ do raṃ sa kkh' ī ca || 644 ||

|| bhyādīhi matipūjâdīhi ca kto || 645 ||

|| vepusīdavavamukudābhūhvādīhi thuttimaṇimā nibbatte || 646 ||

|| akkose namh' âni || 647 ||

|| ekâdito sakissa kkhattuṃ || 648 ||

|| sunass' unass' oṇavānuvānûnunakhuṇânā || 649 ||

|| taruṇassa susu ca || 650 ||

|| yuvass' uvass' uvuvānunûnā || 651 ||

|| kāle vattamānâtîte ṇvādayo || 652 ||

|| bhavissati gamâdīhi ṇī ghiṇ || 653 ||

|| kiriyāyaṃ ṇvutavo || 654 ||

|| bhāvavācimhi catutthī || 655 ||

|| kammaṇi ṇo || 656 ||

|| sese ssantumānânā || 657 ||

|| chadâdīhi tatraṇ || 658 ||

|| vadâdīhi ṇitto gaṇe || 659 ||

|| midâdīhi ttitiyo || 660 ||

|| usurañjadaṃsānaṃ daṃsassa daḍḍho ḍhaṭṭhā ca || 661 ||

|| sūvusānaṃ ūvusānaṃ ato tho ca || 662 ||

|| rañjudâdīhi dhadiddakirā kvaci jadalopo ca || 663 ||

|| paṭito hissa heraṇ hīraṇ || 664 ||

|| kaḍyādīhi ko || 665 ||

|| khādâmagamānaṃ khandhandhagandhā || 666 ||

|| paṭâdīhy alaṃ || 667 ||

|| puthassa puthupath' âmo vā || 668 ||

|| sasâdīhi tudavo || 669 ||

|| cyâdīhi īvaro || 670 ||

|| munâdīhi c' i || 671 ||

|| vidâdīhy ūro || 672 ||

|| hanâdīhi nuṇutavo || 673 ||

|| kuṭâdīhi ṭho || 674 ||

|| manupūrasuṇâdīhi ussaṇusisā || 675 ||

해제

'깟짜야나 문법'은 테라와다불교의 성전(Pāli) 언어인 빠알리어의 문법으로, 현존하는 가장 오래된 빠알리어 문법이다. 이 문법은 Kaccāyanavyākaraṇa, Kaccāyanappakaraṇa, Kaccāyanagandha 등으로 불리는데, 본서에서 이 문법을 지칭할 때는 '깟짜야나 문법'이라는 의미인 Kaccāyana-vyākaraṇa(이하 KV)라고 부르겠다.

현존하는 KV의 형태는 규칙, 해설, 예시, 그리고 상세 분석으로 구성된다. KV의 저자는 일반적으로 깟짜야나(Kaccāyana)라고 알려져 있는데, 깟짜야나가 만든 부분은 KV의 규칙에만 해당하고, 해설, 예시, 그리고 상세 분석은 이후에 여러 다른 사람들에 의해 만들어지고 덧붙여져서 KV 전체가 편찬되었다는 주장도 있다.

신할라 전통에 따르면, KV의 저자는 부처님의 직계 제자인 마하깟짜야나(Mahākaccāyana)이며, 이 의견을 따르는 학자들은 KV의 저술 시기를 기원전 6세기로 추정한다. 그러나 여러 다른 학자들은 이 문법의 저자가 부처님의 직계 제자인 마하깟짜야나와 이름만 같은 후대의 다른 인물로 보고 있으며, KV가 대략 기원후 4~11세기 사이에 저술되었을 것이라고 주장한다.

본 번역 대상 도서의 편집자이기도 한 Ole Holten Pind에 따르면, KV는 여러 저자에 의해 편찬되었고, KV의 핵심이라 할 수 있는 간결한 문법 규칙(sutta)은 기원후 6세기 또는 7세기에 지어졌을 것이라고 한다. 기원후 5세기경에 활동한 유명한 불교학자인 붓다고사(Buddhaghosa)가 깟짜야나에 대한 어떤 언급도 하지 않았고 오히려 붓다고사의 해석을 알지 못하면 전혀 알 수 없는 부분들이 KV의 문법 규칙에서 발견되기 때문에, KV의 문법 규칙은 붓다고사가 활동하던 시기 이후에 지어졌을 가능성이 크다고 보는 것이다. 그리고 KV를 포괄적으로 다룬 해설 문헌들이 본격적으로 나오기 시작한 시기가 기원후 8세기부터인 것으로 추정되므로 KV의 규칙은 그 이전에 이미 완성되었을 것이라고 한다. 이러한 근거를 바탕으로 Pind는 KV 문법 규칙의 저술 시기를 대략 기원후 6세기 또는 7세기인 것으로 주장한다.[1]

저자에 대한 의견이 일치하지 않는 만큼 저술 시기에 대해서도 다양한 의견이 있지만, KV가 빠알리어 전통문법서 가운데 최초의 문법서라는 점에 대해서는 의견이 동일하다. 중요한 점은, 깟짜야나를 잇는 문법학자들이 지속적으로 관여하여 현존하는 KV와 같은 텍스트로 발전시켜 가면서 그 문법 체계를 갖추어 갔다는 점이고 그 문법 전통이 이어져 오늘날까지 전해졌다는 점이다.

---

1 KV의 명칭, 저자, 저술 시기 등에 관해서는 여러 참고 자료의 내용을 요약한 것이다. 종합적이고 자세한 내용은 Pind(2013), pp.ix–xi; Malai(1997), pp.18–40; Deokar(2002), pp.8–11; Thitzana(2016a), pp.3–4; Thitzana(2016b), pp.11–14; Ruiz–Falqués(2017), pp.251–252 참조.

본 번역의 대상 도서는 KV의 판본 중 Pali Text Society(이하 PTS)에서 2013년에 출판된 Kaccāyana and Kaccāyanavutti이다. 이 PTS본은 1871년 파리에서 출판된 Emile Sénart의 초판을 배경으로 한 것으로, 빠알리어 대학자인 Ole Holten Pind가 새로 편집하고 S. Kasamatsu와 Y. Ousaka가 색인을 단 개정본이다. 이 KV의 PTS본은 KV 원문과 편집자의 각주, 그리고 색인 등을 포함하고 있는데, 본 번역서는 KV의 원문만을 국문으로 번역한 것이다.

◈ KV의 PTS본 구성과 KV 문법 규칙의 구조

KV의 PTS본은 총 675개의 문법 규칙으로 구성된다.[2] KV는 크게 4개의 장(kappa)과 23개의 부분(kaṇḍa)으로 구분된다. 이 4개의 장은 제1장 Sandhikappa(총 5부분), 제2장 Nāmakappa(총 8부분), 제3장 Ākhyātakappa(총 4부분), 제4장 Kibbidhānakappa(총 6부분)이다.

KV는 세부적 문법 주제에 따라 제2장 Nāmakappa는 4개의 장으로, 제4장 Kibbidhānakappa는 2개의 장으로 세분되어 아래의 표와 같이 총 8개의 장으로 구분되기도 한다.

---

2 KV의 버마본 판본의 규칙 총수는 673개이다. PTS본에 제시된 KV244(obhāvo kvaci yosu vakārassa)와 KV245(bhadantassa bhaddanta bhante)가 버마본에는 없다. Deokar(2002)와 Thitzana(2016a) 참조.

KV의 구성			
총 4장의 구분	부분	규칙번호(총수)	총 8장의 구분
I. Sandhikappa 연성의 장	I.1	01–11 (11)	I. Sandhikappa 연성의 장
	I.2	12–22 (11)	
	I.3	23–29 (7)	
	I.4	30–41 (12)	
	I.5	42–51 (10)	
II. Nāmakappa 명사의 장	II.1	52–119 (68)	II. Nāmakappa 명사의 장
	II.2	120–160 (41)	
	II.3	161–210 (50)	
	II.4	211–248 (38)	
	II.5	249–272 (24)	
	II.6	273–317 (45)	III. Kārakakappa Kāraka의 장
	II.7	318–345 (28)	IV. Samāsakappa 복합어의 장
	II.8	346–407 (62)	V. Taddhitakappa Taddhita의 장
III. Ākhyātakappa 동사의 장	III.1	408–433 (26)	VI. Ākhyātakappa 동사의 장
	III.2	434–459 (26)	
	III.3	460–483 (24)	
	III.4	484–525 (42)	
IV. Kibbidhānakappa Kita의 장	IV.1	526–551 (26)	VII. Kibbidhānakappa Kita의 장
	IV.2	552–572 (21)	
	IV.3	573–591 (19)	
	IV.4	592–608 (17)	
	IV.5	609–625 (17)	
	IV.6	626–675 (50)	VIII. Uṇādikappa Uṇādi의 장

KV 문법 규칙은 규칙-해설-예시의 기본구조를 갖는다. 문법 규칙의 구조를 표로 나타내면 다음과 같다.

문법 규칙의 구조		
기본	규칙	핵심 단어들로 구성된 짧고 간결한 문법 규칙 ※ 주로 핵심 단어들로 구성되지만, 일부의 핵심 단어가 이전 규칙에서 이어진다는 것을 전제할 때는 핵심 단어가 생략되기도 함
	해설	규칙을 보충하여 이해하기 쉽게 푼 설명문
	예시	규칙의 기능이 적용된 예 ※ 완성된 단어의 형태를 보여 줌으로써 해당 규칙을 증명함 규칙의 기능이 적용되지 않은 예 ※ 규칙이 규정하는 조건이 부족하여 규칙 기능이 적용되지 않음을 보여 줌
추가	문답	문법 용어나 규칙의 기능 및 범위를 명확히 하기 위한 문답
	추가 기능	규칙의 일부 단어와 연관되는 추가 기능('규칙 분할'이라고도 함)

KV161 원문을 예로 들어 보면 다음과 같다.

[규칙] ‖ ***tumhâmhehi naṃ ākaṃ*** ‖ 161 ‖

[해설] tehi *tumhâmhehi naṃ*vacanassa *ākaṃ* hoti ‖

[예시] tumhākaṃ | amhākaṃ ‖

[문답] *naṃ* iti kimatthaṃ? tumhehi | amhehi ‖

KV487 원문을 예로 들어 보면 다음과 같다.

[규칙] ‖ ***aññesu ca*** ‖ 487 ‖

[해설] aññesu ca paccayesu sabbesaṃ dhātūnaṃ asaṃyogantānaṃ vuḍḍhi hoti ‖

[예시] jayati | bhavati | hoti ‖

[추가 기능] casaddaggahaṇena *ṇu*ppaccayassā pi vuḍḍhi hoti ‖ abhisuṇoti ‖

총 675개의 KV 규칙 가운데 예외적인 경우(예: KV52, KV131, KV393, KV415 등)를 제외하고는 규칙-해설-예시로 마무리되거나, 규칙-해설-예시 뒤에 추가 기능이나 문답이 이어진다. 이러한 구조로 KV의 총 675개의 문법 규칙이 전개되며, 본 번역 또한 이 구조에 맞게 수행되었다.

◈ 각 장(kappa)의 이름, 구성, 문법 주제

KV 각 장의 이름과 구성, 그리고 각 장의 부분별 문법 주제는 다음과 같다. PTS본에 따라 형식상 총 4장으로 구분했지만, 내용에 있어서는 문법 주제에 따른 8장으로 구분하여 설명하겠다.

I. Sandhikappa(제1장 연성의 장)

Sandhikappa는 연성(sandhi)의 장(kappa, 章)으로, 5개의 부분(kaṇḍa)으로 나뉘고 총 51개의 규칙(KV1-51)으로 구성된다. sandhi는 접두사 saṃ(함께, 합쳐져서, 이어져서)이 붙은 어근 dhā(두다, 놓다)에서 파생된 단어이다. Sadd29에 "sandhi는 단어나 음절이 합해지는 것"이라고 정의하고 있다.

I.1. 제1장의 첫 번째 부분

제1장의 첫 번째 부분(kaṇḍa)은 총 11개의 규칙(KV1-11)으로 구성

된다. 이 부분의 첫 규칙인 KV1은 문법 공부의 중요성을 보여 주고, KV2-9는 문법에서 가장 기본이 되는 알파벳부터 문법 용어인 모음(sara), 짧은 모음(rassa), 긴 모음(dīgha), 자음(byañjana), 무리(vagga), 닉가히따(niggahīta), 유성음(ghosa)·무성음(aghosa)을 다루며, KV10-11은 본격적인 연성 공부를 위해 연성의 기본을 소개하고 있다.

I.2. 제1장의 두 번째 부분

제1장의 두 번째 부분은 총 11개의 규칙(KV12-22)으로 구성되고, 모음 연성을 다룬다. 모음의 탈락, 대체, 장음화, 단음화 등이 제시된다.

I.3. 제1장의 세 번째 부분

제1장의 세 번째 부분은 총 7개의 규칙(KV23-29)으로 구성되고, 자음 연성을 다룬다. 자음이 뒤에 오는 모음의 장음화, 단음화, 탈락, 변형 없음 등과 모음의 뒤에 있는 자음의 중복 등이 제시된다.

I.4. 제1장의 네 번째 부분

제1장의 네 번째 부분은 총 12개의 규칙(KV30-41)으로 구성된다. KV35(모음 연성)와 KV36(자음 연성)을 제외하고는 닉가히따(niggahīta) 연성을 다룬다. 닉가히따의 대체, 삽입, 탈락 등이 제시된다.

I.5. 제1장의 다섯 번째 부분

제1장의 다섯 번째 부분은 총 10개의 규칙(KV42-51)으로 구성되고, 모음과 자음 연성이 섞여 있다.

II. Nāmakappa(제2장 명사의 장)

Nāmakappa는 명사의 장(章)으로, 8부분(kaṇḍa)으로 나뉘고 총 356개의 규칙(KV52–407)으로 구성된다. nāma의 글자 그대로의 의미는 '이름'이지만, 문법과 관련된 맥락에서 nāma는 일반적으로 '명사'를 의미한다.

이 명사의 장은 세부적 문법 주제에 따라, 첫 번째~다섯 번째 부분인 Namakappa(명사의 장, KV52–272), 여섯 번째 부분인 Kārakakappa(Kāraka의 장, KV273–317), 일곱 번째 부분인 Samāsakappa(복합어의 장, KV318–345), 여덟 번째 부분인 Taddhitakappa(Taddhita의 장, KV346–407)로 세분할 수 있다.

II.1. 제2장의 첫 번째 부분

제2장의 첫 번째 부분은 총 68개의 규칙(KV52–119)으로 구성된다. 첫 규칙인 KV52는 문법 규칙의 범위를 한정하고 있다. 나머지 규칙에서 다루는 것은 격어미 소개, 격어미에 따른 명사와 대명사의 어형 변화, 격어미의 대체나 탈락, 전문용어 Ga · Jha · La · Pa · Gha의 정의와 관련 규칙, 격어미에 따른 특정 단어(go)의 어형 변화, 수형용사 뒤에 붙는 격어미의 변화 등이다.

II.2. 제2장의 두 번째 부분

제2장의 두 번째 부분은 총 41개의 규칙(KV120–160)으로 구성된다. 이 부분에서 다루는 것은 격어미에 따른 대명사(amha, tumha, ima, amu)의 어형 변화, 격어미에 따른 접미사 ntu의 어형 변화, 수 형용사의 어형 변화, 격어미에 따른 특정 단어(rāja, puma, kamma)의 어형 변화 등이다.

II.3. 제2장의 세 번째 부분

제2장의 세 번째 부분은 총 50개의 규칙(KV161-210)으로 구성된다. 이 부분에서 다루는 것은 격어미에 따른 대명사의 어형 변화와 격어미의 변화, 격어미에 따른 현재분사의 어형 변화, 격어미에 따른 특정 단어(mana 등등; brahma, atta, sakha, rāja 등등; satthu, pitu 등등)의 어형 변화와 격어미의 변화 등이다.

II.4. 제2장의 네 번째 부분

제2장의 네 번째 부분은 총 38개의 규칙(KV211-248)으로 구성된다. 이 부분에서 다루는 것은 특정 단어(atta, bhavanta, bhadanta)의 어형 변화와 격어미의 변화, Gha · Pa · Jha · La를 가진 단어 뒤에 오는 격어미의 변화, 중성 단어 · 접두사 · 불변화사 뒤에 오는 격어미의 변화, 대명사에 접미사가 붙어서 만들어진 부사, 여성을 의미하는 접미사, Ga가 붙는 단어의 어형 변화 등이다.

II.5. 제2장의 다섯 번째 부분

제2장의 다섯 번째 부분은 총 24개의 규칙(KV249-272)으로 구성된다. 이 부분에서 다루는 것은 대명사에 붙는 접미사와 추상 명사와 비교 정도를 나타내는 접미사이다.

II.6. 제2장의 여섯 번째 부분 (=Kāraka의 장)

제2장의 여섯 번째 부분은 첫 번째~다섯 번째 부분과는 구별되는 Kārakakappa(Kāraka의 장)로, 총 45개의 규칙(KV273-317)으로 구성된다. kāraka의 글자 그대로의 의미는 '행위자' 또는 '동작의 주체'이지만, 문법 관련 맥락에서 kāraka의 의미는 설명이 더 필요하다.

Sadd549는 "kāraka는 행위의 원인이다."라고 정의하고, "kāraka는 행위와 관계가 있는 것이 특징이다."라고 설명한다. 자세히 말하자면, 주어와 목적어 등과 같은 문장의 필수 구성 요소들은 특정한 행위를 완전하게 표현하는 데 도움을 준다. 이렇게 문장에서 행위와 행위에 연관된 것들의 관계를 나타내고, 그 행위를 완전하게 표현하기 위해 각각의 역할을 하는 것을 가리켜 'kāraka'라고 한다.

그리고 특정 kāraka라고 불리는 각 단어는 특정 격어미를 가진다. 따라서 KV 규칙도 이에 맞게 전개되는데, KV273-285는 6개의 kāraka(kattu, kamma, karaṇa, sampadāna, apādāna, okāsa)와 sāmi, ālapana의 역할을 설명하고, KV286-317은 이미 KV55에서 제시되었던 격어미들이 어떤 kāraka에 사용되는지 보여 준다. 그런데 모든 kāraka는 격어미를 가지지만, 격어미가 붙은 모든 단어가 kāraka로 다 설명될 수 있는 것은 아니다. 따라서 KV286-317에서 격어미의 용법이 제시될 때 kāraka 외에도 설명되는 내용이 많다.

II.7. 제2장의 일곱 번째 부분 (=복합어의 장)

제2장의 일곱 번째 부분은 Samāsakappa(복합어의 장)로, 총 28개의 규칙(KV318-345)으로 구성된다. samāsa의 글자 그대로의 의미는 '합

침, 결합'이지만, 문법과 관련된 맥락에서 samāsa는 일반적으로 '복합어'를 의미한다.

samāsa의 정의에 대해 KV318은 "단어와 의미가 있는 그 명사들이 합쳐질 때, 그 합쳐진 의미[와 단어]는 'samāsa'라고 한다."라고 제시한다. Sadd692는 samāsa에 대해 "samāsa는 '합침' 즉 단어의 축약을 의미한다. 또는 격어미의 탈락이 있건 없건 단어나 의미가 합쳐져서 하나의 단어로 축약된 것이 samāsa, 즉 합쳐진 단어이다."라고 정의하고, "samāsa는 많은 단어들이 하나의 단어로 합쳐지는 것이 특징이다."라고 설명한다.

KV는 여섯 종류의 복합어, 즉 avyayībhāva(KV321), kammadhāraya(KV326), digu(KV327), tappurisa(KV329), bahubbīhi(KV330), dvanda(KV331)의 정의를 내리고, KV318-345에 걸쳐 이 복합어와 관련된 규칙들을 제시한다.

II.8. 제2장의 여덟 번째 부분 (=Taddhita의 장)

제2장의 여덟 번째 부분은 Taddhitakappa(Taddhita의 장)로, 총 62개의 규칙(KV346-407)으로 구성된다. taddhita는 tassa(그것에)와 hita(도움이 되는, 유용한)가 합한 단어(ta+hita)이다. hita의 h가 dh로 대체되고(ta+dhita) dh 앞에 d가 삽입되어(ta+ddhita) taddhita가 만들어진다. taddhita의 글자 그대로의 의미는 '그것에 도움이 되는 것, 그것에 유용한 것'이지만, 문법과 관련된 맥락에서 taddhita의 의미는 설명이 더 필요하다.

이제 taddhita가 지칭하는 것이 무엇인지 살펴보자. Sadd751 규칙 앞에 제시된 설명에, "taddhita는 apacca(누군가의 아들 또는 자손) 등등의 의미를 나타내는, ṇa로 시작하는 접미사들 무리의 이름이다."라고 한다.

그렇다면 taddhita는 접미사를 나타내는 것인데, 앞에서 언급한 내용인 '그것에 도움이 되는 것'과는 어떻게 관련될까? Sadd751 규칙 앞에 제시된 설명을 더 보면, "접미사에 의해 단어의 의미가 이해되므로, apacca 등등의 의미를 나타낼 때 [이 접미사들이] 도움이 되고 유익하다. 그러므로 [이러한 접미사를] taddhita라고 한다."라고 한다. 예를 들어서, KV346에 제시된 접미사 ṇa는 누군가의 아들 또는 자손(apacca)을 나타낼 때 사용되므로, A라는 사람의 이름 뒤에 접미사 ṇa가 붙으면 'A의 아들 또는 자손'이라는 의미가 생긴다. 이렇게 이 장에서 제시되는 접미사 ṇa 등등은 그것에, 즉 특정한 의미를 나타내는 것에 도움이 되므로 'taddhita(그것에 도움이 되는 것)'라고 부른다.

이 taddhita는 이러한 접미사를 의미하지만, 이러한 접미사가 붙어서 만들어진 단어를 지칭하기도 한다. 이 접미사들은 어근에 직접 붙지 않고 명사 뒤에 또는 어근에서 파생된 단어 뒤에 붙어 의미를 더한다.

III. Ākhyātakappa(제3장 동사의 장)

Ākhyātakappa는 동사의 장(章)으로, 4부분(kaṇḍa)으로 나뉘고 총 118개의 규칙(KV408-525)으로 구성된다. ākhyāta는 어근 khyā(말하

다, 설명하다)에 접두사 ā가 붙은 동사의 과거분사이다. ākhyāta의 글자 그대로의 의미는 '완전히 말한 것, 충분히 설명한 것'이지만, 문법과 관련된 맥락에서 ākhyāta는 일반적으로 '동사'를 의미한다.

III.1. 제3장의 첫 번째 부분

제3장의 첫 번째 부분은 총 26개의 규칙(KV408–433)으로 구성된다. 이 부분에서 다루는 것은 pada(parassapada, attanopada), 수(단수, 복수), 인칭, 동사의 시제와 법(vattamānā, pañcamī, sattamī, parokkhā, hīyattanī, ajjatanī, bhavissantī, kālātipatti), 시제와 법을 나타내는 동사 어미 등이다.

III.2. 제3장의 두 번째 부분

제3장의 두 번째 부분은 총 26개의 규칙(KV434–459)으로 구성된다. 이 부분은 동사 바탕(어근)이나 명사 바탕에 붙는 다양한 ākhyāta 접미사에 관한 것으로, 원망법, 명사 유래 동사, 사역형, 비인칭 행동, 수동태, 능동태 등을 만드는 접미사와 위까라나(vikaraṇa) 접미사 등을 다룬다.

III.3. 제3장의 세 번째 부분

제3장의 세 번째 부분은 총 24개의 규칙(KV460–483)으로 구성된다. 이 부분에서 다루는 것은 동사 어근 내 중복과 중복된 부분의 변화, 어근의 대체, 접미사나 어미에 따른 어근의 변화 등이다.

III.4. 제3장의 네 번째 부분

제3장의 네 번째 부분은 총 42개의 규칙(KV484-525)으로 구성된다. 이 부분은 형태학적 절차에 필요한 규칙을 많이 다루고 있고, 이전 규칙들을 보충하는 규칙도 많다. 어근 내 변화, 어근의 대체, 모음 강화, 접미사나 어미에 따른 특정 어근의 변화, 특정 어근 뒤에 오는 접미사나 어미의 변화 등을 다루고 있다.

IV. Kibbidhānakappa(제4장 Kita의 장)

Kibbidhānakappa는 Kita의 장(章)으로, 6부분(kaṇḍa)으로 나뉘고 총 150개의 규칙(KV526-675)으로 구성된다. kibbidhāna는 kita(kita라고 불리는 접미사들의)+vidhāna(정리, 배치)이다. kita는 어근에서 파생된 단어(명사, 형용사 등)를 만들기 위해 어근에 직접 적용하는 접미사인데, 어근 kara에서 파생된 kita라는 단어는 그런 접미사가 붙어서 만들어진 단어의 예 중 하나이다. 이 예로서의 kita가 이런 접미사를 일컫는 이름이 된 것이지만, 이 용어는 문법 관련된 텍스트에서만 볼 수 있다. 따라서 Kibbidhānakappa는 'kita라고 불리는 접미사들을 정리한 장'이라고 이해할 수 있다. 간략히 'kita의 장'이라고 부르겠다. 이 Kita의 장에서 다루는 접미사를 편의상 'kita 접미사'라고 부르고, 이런 접미사가 붙어서 만들어진 단어를 'kita 파생어'라고 부르겠다.

이 kita의 장은 세부적 문법 주제에 따라, Kibbidhānakappa(Kita의 장, KV526-625), Uṇādikappa(Uṇādi의 장, KV626-675)로 세분할 수 있다.

IV.1. 제4장의 첫 번째 부분

제4장의 첫 번째 부분은 총 26개의 규칙(KV526-551)으로 구성된다. 이 부분에서 다루는 것은 kita 파생어를 만드는 다양한 kita 접미사와 어근의 어형 변화 등이다.

IV.2. 제4장의 두 번째 부분

제4장의 두 번째 부분은 총 21개의 규칙(KV552-572)으로 구성된다. 이 부분에서 다루는 것은 kita 파생어를 만드는 다양한 kita 접미사로, 과거분사, 현재분사, 부정사, 연속체(절대사) 등을 만드는 접미사들이다.

IV.3. 제4장의 세 번째 부분

제4장의 세 번째 부분은 총 19개의 규칙(KV573-591)으로 구성된다. 이 부분에서 다루는 것은 kita 파생어를 만드는 다양한 kita 접미사의 대체와 어근의 어형 변화 등이다.

IV.4. 제4장의 네 번째 부분

제4장의 네 번째 부분은 총 17개의 규칙(KV592-608)으로 구성된다. 이 부분에서 다루는 것은 kita 파생어를 만드는 다양한 kita 접미사의 대체와 어근의 어형 변화 등이며, 그 외에도 명사(nāma)의 범주, 알파벳 자모를 나타내는 것이 소개된다.

IV.5. 제4장의 다섯 번째 부분

제4장의 다섯 번째 부분은 총 17개의 규칙(KV609-625)으로 구성된다. 이 부분에서 다루는 것은 kita 파생어를 만드는 다양한 kita 접미사의 대체와 어근의 어형 변화 등이다.

IV.6. 제4장의 여섯 번째 부분 (=Uṇādi의 장)

제4장의 여섯 번째 부분은 첫 번째~다섯 번째 부분과는 구별되는 Uṇādikappa(Uṇādi의 장)로, 총 50개의 규칙(KV626-675)으로 구성되며 kita의 장을 확장 및 보충했다고 볼 수 있다. uṇādi는 uṇ(아누반다 ṇ가 표시된 접미사 u)+ādi(~로 시작하는, ~등등)인데, 이 장에 uṇ이라는 접미사는 제시되지 않는다. 대신에, u와 ṇ의 자리가 뒤바뀐 ṇu라는 접미사가 붙은 단어는 이 장의 첫 규칙 KV626에서 제시된다. uṇ과 ṇu의 그 형태는 다를지 몰라도 u에 표시된 아누반다 ṇ가 탈락하고 실제로 단어 뒤에 붙는 접미사가 u인 것은 같다. 이 장의 첫 번째 접미사인 ṇu를 시작으로 이 장에 포함된 모든 접미사를 묶어서 uṇādi('ṇu로 시작하는 접미사들' 또는 '접미사 ṇu 등등')라고 한다. 따라서 Uṇādikappa는 첫 접미사 'ṇu로 시작하는 접미사들의 장'이라고 이해할 수 있다. 간략히 'uṇādi의 장'이라고 부르겠다.

8개로 구분한 장(kappa)의 문법 주제를 표로 제시하면 다음과 같다.

8개로 구분한 장의 문법 주제		
	장 이름	각 장의 규칙들이 다루는 문법 주제
1	Sandhikappa 연성의 장 (KV1–51)	문법 공부의 중요성, 문법에서 가장 기본이 되는 알파벳, 전문용어인 모음(sara), 짧은 모음(rassa), 긴 모음(dīgha), 자음(byañjana), 무리(vagga), 닉가히따(niggahīta), 유성음(ghosa), 무성음(aghosa), 모음 연성, 자음 연성, 닉가히따 연성, 연성 일어나지 않는 경우 등등
2	Nāmakappa 명사의 장 (KV52–272)	격어미 소개, 격어미에 따른 명사와 대명사의 어형 변화, 격어미의 대체나 탈락, 전문용어 Ga, Jha, La, Pa, Gha의 정의와 용법, 격어미에 따른 특정 단어의 어형 변화, 수 형용사의 어형 변화, 중성 단어·접두사·불변화사 뒤에 오는 격어미의 변화, 여성을 의미하는 접미사 등등
3	Kārakakappa Kāraka의 장 (KV273–317)	6종의 kāraka(kattu, kamma, karaṇa, sampadāna, apādāna, okāsa)와 sāmi, ālapana의 역할, 격어미들의 배정 등등 ※ kāraka는 문장에서 행위와 행위에 연관된 것들의 관계를 나타내고, 그 행위를 완전하게 표현하기 위해 각각의 역할을 하는 것임
4	Samāsakappa 복합어의 장 (KV318–345)	6종의 복합어(avyayībhāva, kammadhāraya, digu, tappurisa, bahubbīhi, dvanda)의 정의, 각 복합어의 어형 변화 등등
5	Taddhitakappa Taddhita의 장 (KV346–407)	특정한 의미를 나타내는 접미사(taddhita 접미사)가 붙어서 만들어진 파생어(taddhita 파생어)에 관한 것 ※ taddhita는 어근에 직접 붙지 않고 명사 뒤에 또는 어근에서 파생된 단어 뒤에 붙는 접미사임

6	Ākhyātakappa 동사의 장 (KV408–525)	pada, 수, 인칭, 동사의 시제와 법을 나타내는 동사 어미, 동사 어근이나 명사 바탕에 붙는 다양한 접미사(원망법, 명사 유래 동사, 사역형, 비인칭 행동, 수동태, 능동태 관련 접미사), 위까라나 접미사, 어근이나 접미사의 어형 변화 등등
7	Kibbidhānakappa Kita의 장 (KV526–625)	kita(kicca 포함) 소개, kita 파생어를 만드는 다양한 kita 접미사의 변화와 어근의 어형 변화 등등 ※ kita는 어근에서 파생된 단어(명사, 형용사 등)를 만들기 위해 어근에 직접 붙는 접미사임
8	Uṇādikappa Uṇādi의 장 (KV626–675)	kita의 장의 확장으로, uṇādi 파생어를 만드는 다양한 uṇādi 접미사의 변화와 어근의 어형 변화 등등 ※ uṇādi(uṇ+ādi)는 이 장의 첫 접미사인 ṇu(아누반다 ṇ가 붙은 접미사 u)로 시작하는 이 장 모든 접미사임 [uṇ=ṇu]

◈ 번역 시 장별 고려 사항과 번역 방식

KV는 장마다 다른 문법 주제를 다루므로 번역 시 고려해야 했던 사항도 각기 달랐다. 번역 시 장별로 고려했던 사항과 번역 방식을 예시 규칙(원문과 번역문 비교 목적)과 함께 살펴보고자 한다. PTS본에 따라 형식상 총 4장으로 구분했지만, 내용에 있어서는 문법 주제에 따른 8장으로 구분하여 설명할 것이다. 참고로, 번역 시 공통 고려 사항과 번역 방식은 '일러두기'에 통합하여 제시하였다.

〈제1장 연성의 장 번역 시 고려 사항〉

sandhi는 국내에서 일반적으로 쓰는 '연성(連聲)'이라는 번역을 따랐다. 연성의 장에서는 단어나 음절이 합해지는 과정을 이해하는 것이 중요하므로 예의 연성과정을 제시하였다. 연성과정에 규칙의 주요 작용에 해당하는 음(음절)이나 단어는 실선 밑줄(__)로, 주요 작용의 조건에 해당하는 음(음절)이나 단어는 점선 밑줄(.....)로 표시하였다.

‖ ***sarā sare lopaṃ*** ‖ **12** ‖
sarā kho sabbe pi sare pare lopaṃ papponti ‖
yass' indriyāni samathaṃgatāni | no h' etaṃ bhante | samet' āyasmā saṅghena ‖

문법 규칙 구조에 따른 KV12 원문과 번역문 비교		
규칙	원문	‖ *sarā sare lopaṃ* ‖ 12 ‖
	번역문	‖ *sarā sare lopaṃ* ‖ 12 ‖
해설	원문	sarā kho sabbe pi sare pare lopaṃ papponti ‖
	번역문	모든 모음은 모음이 뒤에 올 때 탈락한다.
예시	원문	yass' indriyāni samathaṃgatāni | (중략)
	번역문	[그 예는 다음과 같다.] yass' indriyāni samathaṃgatāni. (중략) yassa+indriyāni → yassa+indriyāni[KV12] → yass' indriyāni [KV11]

〈제2장 명사의 장 번역 시 고려 사항〉

첫 번째~다섯 번째 부분인 Namakappa(명사의 장, KV52-272)에서는 규칙이 적용되어 단어가 완성되는 과정을 보여 주기 위해 예시 단어의 형성과정을 제시하였다. 예시 단어가 속한 예문 원문의 예시 단어는 점선 밑줄(.....)로, 단어 형성과정에서 규칙 기능과 관련된 절차는 실선 밑줄(_)로 표시하였다.

‖ ***amhassa mamaṃ savibhattissa se*** ‖ **120** ‖ sabbass' eva *amha*saddassa savibhattissa *mamaṃ* ādeso hoti *se* vibhattimhi ‖ mamaṃ dīyate | mamaṃ pariggaho ‖

문법 규칙 구조에 따른 KV120 원문과 번역문 비교		
규칙	원문	‖ *amhassa mamaṃ savibhattissa se* ‖ 120 ‖
	번역문	‖ *amhassa mamaṃ savibhattissa se* ‖ 120 ‖
해설	원문	sabbass' eva *amha*saddassa savibhattissa *mamaṃ* ādeso hoti *se* vibhattimhi ‖
	번역문	'amha-나' 단어 전체는 격어미 sa가 뒤에 올 때 격어미와 함께 mamaṃ으로 대체된다.
예시	원문	mamaṃ dīyate | mamaṃ pariggaho ‖
	번역문	[그 예는 다음과 같다.] mamaṃ dīyate 나에게 주어진다. (중략) amha+sa → mamaṃ[KV120] → mamaṃ

여섯 번째 부분인 Kārakakappa(Kāraka의 장, KV273-317)에서, 'kāraka'에 대한 번역어를 단 한 마디로 정해서 쓰기에는 그 뜻이 제대로 전달되지 않아서 kāraka 그대로 쓰기로 한다. 이 부분은 단어의 형태학적 절차보다 문장 구성 요소들의 역할과 의미가 중요하므로, 예문 하나씩 국문 번역을 넣어서 원문과 맞추어 볼 수 있도록 구성하였다. 예문에서 규칙의 주요 단어는 실선 밑줄(_)로 표시

하였다. 용어 kattu, kamma, karaṇa, sampadāna, apādāna, okāsa, sāmi, ālapana는 번역하지 않고 용어 그대로 사용하였다.

‖ ***hetvatthe ca*** ‖ **291** ‖
hetvatthe ca tatiyā vibhatti hoti ‖
annena vasati | dhammena vasati | vijjāya vasati | sakkārena vasati ‖

문법 규칙 구조에 따른 KV291 원문과 번역문 비교		
규칙	원문	‖ *hetvatthe ca* ‖ 291 ‖
	번역문	‖ *hetvatthe ca* ‖ 291 ‖
해설	원문	hetvatthe ca tatiyā vibhatti hoti ‖
	번역문	원인의 의미에, 제3 격어미가 사용된다.
예시	원문	annena vasati | dhammena vasati | vijjāya vasati | sakkārena vasati ‖
	번역문	[그 예는 다음과 같다.] annena vasati. dhammena vasati. (중략) annena vasati : 음식으로 산다. dhammena vasati : 법으로 산다. (중략)

일곱 번째 부분인 Samāsakappa(복합어의 장, KV318-345)에서 'samāsa'에 대한 국문 번역은 국내에서 일반적으로 쓰는 '복합어(複合語)'라는 번역을 따랐다. 이 부분은 단어의 형태학적 절차보다, 합쳐진 단어의 의미와 형태를 살펴보는 것이 중요하다. 그래서 예문 하나씩 국문 번역을 넣어서 원문과 맞추어 볼 수 있도록 구성하였다. 용어 avyayībhāva, kammadhāraya, digu, tappurisa, bahubbīhi, dvanda는 번역하지 않고 용어 그대로 사용하였다.

‖ ***diguss'ekattaṃ*** ‖ **323** ‖
digussa samāsassa ekattaṃ hoti napuṃsakaliṅgattañ ca ‖
tayo lokā tilokaṃ | tayo daṇḍā tidaṇḍaṃ | tīṇi nayanāni tinayanaṃ | tayo siṅgā tisiṅgaṃ | catasso disā catuddisaṃ | dasa disā dasadisaṃ | pañca indriyāni pañcindriyaṃ ‖

문법 규칙 구조에 따른 KV323 원문과 번역문 비교		
규칙	원문	‖ *diguss' ekattaṃ* ‖ 323 ‖
	번역문	‖ *diguss' ekattaṃ* ‖ 323 ‖
해설	원문	digussa samāsassa ekattaṃ hoti napuṃsakaliṅgattañ ca ‖
	번역문	digu 복합어는 단수가 되고 중성이 된다.
예시	원문	tayo lokā tilokaṃ | tayo daṇḍā tidaṇḍaṃ | (중략)
	번역문	[그 예는 다음과 같다.] tayo lokā tilokaṃ. tayo daṇḍā tidaṇḍaṃ. (중략) tilokaṃ : 세 가지 세계, 즉 삼계(tayo lokā) tidaṇḍaṃ : 세 개의 막대기(tayo daṇḍā) (중략)

여덟 번째 부분인 Taddhitakappa(Taddhita의 장, KV346-407)에서, 'taddhita'에 대한 번역어를 단 한 마디로 정해서 쓰기에는 그 뜻이 제대로 전달되지 않아서 taddhita 그대로 쓰기로 한다. 이 부분은 taddhita 접미사가 붙어서 형성되는 taddhita 파생어에 관한 것이므로, 단어의 형태학적 절차뿐만 아니라 파생어의 의미 모두 살펴보는 것이 중요하다. 그래서 각각의 예시에 국문 번역을 넣어서 원문과 맞추어 볼 수 있도록 구성하였고, 필요에 따라 단어분석(원 단어+taddhita접미사+격어미)과 단어 형성과정을 제시하였다.

‖ ***dvitīhi tiyo*** ‖ **387** ‖
dvi ti icc etehi tiyappaccayo hoti saṅkhyāpūraṇatthe ‖
dvinnaṃ pūraṇo dutiyo | tiṇṇaṃ pūraṇo tatiyo ‖

문법 규칙 구조에 따른 KV387 원문과 번역문 비교		
규칙	원문	‖ *dvitīhi tiyo* ‖ 387 ‖
	번역문	‖ *dvitīhi tiyo* ‖ 387 ‖
해설	원문	*dvi ti* icc etehi *tiya*ppaccayo hoti saṅkhyāpūraṇatthe ‖
	번역문	dvi(2)와 ti(3) 뒤에 서수의 의미로 접미사 tiya가 붙는다.
예시	원문	dvinnaṃ pūraṇo dutiyo | tiṇṇaṃ pūraṇo tatiyo ‖
	번역문	[그 예는 다음과 같다.] dvinnaṃ pūraṇo dutiyo. tiṇṇaṃ pūraṇo tatiyo. dutiyo : 2의 채움, 즉 두 번째. [단어분석] dvi+tiya+si tatiyo : 3의 채움, 즉 세 번째. [단어분석] ti+tiya+si 〈dutiyo 형성과정〉 dvi+tiya[KV387] → du+tiya[KV388] → dutiya[KV603] → dutiya+si(→o)[KV104] → dutiy+o[KV83] → dutiyo

〈제3장 동사의 장 번역 시 고려 사항〉

동사의 장 특성상, 단어의 형태학적 절차와 의미 모두 살펴보는 것이 중요하다. 그래서 각각의 예시에 국문 번역을 넣어서 원문과 맞추어 볼 수 있도록 구성하였고, 필요에 따라 단어분석(어근+ākhyāta접미사+동사어미)과 단어 형성과정을 제시하였다. 동사의 시제와 법을 나타내는 용어 vattamānā, pañcamī, sattamī, parokkhā, hīyattanī, ajjatanī, bhavissantī, kālātipatti는 번역하지 않고 용어 그대로 사용하였다.

위까라나 접미사는 KV447-454에 제시된 것으로, 동사를 구분하는 바탕이 되는 접미사이다. 이 위까라나(vikaraṇa)라는 용어에 대해 KV는 따로 정의하지 않고 있지만, 다른 문법서의 규칙(Sadd976, MV5.161, MV6.76)에서 이 접미사들을 vikaraṇa라고 부른다. KV는 많은 종류의 접사를 다 paccaya라는 용어로 쓰고 있으므로, 구별하기 쉽도록 KV 국문 번역에는 해당 접미사들에 한해 '위까라나 접미사'라는 용어를 사용하였다.

‖ ***bhuvâdito a*** ‖ **447** ‖
bhū icc *e*vamādito dhātugaṇato *a*ppaccayo hoti kattari ‖
bhavati | paṭhati | pacati | jayati ‖

문법 규칙 구조에 따른 KV447 원문과 번역문 비교		
규칙	원문	‖ *bhuvâdito a* ‖ 447 ‖
	번역문	‖ *bhuvâdito a* ‖ 447 ‖
해설	원문	*bhū* icc *e*vamādito dhātugaṇato *a*ppaccayo hoti kattari ‖
	번역문	능동태(kattu)에서, bhū로 시작하는 어근 무리 뒤에 [위까라나] 접미사 a가 붙는다.
예시	원문	bhavati | paṭhati | pacati | jayati ‖
	번역문	[그 예는 다음과 같다.] bhavati, paṭhati, (중략) bhavati : 존재한다, 있다. [단어분석] bhū+a+ti paṭhati : 읽는다. [단어분석] paṭha+a+ti (중략) 〈bhavati 형성과정〉 bhū[KV459] → bhū+ti[KV416] → bhū+a+ti[KV447] → bho+a+ti[KV487] → bhav+a+ti[KV515] → bhavati

〈제4장 Kita의 장 번역 시 고려 사항〉

Kita의 장에서, 'kita'에 대한 번역어를 단 한 마디로 정해서 쓰기에는 그 뜻이 제대로 전달되지 않아서 kita 그대로 쓰기로 한다.

첫 번째~다섯 번째 부분인 Kibbidhānakappa(Kita의 장, KV526–625)에서는 Kita의 장의 특성상, 단어의 형태학적 절차뿐만 아니라 파생어의 의미 모두 살펴보는 것이 중요하다. 그래서 각각의 예시에 한글 번역을 넣어서 원문과 맞추어 볼 수 있도록 구성하였고, 필요에 따라 단어분석('앞 단어+어근+kita접미사' 또는 '어근+kita접미사')과 단어 형성과정을 제시하였다.

‖ ***jito ina sabbattha*** ‖ **560** ‖
ji icc etāya dhātuyā *ina*ppaccayo hoti sabbakāle kattari ‖
pāpake akusale dhamme jināti ajini jinissatī ti Jino ‖

문법 규칙 구조에 따른 KV560 원문과 번역문 비교		
규칙	원문	‖ *jito ina sabbattha* ‖ 560 ‖
	번역문	‖ *jito ina sabbattha* ‖ 560 ‖
해설	원문	*ji* icc etāya dhātuyā *ina*ppaccayo hoti sabbakāle kattari ‖
	번역문	능동의 의미와 모든 시간에, 어근 ji 뒤에 접미사 ina가 붙는다.
예시	원문	pāpake akusale dhamme jināti ajini jinissatī ti Jino ‖
	번역문	[그 예는 다음과 같다.] pāpake akusale dhamme jināti ajini jinissatī ti Jino. Jino : 악하고 불건전한 상태를 정복하고, 정복했고, 정복할 분, 정복자. [단어분석] ji+ina

여섯 번째 부분인 Uṇādikappa(Uṇādi의 장, KV626-675)에서는 일부의 예시에 국문 번역을 넣어서 원문과 맞추어 볼 수 있도록 구성하였고, 필요에 따라 단어분석(어근+uṇādi접미사)을 제시하였다.

‖ ***gahass' upadhass' e vā*** ‖ **631** ‖
gaha icc etassa dhātussa upadhassa *e*ttaṃ hoti vā ‖
dabbasambhāraṃ gaṇhātī ti gehaṃ · gahaṃ ‖

문법 규칙 구조에 따른 KV631 원문과 번역문 비교		
규칙	원문	‖ *gahass' upadhass' e vā* ‖ 631 ‖
	번역문	‖ *gahass' upadhass' e vā* ‖ 631 ‖
해설	원문	*gaha* icc etassa dhātussa upadhassa *e*ttaṃ hoti vā ‖
	번역문	어근 gaha의 끝에서 두 번째 음은 선택에 따라 e가 된다.
예시	원문	dabbasambhāraṃ gaṇhātī ti gehaṃ · gahaṃ ‖
	번역문	[그 예는 다음과 같다.] dabbasambhāraṃ gaṇhātī ti gehaṃ · gahaṃ. gehaṃ : 건축 자재를 사용한 것, 집. [단어분석] gaha+a (a→e). *gahaṃ

일러두기

1. 빠알리어 원문

- 본서는 '깟짜야나 문법'(이하 KV)의 국문 번역서로, Pali Text Society (이하 PTS)에서 2013년에 출판된 *Kaccāyana and Kaccāyanavutti*를 저본으로 삼았다. 이 PTS본은 1871년 파리에서 출판된 Emile Sénart의 초판을 바탕으로 한 것으로, 빠알리어 대학자인 Ole Holten Pind가 새로 편집한 개정본이다. 본서는 PTS본의 KV 원문에 대한 번역서이다.
- PTS본을 저본으로 삼되, 원어를 그대로 옮긴 '규칙'이나 '예시'의 오탈자는 A. Thitzana가 편집한 *Kaccāyana Pāli Vyākaraṇaṃ*(Vol.I)과 Helmer Smith가 편집한 Saddanīti(Vol.III Suttamāla)를 참고하여 바로잡고 각주에 언급하였다.
- PTS본에 â, î, û, ê, ô와 같은 모음 위의 삿갓표는 '모음+모음'의 형태학적 절차를 거친 결과인 긴 모음(ā, ī, ū, e, o)에 사용된다. (예: tatrâyaṃ은 tatra+ayaṃ → tatr+āyaṃ의 결과임)
- PTS본에 자음 앞/뒤의 닫는 작은따옴표(')는 '모음+모음'의 형태학적 절차를 거친 결과인 탈락한 모음의 자리에 표시된다. (예: h' etaṃ은 hi+etaṃ → h+etaṃ의 결과임)

2. 국문 번역

- KV 원문 번역 시, 필자의 원문 이해도를 점검하기 위해 가장 많이 참고했던 영역본은 ① Phramaha Thiab Malai의 Kaccāyana-Vyākaraṇa: A Critical Study, ② A. Thitzana의 Kaccāyana Pāli Vyākaraṇaṃ(Vol.II), ③ U Nandisena의 Kaccāyanabyākaraṇaṃ이다.

〈규칙〉

- 규칙 특성상 번역하지 않고 원문을 그대로 실었다.

〈해설〉

- 해설의 번역은 최대한 해설 원문의 단어 순으로 옮기되, 규칙의 핵심 단어 순서와 우리말 어법 및 가독성을 고려하여 단어를 배치하였다.
- 해설 원문에는 같은 문법 기능이 다양하게 표현되지만, 번역어는 통일하였다. (예: lopaṃ āpajjate/ lopo hoti는 모두 "탈락한다"로 번역)
- 번역어를 한 마디로 정해서 쓰기에는 그 뜻이 제대로 전달되지 않는 일부 용어들은 빠알리어 용어를 그대로 옮겼다.

〈예시〉

- 제1장과 제2장 다섯 번째 부분까지는 예의 국문 번역 대신 이 부분이 강조해야 하는 예의 연성과정이나 형성과정을 제시하였고, 본격적인 예의 국문 번역은 KV273부터 넣었다.
- 규칙이 적용된 예시 단어가 예문 속에 있으면, 해당 예시 단어를 밑줄(__)로 표시하여 찾기 쉽게 하였다. (예: 원문 "gāmā apenti munayo"에 대한 번역문은 "<u>gāmā</u> apenti munayo : 성자들은 <u>마을에서</u> 떠난다."임.)

■ 규칙이 적용된 예시 단어가 어원적 정의와 함께 제시되면, 어원적 정의를 해당 예시 단어의 국문 번역으로 넣었다. (예: 원문 “Vasiṭṭhassa apaccaṃ Vāsiṭṭho”에 대한 번역문은 “Vāsiṭṭho : 와싯타의 남성 자손”임.)

■ 예의 단어분석이나 형성과정은 독자의 이해를 돕기 위해 역자가 넣었다.

〈문답〉

■ 문답의 원문 패턴은 간략하지만, 문답이 가진 함의를 풀어내야 하므로 문맥상 필요한 내용은 ‘[ ]’에 써넣었다.

※ 번역 시 장별 고려 사항과 번역 방식은 ‘해제’에서 확인할 수 있다.

3. 각주

■ 본문 하단의 각주는 역자가 붙였고, 독자의 이해를 돕기 위해 되풀이해서 실은 내용도 있다.

4. 부호

본서(원문 제외)에 사용된 부호는 아래와 같고, 역자가 붙인 것이다.

■ [ ] : 원문에 없지만 번역문에 문맥상 필요한 내용을 넣을 때 사용함. (예: [규칙에])

■ [KV] : KV 뒤에 규칙번호를 넣어 규칙을 나타낼 때 사용함. (예: [KV31])

■ * : 선택적 대안을 뜻하는 ‘vā’의 예시 단어 앞에 사용함. (예: *tayā)

■ → : 다음 과정으로의 이동을 표시함. (예: ta+yo → ta+e)

■ + : 단어(접두사 제외)의 결합을 표시함. (예: dā+tuṃ)

■ – : 접두사와 어근의 결합을 표시함. (예: ā–vu+ṇu+ti)

■ — : 탈락한 음(음절)이나 단어의 중앙에 표시함. (예: yassa, si)

■ × : 작용하지 않는 절차 뒤에 표시함. (예: mhā(×))

■ _ : 주요 기능에 해당하는 음(음절)이나 단어 밑에 표시함. (예: atta)

■ ...... : 조건이나 보조적인 것에 해당하는 음(음절)이나 단어 밑에 표시함. 또는 예시 단어가 속한 예문 원문의 예시 단어 밑에 표시함. (예: hi 또는 mamaṃ dīyate)

■ • : 예시 단어의 연성과정, 형성과정, 분석, 번역 등의 앞에 사용함.

■ ❖ : 예시 단어의 자세한 형성과정 앞에 사용함.

5. 약어

본서는 아래의 약어를 사용하였다.

■ KV : Kaccāyana–vyākaraṇa

■ MV : Moggallāna–vyākaraṇa

■ PTS : Pali Text Society

■ Sadd : Saddanīti

깟짜야나 문법

- 상 -

I. Sandhikappa[1]

제1장 : 연성의 장

1 Sandhikappa는 연성(sandhi)의 장(kappa, 章)으로, 5개의 부분(kaṇḍa)으로 나뉘고 총 51개의 규칙(KV1–51)으로 구성된다. sandhi는 접두사 saṃ(함께, 합쳐져서, 이어져서)이 붙은 어근 dhā(두다, 놓다)에서 파생된 단어이다. KV는 sandhi의 정의를 제시하지 않았고, Sadd29에 "sandhi는 단어나 음절이 합해지는 것(sandhīyanti ettha padāni akkharāni cā ti sandhi)"이라고 정의하고 있다. 국문 번역은 국내에서 일반적으로 쓰는 '연성(連聲)'이라는 번역을 따르겠다. 연성의 장에서는 단어나 음절이 합해지는 과정을 이해하는 것이 중요하므로 각 규칙에서 제시되는 예의 국문 번역은 넣지 않았다. 본격적인 예의 국문 번역은 제2장의 여섯 번째 부분부터, 즉 KV273부터 넣었다.

최고이시고 세 가지 세계에서 존경받으시고 가장 훌륭하신
부처님께, 흠 없는 가르침에, 고귀한 모임(승가)에 절을 올립니다.
스승(부처님) 말씀의 숭고한 의미를 잘 이해할 수 있도록
경전 [공부에] 도움이 되는 훌륭한 연성(Sandhi)의 장(章)을 여기에 말하겠습니다.

현명한 자들은 승리자(부처님)가 가르쳐 주신 방법으로 행복에 이릅니다.
그것은 그분 말씀의 의미를 잘 이해함으로써 [획득됩니다.]
그 의미는 음(音)과 단어에 대한 혼란에서 벗어나야 [알 수 있습니다.][2]
그러므로 행복을 바라는 자는 다양한 단어를 들어야(배워야) 합니다.

---

2 이 문장은 부처님 말씀의 의미를 잘 이해하기 위해서는 음과 단어에 대해 지혜로워져야 함을 강조하고 있다. 왜냐하면 최소의 언어단위로서의 음(音, akkhara)이 모여 단어(pada)를 구성하고 또 단어에 대한 이해가 있어야 말(vacana, 모든 언어적 표현)의 의미도 이해할 수 있기 때문이다. 용어 akkhara는 KV의 첫 규칙인 KV1에서도 같은 맥락으로 제시되니, 자세한 내용은 KV1 국문 번역과 각주를 참고하라.

I.1
제1장의 첫 번째 부분[3]

‖ ***attho akkharasaññāto*** ‖ **1** ‖

모든 [언어적] 표현의 의미는 오직 [언어적] 음(akkhara, 字母)[4]을 통해서 알게 된다. [자음과 모음이 정확히 맞추어지지 않아서 낱낱의] 음이

3 제1장의 첫 번째 부분(kaṇḍa)은 총 11개의 규칙(KV1–11)으로 구성된다. 여기서 '부분'이라고 옮긴 'kaṇḍa'라는 단어는, 제1장 첫 번째 부분의 끝에 이 부분이 끝났음을 밝히는 문장 "여기까지 sandhi장의 첫 번째 부분이다(iti sandhikappe paṭhamo kaṇḍo)."에 제시된다. 각 장의 각 부분이 끝날 때마다 이런 끝맺음 문장이 제시된다. 이 부분의 첫 규칙인 KV1은 문법 공부의 중요성을 보여 주고, KV2–9는 문법에서 가장 기본이 되는 알파벳부터 모음(sara), 단모음(rassa), 장모음(dīgha), 자음(byañjana), 무리(vagga), 닉가히따(niggahīta), 유성음(ghosa)·무성음(aghosa)을 다루며, KV10–11은 본격적인 연성 공부를 위해 연성의 기본을 소개하고 있다.

4 여기서 '음(音)'은 akkhara를 옮긴 것으로, 단어를 이루는 최소의 말소리 단위로서의 언어적인 음을 가리키는데, 빠알리어 알파벳 낱낱의 소리(音素 또는 音節)를 의미하고, 그 낱낱의 소리를 나타내는 글자(字母)를 의미하기도 한다. 이 낱낱의 알파벳 음을 KV에서 표현해야 할 때는 해당 알파벳 뒤에 접미사 kāra를 붙여서 나타낸다. 관련 규칙인 KV606을 참고하라.

올바르지 않으면, 의미는 이해하기 어렵다.[5] 그러므로 음[에서 시작되는 문법적 지식]에 통달하는 것은 경을 [올바르게 독송하고 올바르게 이해하는 것에] 매우 도움이 된다.

‖ *akkharā p' âdayo ekacattālīsaṃ* ‖ 2 ‖

a로 시작하는 41개의 음(akkhara)은 경을 [올바르게 독송하고 올바르게 이해하는 것에] 도움이 된다.

그것은 이와 같다: a, ā, i, ī, u, ū, e, o; ka, kha, ga, gha, ṅa; ca, cha, ja, jha, ña; ṭa, ṭha, ḍa, ḍha, ṇa; ta, tha, da, dha, na; pa, pha, ba, bha, ma; ya, ra, la, va, sa, ha, ḷa, aṃ. 이것은 '음(akkhara)'이라고 한다.

'음(akkhara)'에 대해 말하는 목적이 무엇인가? [이 규칙을 참고하여] 규칙 "attho akkharasaññāto"(KV1)에 [언급되는 용어 akkhara를 정확히 이해할 수 있게 하기 위함이다.]

‖ *tatth' odantā sarā aṭṭha* ‖ 3 ‖[6]

그 [41개의] 음 중에 a로 시작하여 o로 끝나는 8개는 '모음(sara)'이라고

---

5 다시 말해서, 발음이나 철자가 올바르지 않으면 단어가 정확하지 않으므로 단어의 뜻도 이해하기 어렵다는 뜻이다.

6 이 규칙에서 tattha(거기에)가 지시하는 것은 앞 규칙에서 제시된 41개의 알파벳이다.

한다.

그것은 이와 같다: a, ā, i, ī, u, ū, e, o. 이것은 '모음'이라고 한다.

'모음(sara)'에 대해 말하는 목적이 무엇인가? [이 규칙을 참고하여] 규칙 "sarā sare lopaṃ"(KV12)에 [언급되는 용어 sara를 정확히 이해할 수 있게 하기 위함이다.]

‖ *lahumattā tayo rassā* ‖ 4 ‖

그 8개의 모음 중에 [음의 길이가] 짧은 3개는 '짧은 모음(rassa)'이라고 한다.

그것은 이와 같다: a, i, u. 이것은 '짧은 모음'이라고 한다.

'짧은 모음(rassa)'에 대해 말하는 목적이 무엇인가? [이 규칙을 참고하여] 규칙 "rassaṃ"(KV26)에 [언급되는 용어 rassa를 정확히 이해할 수 있게 하기 위함이다.]

‖ *aññe dīghā* ‖ 5 ‖

그 8개의 모음 중에 짧은 모음을 제외한 5개의 모음은 '긴 모음(dīgha)'이라고 한다.

그것은 이와 같다: ā, ī, ū, e, o. 이것은 '긴 모음'이라고 한다.

'긴 모음(dīgha)'에 대해 말하는 목적이 무엇인가? [이 규칙을 참고하여] 규칙 "dīghaṃ"(KV15)에 [언급되는 용어 dīgha를 정확히 이해할 수 있게 하기 위함이다.]

‖ *sesā byañjanā* ‖ 6 ‖

8개의 모음을 제외하고, ka로 시작하여 닉가히따(aṃ)로 끝나는 나머지 [33개의] 음은 '자음(byañjana)'이라고 한다.

그것은 이와 같다: ka, kha, ga, gha, ṅa; ca, cha, ja, jha, ña; ṭa, ṭha, ḍa, ḍha, ṇa; ta, tha, da, dha, na; pa, pha, ba, bha, ma; ya, ra, la, va, sa, ha, ḷa, aṃ.[7] 이것은 '자음'이라고 한다.

'자음(byañjana)'에 대해 말하는 목적이 무엇인가? [이 규칙을 참고하여] 규칙 "sarā pakati byañjane"(KV23)에 [언급되는 용어 byañjana를 정확히 이해할 수 있게 하기 위함이다.]

‖ *vaggā pañcapañcaso mantā* ‖ 7 ‖

그 [33개의] 자음 중에 ka로 시작하여 ma로 끝나는 [25개의] 음을 5개씩 [묶은] 5개 [각각은] '무리(vagga)'라고 한다.

그것은 이와 같다: [ka 무리] ka, kha, ga, gha, ṅa; [ca 무리] ca, cha, ja, jha, ña; [ṭa 무리] ṭa, ṭha, ḍa, ḍha, ṇa; [ta 무리] ta, tha, da, dha, na; [pa 무리] pa, pha, ba, bha, ma. 이것은 '무리'라고 한다.

'무리(vagga)'에 대해 말하는 목적이 무엇인가? [이 규칙을 참고하여]

---

7 각각의 음절에 붙어 있는 모음 a는 발음을 쉽게 하려고 붙인 것이다. 자음은 모음 a 없이 k, kh, g, gh, ṅ; c, ch, j, jh, ñ; ṭ, ṭh, ḍ, ḍh, ṇ; t, th, d, dh, n; p, ph, b, bh, m; y, r, l, v, s, h, ḷ, ṃ이라고 이해해야 한다.

규칙 "vaggantaṃ vā vagge"(KV31)에 [언급되는 용어 vagga를 정확히 이해할 수 있게 하기 위함이다.]

‖ *aṃ iti niggahītaṃ* ‖ 8 ‖

aṃ[8]은 '닉가히따(niggahīta)'라고 한다.

'닉가히따'에 대해 말하는 목적이 무엇인가? [이 규칙을 참고하여] 규칙 "aṃ byañjane niggahītaṃ"(KV30)에 [언급되는 용어 niggahīta를 정확히 이해할 수 있게 하기 위함이다.]

‖ *parasamaññā payoge* ‖ 9 ‖

산스끄리뜨 문법서에 [나오는] 유성음(ghosa)이나 무성음(aghosa)과 같은 용어는 여기(빠알리어 문법서)에서도 쓰임이 있을 때마다 사용된다. ga, gha, ṅa, ja, jha, ña, ḍa, ḍha, ṇa, da, dha, na, ba, bha, ma, ya, ra, la, va, ha, ḷa. 이것은 '유성음'이다. ka, kha, ca, cha, ṭa, ṭha, ta, tha, pa, pha, sa. 이것은 '무성음'이다.

'유성음이나 무성음(ghosâghosa)'에 대해 말하는 목적이 무엇인가? [이 규칙을 참고하여] 규칙 "vagge ghosâghosānaṃ tatiyapaṭhamā" (KV29)에 [언급되는 용어 ghosâghosa를 정확히 이해할 수 있게 하기 위함이다.]

---

8 aṃ에서 ṃ이 닉가히따이고 ṃ 앞에 있는 모음 a는 발음을 쉽게 하려고 붙인 것이다.

‖ *pubbaṃ adhoṭhitaṃ assaraṃ sarena viyojaye* ‖ 10 ‖

연성(sandhi)을 만들기 위해, 앞 자음은 모음과 분리한 후에 [모음] 아래에(=왼쪽에) 두고 [자음과 분리된] 모음은 위에(=오른쪽에) 두어 [자음을] 모음으로부터 떨어뜨려 놓아야 한다.[9]

[그 예는 다음과 같다.] tatrâyam ādi.

- tatra+ayam → tatr a+ayam[KV10] → tatr+ayam[KV12] → tatr+āyam[KV15] → tatrâyam[KV11][10]

‖ *naye paraṃ yutte* ‖ 11 ‖ [11]

모음과 분리되어 [모음] 아래에(=왼쪽에) 있는 자음은 적절한 때에(모든

---

9 로마자 빠알리어에 맞게, 여기서 '아래에(adho)'는 '왼쪽에'로, '위에(upari)'는 '오른쪽에'로 이해해야 한다. KV10은 연성을 비롯한 형태학적 절차에서 가장 기본이 되는 것이지만, KV10을 앞으로의 예시 단어 형성과정에서는 제시하지 않기로 한다. 왜냐하면, 로마자로 표기된 빠알리어 문자는 자음자와 모음자가 이미 분리되어 있으므로 이 규칙의 기능이 필수적이지 않기 때문이다. 자체적인 문자가 알려지지 않은 빠알리어를 PTS에서 로마자로 표기한 뒤부터 국제적으로 이 표기 방식이 통용되고 있고, 본 번역의 원서도 로마자로 표기된 PTS본이므로 KV10은 예시 단어 형성과정에서 생략하겠다.

10 이것은 예시 단어 tatrâyam의 연성과정이다. 우측 화살표(→)는 다음 과정으로의 이동을 의미한다. 대괄호([ ]) 안에 KV10, KV12 등은 해당 절차에 적용된 KV의 규칙 번호를 가리킨다. KV10의 기능은 [KV10]이 표기된 'tatr a+ayam'에 적용되었다.

11 KV11은 형태학적 절차에서 필수적인 마지막 단계라서 항상 적용되지만, 매번 [KV11]을 표기할 수 없으므로 이해를 돕기 위해 KV12까지의 연성과정에는

절차가 다 적용되었을 때) 뒤에 있는 음으로 가져가야 한다.

[그 예는 다음과 같다.] tatrâbhiratim iccheyya.

• tatra+abhiratiṃ → tatr a+abhiratiṃ[KV10] → tatr+abhiratiṃ [KV12] → tatr+ābhiratiṃ[KV15] → tatrâbhiratiṃ[KV11]

'적절한 때에(yutte)'라는 표현은 왜 [이 규칙에 있는가]? ['적절한 때에'에 내포된 바와 같이 이 규칙의 기능이 모든 곳에 다 적용되는 것은 아님을 보여 주기 위해서이다. 다음과 같은 예에서는 이 규칙의 기능이 적용되지 않는데, 이것은 '적절한 때에'라는 조건이 갖추어져 있지 않기 때문이다.] akkocchi maṃ avadhi maṃ, ajini maṃ ahāsi me. 여기서는 [어떤 절차도 적용되지 않았으므로] 적절한 때가 없다. [따라서 모음과 분리된 어떤 자음도 결합할 필요가 없다.]

• akkocchi+maṃ → akkocchi maṃ

• avadhi+maṃ → avadhi maṃ

• ajini+maṃ → ajini maṃ

• ahāsi+me → ahāsi me

여기까지 연성의 장의 첫 번째 부분이다.

[KV11]이라고 표기하고, 그 이후부터는 지면 관계상 표기하지 않기로 한다.

I.2

제1장의 두 번째 부분[12]

|| *sarā sare lopaṃ* || 12 ||

모든 모음은 모음이 뒤에 올 때 탈락한다.[13]

[그 예는 다음과 같다.] yass' indriyāni samathaṃgatāni. no h' etaṃ

12 제1장의 두 번째 부분은 총 11개의 규칙(KV12–22)으로 구성되고, 모음 연성을 다루고 있다. 모음의 탈락, 대체, 장음화, 단음화 등이 제시된다. 이 부분부터 연성과정을 비롯한 단어 형성과정에 규칙 관련 음(음절)이나 단어에는 실선 밑줄(_) 또는 점선 밑줄(...)을 표시하였다. 실선 밑줄은 규칙의 주요 작용에 해당하는 음(음절)이나 단어에, 점선 밑줄은 주요 작용의 조건에 해당하는 음(음절)이나 단어에 사용하였다.

13 이 해설의 구조를 살펴보면, '모든 모음은(sarā sabbe)'이라는 '㉮ 행위의 주체'가 있고, '탈락한다(lopaṃ papponti, 탈락에 이른다)'라는 '㉯ 행해져야 하는 것'이 있고, '모음이 뒤에 올 때(sare pare)'라는 '㉰ 조건'이 있다. KV12부터는 단어가 형성되는 데 필요한 다양한 문법적 기능과 형태학적 절차를 보여 주는 규칙들이 많이 제시되므로, 많은 규칙이 '㉮는 ㉯이다. ㉰의 조건에서'와 같은 구조를 가진다. '㉯이다'에는 '탈락한다', '대체된다/~으로 된다/본래 상태로 있다', '삽입된다', '길어진다', '짧아진다' 등의 기능이 포함된다. '해설'의 국문 번역은 최대한 원문의 단어 순으로 옮기되, 우리말 어법과 가독성을 고려하였다. 국문 번역에 '㉮는 ㉯이다. ㉰의 조건에서' 순으로 옮기고 싶었지만, 국문에서 낯설 수 있으므로 '㉮는 ㉰의 조건에서 ㉯이다.' 또는 '㉰의 조건에서 ㉮는 ㉯이다.'의 순서로 옮겼다.

bhante. samet' āyasmā saṅghena.

- yassa+indriyāni → yass~~a~~+indriyāni[KV12] → yass' indriyāni [KV11]
- hi+etaṃ → h~~i~~+etaṃ[KV12] → h' etaṃ[KV11]
- sametu+āyasmā → samet~~u~~+āyasmā[KV12] → samet' āyasmā [KV11][14]

‖ *vā paro asarūpā* ‖ 13 ‖

같은 모양이 아닌[15] 모음 뒤에 오는 모음은 선택에 따라 탈락한다.
[그 예는 다음과 같다.] cattāro 'me bhikkhave dhammā. kin nu 'mā va samaṇiyo.

- cattāro+ime → cattāro+~~i~~me[KV13] → cattāro 'me
- kinnu+imā → kinnu+~~i~~mā[KV13] → kinnu 'mā

'선택에 따라(vā)'라는 표현은 왜 [이 규칙에 있는가]? ['선택에 따라'에 내포된 바와 같이 이 규칙의 기능이 모든 곳에 다 적용되는 것은 아님을 보여 주기 위해서이다. 다음과 같은 예에서는 이 규칙의 기능이 적

---

14 이 규칙 이후부터는 연성과정을 비롯한 단어 형성과정에서 [KV11]의 표기는 지면 관계상 하지 않지만, 다른 모든 절차 후에 분리되어 있던 모음과 자음이 합해져야 한다는 것을 학습자는 이해하고 있어야 한다.

15 '같은 모양이 아닌'은 asarūpa를 옮긴 것이다. asarūpa는 KV14의 asavaṇṇa와 같은 맥락에서 사용된 용어이다. asavaṇṇa의 자세한 설명은 KV14 각주를 참고하라.

용되지 않는데, 이것은 '선택에 따라'라는 조건에 의한 것이다.] pañc' indriyāni. tay' assu dhammā jahitā bhavanti.[16]

- pañca+indriyāni → pañc+indriyāni[KV12] → pañc' indriyāni
- tayo+assu → tay+assu[KV12] → tay' assu

|| *kvac'āsavaṇṇaṃ lutte* || 14 ||

뒤에 오는 모음은 앞 모음이 탈락하였을 때 때때로 같은 음이 아닌[17] [모음]으로 된다.

[그 예는 다음과 같다.] saṅkhyaṃ n' ôpeti vedagū. bandhussêva samāgamo.

- na+upeti → n~~a~~+upeti[KV12] → n+opeti[KV14] → n' ôpeti
- bandhussa+iva → bandhuss~~a~~+iva[KV12] → bandhuss+eva [KV14] → bandhussêva

'때때로(kvaci)'라는 표현은 왜 [이 규칙에 있는가]? ['때때로'에 내포된

---

16 이 예시 단어들에는 KV13의 기능이 적용되지 않았으므로 예시 단어의 연성과정에 이 규칙의 절차를 나타내는 [KV13] 표기가 없다.

17 '같은 음이 아닌'은 asavaṇṇa를 옮긴 것이다. asavaṇṇa의 글자 그대로의 의미는 '같은 색이 아닌 것'이지만, 문법과 관련된 맥락에서 asavaṇṇa는 '같은 음이 아닌 모음'을 가리킨다. 같은 음을 가진 모음(savaṇṇa)으로는, a와 ā가, i와 ī가, u와 ū가 서로 한 쌍이다. 따라서 a와 ā는 서로가 같은 음을 가진 모음이지만, a와 ā 한 쌍은 i, ī, u, ū, e, o와 같은 음이 아닌 음(asavaṇṇa)이다. i와 ī 한 쌍도, u와 ū 한 쌍도 마찬가지로 이해하면 된다. e와 o는 서로도 같은 음이 아닌 음이며, 다른 모음들과도 같은 음이 아닌 음이다.

바와 같이 이 규칙의 기능이 모든 곳에 다 적용되는 것은 아님을 보여 주기 위해서이다. 다음과 같은 예에서는 이 규칙의 기능이 적용되지 않는데, 이것은 '때때로'라는 조건에 의한 것이다.] yass' indriyāni. tath' ûpamaṃ dhammavaraṃ adesayī.[18]

- yassa+indriyāni → yass+indriyāni[KV12] → yass' indriyāni
- tathā+upamaṃ → tath+upamaṃ[KV12] → tath+ūpamaṃ[KV15] → tath' upamaṃ

‖ *dīghaṃ* ‖ 15 ‖

뒤에 오는 모음은 앞 모음이 탈락하였을 때 때때로 길어진다.

[그 예는 다음과 같다.] saddh' îdha vittaṃ purisassa seṭṭhaṃ. anāgārehi c' ûbhayaṃ.

- saddhā+idha → saddh~~ā~~+idha[KV12] → saddh+īdha[KV15] → saddh' îdha
- ca+ubhayaṃ → c~~a~~+ubhayaṃ[KV12] → c+ūbhayaṃ[KV15] → c' ûbhayaṃ

'때때로(kvaci)'라는 표현은 왜 [이 규칙에 있는가]? ['때때로'에 내포된 바와 같이 이 규칙의 기능이 모든 곳에 다 적용되는 것은 아님을 보여 주기 위해서이다. 다음과 같은 예에서는 이 규칙의 기능이 적용되

18 이 예시 단어들에는 KV14의 기능이 적용되지 않았으므로 예시 단어의 연성과정에 이 규칙의 절차를 나타내는 [KV14] 표기가 없다.

지 않는데, 이것은 '때때로'라는 조건에 의한 것이다.] pañcah' Upāli aṅgehi samannāgato. n' atth' aññaṃ kiñci.[19]

- pañcahi+upāli → pañcah+upāli[KV12] → pañcah' upāli
- n'atthi+aññaṃ → n'atth+aññaṃ[KV12] → n' atth' aññaṃ

‖ *pubbo ca* ‖ 16 ‖[20]

앞 모음은 뒷 모음이 탈락하였을 때 때때로 길어진다.

---

19 이 예시 단어들에는 KV15의 기능이 적용되지 않았으므로 예시 단어 연성과정에 이 규칙의 절차를 나타내는 [KV15] 표기가 없다.

20 이 규칙의 ca는 이전 규칙의 단어를 끌어와 문맥을 맞추는 용도로, KV15의 dīghaṃ을 의미한다. 다시 말해서, KV16의 ca는 KV15의 "dīghaṃ"이라는 단어를 가리키므로, "모음의 장음화"라는 이전의 개념이 ca에 의해 KV16에서도 지속된다. KV 규칙에 종종 등장하는 "ca"의 용도를 간략히 정리하면 다음과 같다. ① ca는 이전 규칙의 단어를 끌어와 문맥을 맞춘다. KV16, 39, 202, 269, 309를 그 예로 살펴보면 된다. ② ca는 '그리고 ~도', '또한', '게다가'라는 의미로 쓰여, 해설과 예시 뒤에 제시되는 추가 정보를 가리키기도 한다. 추가 정보는 국문 번역에 "[규칙에 있는] 단어 'ca(또한)'를 취함으로써" 또는 "무슨 목적으로 ca가 [명시되어 있는가?]" 등의 뒤에 이어진 내용으로, 기존 규칙의 기능에 형태학적 변화의 예를 더 보탠 것이다. KV20, 140, 167, 366을 그 예로 살펴보면 된다. 이런 용도의 장치로 ca뿐만 아니라, tu, api 등이 사용되기도 한다. ③ ca는 문장과 문장을 이어 주는 '그리고'의 의미로 쓰인다. 이 용도의 ca가 있는 규칙의 해설에는 두 가지 문법 기능이 제시된다. KV22, 27, 43, 203, 528을 그 예로 살펴보면 된다. ④ ca는 해설과 예시 뒤에 제시되는, 규칙 기능의 적용 범위에 관한 내용을 가리킨다. KV79, 119, 169, 319를 그 예로 살펴보면 된다. 정리해 보면, KV는 ca를 이전 규칙에서 이미 언급한 것을 나타낼 때도 사용하였고, 앞으로 언급하게 될 것을 나타낼 때도 사용하였다. 이런 용도의 장치로 ca가 사용되었는데, 앞으로 규칙에 등장할 때마다 각주에서 설명하겠다.

[그 예는 다음과 같다.] kiṃ sû 'dha vittaṃ purisassa seṭṭhaṃ. sādhū ti paṭisuṇitvā.

- kiṃ su+idha → kiṃ su+~~i~~dha[KV13] → kiṃ sū+dha[KV16] → kiṃ sû 'dha
- sādhu+iti → sādhu+~~i~~ti[KV13] → sādhū+ti[KV16] → sādhū ti

'때때로(kvaci)'라는 표현은 왜 [이 규칙에 있는가]? ['때때로'에 내포된 바와 같이 이 규칙의 기능이 모든 곳에 다 적용되는 것은 아님을 보여주기 위해서이다. 다음과 같은 예에서는 이 규칙의 기능이 적용되지 않는데, 이것은 '때때로'라는 조건에 의한 것이다.] iti 'ssa muhuttam pi.

- iti+assa → iti+ssa[KV13] → iti 'ssa

|| *yaṃ edantass' ādeso* || 17 ||

[단어의] 끝에 있는 모음 e는 모음이 뒤에 올 때 때때로 자음 y로 대체된다.

[그 예는 다음과 같다.] adhigato kho my āyaṃ dhammo. ty āhaṃ evaṃ vadeyyaṃ. ty āssa pahīnā honti.

- me+ayaṃ → my+ayaṃ[KV17] → my+āyaṃ[KV15] → my āyaṃ
- te+ahaṃ → ty+ahaṃ[KV17] → ty+āhaṃ[KV15] → ty āhaṃ
- te+assa → ty+assa[KV17] → ty+āssa[KV15] → ty āssa

'때때로(kvaci)'라는 표현은 왜 [이 규칙에 있는가]? ['때때로'에 내포된 바와 같이 이 규칙의 기능이 모든 곳에 다 적용되는 것은 아님을 보여 주기 위해서이다. 다음과 같은 예에서는 이 규칙의 기능이 적용되지 않는데, 이것은 '때때로'라는 조건에 의한 것이다.] te 'nāgatā. iti n' ettha.

- te+anāgatā → te+nāgatā[KV13] → te 'nāgatā
- na+ettha → n+ettha[KV12] → n' ettha

‖ *vaṃ odudantānaṃ* ‖ 18 ‖

[단어의] 끝에 있는 모음 o나 모음 u는 모음이 뒤에 올 때 때때로 자음 v로 대체된다.

[그 예는 다음과 같다.] atha khv assa. sv assa hoti. bahvābādho. vatthv ettha vihitaṃ niccaṃ cakkhvāpāthaṃ āgacchati.

- kho+assa → khv+assa[KV18] → khv assa
- so+assa → sv+assa[KV18] → sv assa
- bahu+ābādho → bahv+ābādho[KV18] → bahvābādho
- cakkhu+āpāthaṃ → cakkhv+āpāthaṃ[KV18] → cakkhvāpāthaṃ

'때때로(kvaci)'라는 표현은 왜 [이 규칙에 있는가]? ['때때로'에 내포된 바와 같이 이 규칙의 기능이 모든 곳에 다 적용되는 것은 아님을 보여 주기 위해서이다. 다음과 같은 예에서는 이 규칙의 기능이 적용되지 않는데, 이것은 '때때로'라는 조건에 의한 것이다.] cattāro 'me bhikkhave dhammā. kin nu 'mā va samaṇiyo.

- cattāro+ime → cattāro+me[KV13] → cattāro 'me
- kinnu+imā → kinnu+mā[KV13] → kinnu 'mā

‖ *sabbo can ti* ‖ 19 ‖

단어의 일부인 음절 ti 전체는 모음이 뒤에 올 때 때때로 자음 c로 된다.

[그 예는 다음과 같다.] icc etaṃ kusalaṃ. icc assa vacanīyaṃ. paccāharati.

- iti+etaṃ → ic+etaṃ[KV19] → icc+etaṃ[KV28] → icc etaṃ
- iti+assa → ic+assa[KV19] → icc+assa[KV28] → icc assa
- pati+āharati → pac+āharati[KV19] → pacc+āharati[KV28] → paccāharati

'때때로(kvaci)'라는 표현은 왜 [이 규칙에 있는가]? ['때때로'에 내포된 바와 같이 이 규칙의 기능이 모든 곳에 다 적용되는 것은 아님을 보여주기 위해서이다. 다음과 같은 예에서는 이 규칙의 기능이 적용되지 않는데, 이것은 '때때로'라는 조건에 의한 것이다.] iti 'ssa muhuttam pi.

- iti+assa → iti+ssa[KV13] → iti 'ssa

‖ *do dhassa ca* ‖ 20 ‖[21]

dh는 모음이 뒤에 올 때 때때로 자음 d로 대체된다.

[그 예는 다음과 같다.] ekaṃ idāham bhikkhave samayaṃ.

---

21 이 규칙의 ca는 해설, 예시 다음에 제시된, 추가 정보를 가리킨다. 추가 정보는

• idha+ahaṃ → ida+ahaṃ[KV20] → id+ahaṃ[KV12] → id+āhaṃ[KV15] → idāhaṃ

'때때로(kvaci)'라는 표현은 왜 [이 규칙에 있는가]? ['때때로'에 내포된 바와 같이 이 규칙의 기능이 모든 곳에 다 적용되는 것은 아님을 보여주기 위해서이다. 다음과 같은 예에서는 이 규칙의 기능이 적용되지 않는데, 이것은 '때때로'라는 조건에 의한 것이다.] idh' eva maraṇaṃ bhavissati.

• idha+eva → idh+eva[KV12] → idh' eva

[규칙에 있는] 단어 'ca(또한)'를 취함으로써, 자음 dh는 자음 h로도 대체된다.

[그 예는 다음과 같다.] sāhu dassanaṃ ariyānaṃ.

• sādhu → sāhu

규칙분할(suttavibhāga)에 의해, [다음과 같이] 여러 형태로 대체될 수 있다.

d는 t로 바뀐다. 예를 들면 Sugato와 같다.

• sugado → sugato

t가 ṭ로 바뀐다. 예를 들면 dukkaṭaṃ와 같다.

• dukkataṃ → dukkaṭaṃ

t가 dh로 바뀐다. 예를 들면 gandhabbo와 같다.

• gantabbo → gandhabbo

국문 번역에 "규칙에 있는 단어 ca를 취함으로써"의 뒤에 이어진 내용으로, 기존 규칙의 기능에 형태학적 변화의 예를 더 보탠 것이다.

tt가 tr로 바뀐다. 예를 들면 atrajo와 같다.

- attajo → atrojo

g는 k로 바뀐다. 예를 들면 kulûpako와 같다.

- kulûpago → kulûpako

r는 l로 바뀐다. 예를 들면 mahāsālo와 같다.

- mahāsāro → mahāsālo

y는 j로 바뀐다. 예를 들면 gavajo와 같다.

- gavayo → gavajo

v는 b로 바뀐다. 예를 들면 kubbato와 같다.

- kuvvato → kubbato

y는 k로 바뀐다. 예를 들면 sake와 같다.

- saye → sake

j는 y로 바뀐다. 예를 들면 niyaṃ puttaṃ와 같다.

- nijaṃ puttaṃ → niyaṃ puttaṃ

t는 k로 바뀐다. 예를 들면 niyako와 같다.

- niyato → niyako

t는 c로 바뀐다. 예를 들면 bhacco와 같다.

- bhatto → bhacco

p는 ph로 바뀐다. 예를 들면 nipphatti와 같다.

- nipatti → nipphatti

앞에 있는 모음 i와 ī[22]는 모음이 뒤에 올 때 자음 y로 되는데, 선택에 따라 안 되기도 한다.

[그 예는 다음과 같다.] paṭisanthāravuty assa. sabbā vity anubhūyate.

- paṭisanthāravutti̲+a̤s̤s̤a → paṭisanthāravutty̲+a̤s̤s̤a[KV21] → paṭisanthāravuty+assa[KV41−ca] → paṭisanthāravuty assa
- vitti̲+a̤nubhūyate → vitty̲+a̤nubhūyate[KV21] → vity+ anubhūyate[KV41−ca] → vity anubhūyate

'선택에 따라 아니기도 하다(na vā)'라는 표현은 왜 [이 규칙에 있는 가]? ['선택에 따라 아니기도 하다'에 내포된 바와 같이 이 규칙의 기능이 모든 곳에 다 적용되는 것은 아님을 보여 주기 위해서이다. 다음과 같은 예에서는 이 규칙의 기능이 적용되지 않는데, 이것은 '선택에 따라 아니기도 하다'라는 조건에 의한 것이다.] pañcah' aṅgehi samannāgato. muttacāgī anuddhato.

- pañcahi+aṅgehi → pañcah+aṅgehi[KV12] → pañcah' aṅgehi
- muttacāgī+anuddhato → muttacāgī anuddhato

---

22 '모음 i와 ī'는 ivaṇṇa를 옮긴 것이다. '모음 i와 ī'는 ivaṇṇa라고 하고, '모음 u와 ū' 는 uvaṇṇa라고 하며, '모음 a와 ā'는 avaṇṇa라고 한다.

‖ *evādissa ri pubbo ca rasso* ‖ 22 ‖[23]

모음 뒤에 있는 eva의 첫 모음인 e는 음절 ri가 된다. 그리고 앞 모음은 짧아지는데, 선택에 따라 안 되기도 한다.

[그 예는 다음과 같다.] yatha−ri−va vasudhātalañ ca sabbaṃ tatha−ri−va guṇavā supūjanīyo.

- yathā+eva → yathā+riva, yatha+riva[KV22] → yathariva
- tathā+eva → tathā+riva, tatha+riva[KV22] → tathariva

'선택에 따라 아니기도 하다(na vā)'라는 표현은 왜 [이 규칙에 있는가]? ['선택에 따라 아니기도 하다'에 내포된 바와 같이 이 규칙의 기능이 모든 곳에 다 적용되는 것은 아님을 보여 주기 위해서이다. 다음과 같은 예에서는 이 규칙의 기능이 적용되지 않는데, 이것은 '선택에 따라 아니기도 하다'라는 조건에 의한 것이다.] yathā eva. tathā eva.

- yathā+eva → yathā eva
- tathā+eva → tathā eva

여기까지 연성의 장의 두 번째 부분이다.

---

23 이 규칙의 ca는 다음 문장을 이어 주는 '그리고'의 의미이므로, 해설에 두 가지 문법 기능이 제시된다.

I.3

제1장의 세 번째 부분[24]

‖ *sarā pakati byañjane* ‖ 23 ‖

모음은 자음이 뒤에 올 때 [더 이상의 형태학적 변화 없이] 본래 상태로 유지된다.

[그 예는 다음과 같다.] manopubbaṅgamā dhammā. pamādo maccuno padaṃ. tiṇṇo pāragato ahu.

- mano+pubba+gamā → mano pubba+gamā[KV23] → mano pubbaṃ+gamā[KV37] → mano pubbaṅ+gamā[KV31] → manopubbaṅgamā
- pamādo+maccuno+padaṃ → pamādo maccuno padaṃ[KV23]
- tiṇṇo+pāragato → tiṇṇo pāragato[KV23]

24 제1장의 세 번째 부분은 총 7개의 규칙(KV23-29)으로 구성되고, 자음 연성을 다루고 있다. 자음 앞에 있는 모음의 장음화, 단음화, 탈락, 변형 없음 등과 모음 뒤에 있는 자음의 중복 등이 제시된다.

‖ *sare kvaci* ‖ 24 ‖

모음은 모음이 뒤에 올 때 때때로 [더 이상의 형태학적 변화 없이] 본래 상태로 유지된다.

[그 예는 다음과 같다.] ko imaṃ paṭhaviṃ vijessati.

• ko+imaṃ → ko imaṃ[KV24]

'때때로(kvaci)'라는 표현은 왜 [이 규칙에 있는가]? ['때때로'에 내포된 바와 같이 이 규칙의 기능이 모든 곳에 다 적용되는 것은 아님을 보여 주기 위해서이다. 다음과 같은 예에서는 이 규칙의 기능이 적용되지 않는데, 이것은 '때때로'라는 조건에 의한 것이다.] appassutâyaṃ puriso.

• appassuto+ayaṃ → appassut+ayaṃ[KV12] → appassut+āyaṃ [KV15] → appassutâyaṃ

‖ *dīghaṃ* ‖ 25 ‖

모음은 자음이 뒤에 올 때 때때로 길어진다.

[그 예는 다음과 같다.] sammā dhammaṃ vipassato. evaṃ gāme munī care. khantī paramaṃ tapo titikkhā.

• samma+dhammaṃ → sammā+dhammaṃ[KV25] → sammā dhammaṃ

• muni+care → munī+care[KV25] → munī care

• khanti+paramaṃ → khantī+paramaṃ[KV25] → khantī paramaṃ

‘때때로(kvaci)’라는 표현은 왜 [이 규칙에 있는가]? [‘때때로’에 내포된 바와 같이 이 규칙의 기능이 모든 곳에 다 적용되는 것은 아님을 보여주기 위해서이다. 다음과 같은 예에서는 이 규칙의 기능이 적용되지 않는데, 이것은 ‘때때로’라는 조건에 의한 것이다.] idha modati pecca modati. paṭilīyati. paṭihaññati.

• idha+modati → idha modati

• pecca+modati → pecca modati

• paṭi+līyati → paṭilīyati

• paṭi+haññati → paṭihaññati

|| *rassaṃ* || 26 ||

모음은 자음이 뒤에 올 때 때때로 짧아진다.

[그 예는 다음과 같다.] bhovādi nāma so hoti. yathābhāvi guṇena so.

• bhovādī+nāma → bhovādi+nāma[KV26] → bhovādi nāma

• yathābhāvī+guṇena → yathābhāvi+guṇena[KV26] → yathābhāvi guṇena

‘때때로(kvaci)’라는 표현은 왜 [이 규칙에 있는가]? [‘때때로’에 내포된 바와 같이 이 규칙의 기능이 모든 곳에 다 적용되는 것은 아님을 보여주기 위해서이다. 다음과 같은 예에서는 이 규칙의 기능이 적용되지 않는데, 이것은 ‘때때로’라는 조건에 의한 것이다.] sammāsamādhi. sāvittī chandaso mukhaṃ. upanīyati jīvitaṃ appam āyu.

- sammā+samādhi → sammāsamādhi (sammā의 ā는 짧아지지 않음)
- sāvittī+chandaso → sāvittī chandaso (sāvittī의 ī는 짧아지지 않음)
- upanīyati+jīvitaṃ → upanīyati jīvitaṃ (upanīyati의 i는 이미 짧음)

‖ *lopañ ca tatrâkāro* ‖ 27 ‖ [25]

모음은 자음이 뒤에 올 때 때때로 탈락한다. 그리고 탈락이 행해진 그 곳에 모음 a가 삽입된다.

[그 예는 다음과 같다.] sa sīlavā sa paññavā. esa dhammo sanantano. sa ve kāsāvaṃ arahati. sa mānakāmo pi bhaveyya. sa ve muni jātibhayaṃ adassī.

- so+sīlavā → s~~o~~+sīlavā, sa+sīlavā[KV27] → sa sīlavā
- so+paññavā → s~~o~~+paññavā, sa+paññavā[KV27] → sa paññavā
- eso+dhammo → es~~o~~+dhammo, esa+dhamma[KV27] → esa dhammo
- so+ve → s~~o~~+ve, sa+ve[KV27] → sa ve
- so+mānakāmo → s~~o~~+mānakāmo, sa+mānakāmo[KV27] → sa mānakāmo
- so+ve → s~~o~~+ve, sa+ve[KV27] → sa ve

'때때로(kvaci)'라는 표현은 왜 [이 규칙에 있는가]? ['때때로'에 내포된

---

25 이 규칙의 ca는 다음 문장을 이어 주는 '그리고'의 의미이므로, 해설에 두 가지 문법 기능이 제시된다.

바와 같이 이 규칙의 기능이 모든 곳에 다 적용되는 것은 아님을 보여 주기 위해서이다. 다음과 같은 예에서는 이 규칙의 기능이 적용되지 않는데, 이것은 '때때로'라는 조건에 의한 것이다.] so muni. eso dhammo padissati. na so kāsāvaṃ arahati.

- so+muni → so muni
- eso+dhammo → eso dhammo
- so+kāsāvaṃ → so kāsāvaṃ

‖ *paradvebhāvo ṭhāne* ‖ 28 ‖

모음 뒤에 있는 자음은 적절한 곳에서 중복된다.

[그 예는 다음과 같다.] idha ppamādo purisassa jantuno. pabbajjaṃ kittayissāmi. cātuddasī pañcaddasī. abhikkantataro ca paṇītataro ca.

- idha+pamādo → idha+ppamādo[KV28] → idha ppamādo
- pa+bajjaṃ → pa+bbajjaṃ[KV28] → pabbajjaṃ
- cātu+dasī → cātu+ddasī[KV28] → cātuddasī
- pañca+dasī → pañca+ddasī[KV28] → pañcaddasī
- abhi+kantataro → abhi+kkantataro[KV28] → abhikkantataro

'적절한 곳에(ṭhāne)'라는 표현은 왜 [이 규칙에 있는가]? ['적절한 곳에'에 내포된 바와 같이 이 규칙의 기능이 모든 곳에 다 적용되는 것은 아님을 보여 주기 위해서이다. 다음과 같은 예에서는 이 규칙의 기능이 적용되지 않는데, 이것은 '적절한 곳에'라는 조건에 의한 것이다.] idha modati pecca modati. [이 예에는 중복의 절차를 위한 적절한 곳

이 없다.]

- idha+modati → idha modati
- pecca+modati → pecca modati

‖ *vagge ghosâghosānaṃ tatiyapaṭhamā* ‖ 29 ‖

모음 뒤에 있는 유성음[26]과 무성음[27] 자음에 각각 무리(vagga)별 세 번째와 첫 번째 자음이 [더해지는] 중복이 적절한 곳에서 일어난다.[28]

[그 예는 다음과 같다.] eso vata jjhānaphalo. yatra ṭṭhitaṃ na ppasaheyya maccu. sele yathā pabbatamuddhani ṭṭhito. cattāri ṭṭhānāni naro pamatto.

- vata+jhānaphalo → vata+jjhānaphalo[KV29] → vata jjhānaphalo
- yatra+ṭhitaṃ → yatra+ṭṭhitaṃ[KV29] → yatra ṭṭhitaṃ
- pabbatamuddhani+ṭhito → pabbatamuddhani+ṭṭhito[KV29] → pabbatamuddhani ṭṭhito
- cattāri+ṭhānāni → cattāri+ṭṭhānāni[KV29] → cattāri ṭṭhānāni

'적절한 곳에(ṭhāne)'라는 표현은 왜 [이 규칙에 있는가]? ['적절한 곳에'

---

26 여기서 지시하는 '유성음'은 각 무리에서 네 번째 자음이다.

27 여기서 지시하는 '무성음'은 각 무리에서 두 번째 자음이다.

28 다시 말해서, 모음 뒤에 무리별 네 번째 자음은 세 번째 자음을 앞에 놓음으로써 중복되고, 두 번째 자음은 첫 번째 자음을 앞에 놓음으로써 중복된다는 것이다. ca 무리를 예로 들면, ch → cch로, jh → jjh로 된다. ṭa 무리를 예로 들면, ṭh → ṭṭh로, ḍh → ḍḍh로 된다. 유성음(ghosa)과 무성음(aghosa)은 KV9에 제시된다.

에 내포된 바와 같이 이 규칙의 기능이 모든 곳에 다 적용되는 것은 아님을 보여 주기 위해서이다. 다음과 같은 예에서는 이 규칙의 기능이 적용되지 않는데, 이것은 '적절한 곳에'라는 조건에 의한 것이다.]
idha cetaso daḷhaṃ gaṇhāti thāmasā. ['idha cetaso'에서 모음 뒤에 있는 무성음 c는 무리에서 첫 번째 자음이다. 따라서 이 예에는 중복의 절차를 위한 적절한 곳이 없다.]

• idha+cetaso → idha cetaso

여기까지 연성의 장의 세 번째 부분이다.

I.4

제1장의 네 번째 부분[29]

‖ *aṃ byañjane niggahītaṃ* ‖30‖

닉가히따는 자음이 뒤에 올 때 [변화 없이] aṃ(ṃ)이 된다.

[그 예는 다음과 같다.] evaṃ vutte. taṃ sādhū ti paṭisuṇitvā.

- evaṃ+vutte → evaṃ vutte[KV30]
- taṃ+sādhu+iti → taṃ sādhu+iti[KV30] → taṃ sādhu+ti[KV13] → taṃ sādhū+ti[KV16] → taṃ sādhū ti

‖ *vaggantaṃ vā vagge* ‖31‖

무리(vagga)[30]에 속한 자음이 뒤에 올 때, 닉가히따는 선택에 따라 그 무리의 끝[자음]으로 된다.

---

29 제1장의 네 번째 부분은 총 12개의 규칙(KV30−41)으로 구성된다. KV35(모음 연성)와 KV36(자음 연성)을 제외하고는 닉가히따(niggahīta) 연성을 다루고 있다. 닉가히따의 대체, 삽입, 탈락 등이 제시된다.

30 5개의 무리(vagga)는 KV7에 제시된다.

[그 예는 다음과 같다.] tan nibbutaṃ. dhammañ care sucaritaṃ. cirampavāsim purisaṃ. santan tassa manaṃ hoti. taṅ kāruṇikaṃ. evaṅ kho bhikkhave sikkhitabbaṃ.

- taṃ+nibbutaṃ → tan+nibbutaṃ[KV31] → tan nibbutaṃ
- dhammaṃ+care → dhammañ+care[KV31] → dhammañ care
- ciraṃ+pavāsim → ciram+pavāsim[KV31] → cirampavāsim
- santaṃ+tassa → santan+tassa[KV31] → santan tassa
- taṃ kāruṇikaṃ → taṅ+kāruṇikaṃ[KV31] → taṅ kāruṇikaṃ
- evaṃ kho → evaṅ+kho[KV31] → evaṅ kho

[규칙에 있는] vā를 취함으로써, 닉가히따는 자음 l로 대체된다.[31] [그 예는 다음과 같다.] puggalaṃ.

- puggaṃ+aṃ → puggal+aṃ → puggalaṃ

'선택에 따라(vā)'라는 표현은 왜 [이 규칙에 있는가]? ['선택에 따라'에 내포된 바와 같이 이 규칙의 기능이 모든 곳에 다 적용되는 것은 아님을 보여 주기 위해서이다. 다음과 같은 예에서는 이 규칙의 기능이 적용되지 않는데, 이것은 '선택에 따라'라는 조건에 의한 것이다.] na taṃ kammaṃ kataṃ sādhu.

---

31 이 기능은 닉가히따가 자음 l로 대체되는 것이고, KV31의 기본 기능은 특정 무리에 속한 자음이 뒤에 올 때 닉가히따가 무리의 끝 자음으로 대체되는 것이다. 이렇게 기능이나 조건에 차이가 있는데도 같은 규칙 안에 제시될 수 있는 것은, 규칙에 있는 'vā(선택에 따라)'라는 조건을 떼 와서 이 규칙에서 제시하는 조건이나 기능을 다시 설정했기 때문이다. 그래서 여기서는 닉가히따가 '무리의 끝자음'이 아니라, '자음 l'로 대체되는 것으로 새로 설정이 되었다.

• taṃ+kammaṃ → taṃ kammaṃ

‖ *ehe ñaṃ* ‖32‖

모음 e와 자음 h가 뒤에 올 때, 닉가히따는 선택에 따라 자음 ñ로 된다.

[그 예는 다음과 같다.] paccattañ ñeva parinibbāyissāmi. tañ ñev' ettha paṭipucchissāmi. evañ hi vo bhikkhave sikkhitabbaṃ. tañ hi tassa musā hoti.

• paccattaṃ+eva → paccattañ+eva[KV32] → paccattaññ+eva [KV28] → paccattañ ñeva

• taṃ+ev' ettha → tañ+ev' ettha[KV32] → taññ+ev' ettha [KV28] → tañ ñev' ettha

• evaṃ+hi → evañ+hi[KV32] → evañ hi

• taṃ+hi → tañ+hi[KV32] → tañ hi

'선택에 따라(vā)'라는 표현은 왜 [이 규칙에 있는가]? ['선택에 따라'에 내포된 바와 같이 이 규칙의 기능이 모든 곳에 다 적용되는 것은 아님을 보여 주기 위해서이다. 다음과 같은 예에서는 이 규칙의 기능이 적용되지 않는데, 이것은 '선택에 따라'라는 조건에 의한 것이다.] evaṃ etaṃ abhiññāya. evaṃ hoti subhāsitaṃ.

• evaṃ+etaṃ → evaṃ etaṃ

• evaṃ+hoti → evaṃ hoti

‖ *saye ca* ‖ 33 ‖[32]

닉가히따는 자음 y가 뒤에 올 때 선택에 따라 자음 y와 함께 자음 ñ로 된다.

[그 예는 다음과 같다.] saññogo. saññuttaṃ.

- saṃ+yogo → sañogo[KV33] → saññogo[KV28] → saññogo
- saṃ+yuttaṃ → sañuttaṃ[KV33] → saññuttaṃ[KV28] → saññuttaṃ

'선택에 따라(vā)'라는 표현은 왜 [이 규칙에 있는가]? ['선택에 따라'에 내포된 바와 같이 이 규칙의 기능이 모든 곳에 다 적용되는 것은 아님을 보여 주기 위해서이다. 다음과 같은 예에서는 이 규칙의 기능이 적용되지 않는데, 이것은 '선택에 따라'라는 조건에 의한 것이다.] saṃyogo. saṃyuttaṃ.

- saṃ+yogo → saṃyogo
- saṃ+yuttaṃ → saṃyuttaṃ

‖ *madā sare* ‖ 34 ‖

닉가히따는 모음이 뒤에 올 때 선택에 따라 자음 m와 자음 d로 대체된다.

32 이 규칙의 ca는 이전 규칙의 단어를 끌어와 문맥을 맞추는 용도로, KV32의 ñaṃ을 의미한다.

[그 예는 다음과 같다.] tam ahaṃ brūmi brāhmaṇaṃ. etad avoca satthā.

- taṃ+ahaṃ → taṃ+ahaṃ[KV34] → tam ahaṃ
- etaṃ+avoca → etad+avoca[KV34] → etad avoca

'선택에 따라(vā)'라는 표현은 왜 [이 규칙에 있는가]? ['선택에 따라'에 내포된 바와 같이 이 규칙의 기능이 모든 곳에 다 적용되는 것은 아님을 보여 주기 위해서이다. 다음과 같은 예에서는 이 규칙의 기능이 적용되지 않는데, 이것은 '선택에 따라'라는 조건에 의한 것이다.] akkocchi maṃ avadhi maṃ. ajini maṃ ahāsi me.

- maṃ+avadhi → maṃ avadhi
- maṃ+ahāsi → maṃ ahāsi

‖ *yavamadanataralā c'āgamā* ‖ 35 ‖ [33]

모음이 뒤에 올 때, 자음 y, v, m, d, n, t, r, l가 선택에 따라 삽입된다.

33 KV35은 모음 연성에 속한다. KV30-41에서 KV35(모음 연성)와 KV36(자음 연성)을 제외하고는 닉가히따 연성을 다루고 있는데, KV35에서 모음 연성이 갑자기 등장할 수 있는 이유는 앞 규칙인 KV34에서 이어진 단어(개념)인 '모음이 뒤에 올 때(sare)'가 있기 때문이다. 이처럼 앞 규칙에서 이어지는 단어(개념)와 관련은 되지만, 규칙의 전개상 흐름이 다른 규칙들이 소개되기도 한다. 이 규칙의 ca는 해설, 예시, 문답 다음에 제시된, 추가 정보를 가리킨다. 추가 정보는 국문 번역에 "규칙에 있는 단어 ca를 취함으로써"의 뒤에 이어진 내용으로, 기존 규칙의 기능에 형태학적 변화의 예를 더 보탠 것이다.

[그 예는 다음과 같다.] nayimassa vijjā[mayaṃ]. yathayidaṃ cittaṃ. migī bhantāvudikkhati. sittā te lahumessati. asittā te garumessati. asso bhadro kasāmiva. sammadaññāvimuttānaṃ. manasādaññāvimuttānaṃ. attadatthaṃ abhiññāya. cirannāyati. itonāyati. yasmātiha bhikkhave. tasmātiha bhikkhave. ajja–tagge pāṇupetaṃ. sabbhir eva samāsetha. āraggeriva sāsapo. sāsaporiva āraggā. chaḷabhiññā. chaḷāyatanaṃ.

- na+imassa → na+y+imassa[KV35] → nayimassa
- yathā+idaṃ → yathā+y+idaṃ[KV35] → yatha+y+idaṃ[KV26] → yathayidaṃ
- bhantā+udikkhati → bhantā+v+udikkhati[KV35] → bhantāvudikkhati
- lahu+essati → lahu+m+essati[KV35] → lahumessati
- garu+essati → garu+m+essati[KV35] → garumessati
- kasā+iva → kasā+m+iva[KV35] → kasāmiva
- samma+aññā → sammā+d+aññā[KV35] → samma+d+aññā [KV26] → sammadaññā
- manasā+aññā → manasā+d+aññā[KV35] → manasādaññā
- atta+atthaṃ → atta+d+atthaṃ[KV35] → attadatthaṃ
- ciraṃ+āyati → ciraṃ+n+āyati[KV35] → ciran+n+āyati[KV31] → cirannāyati
- ito+āyati → ito+n+āyati[KV35] → itonāyati
- yasmā+iha → yasmā+t+iha[KV35] → yasmātiha

- tasmā+iha → tasmā+t+iha[KV35] → tasmātiha
- ajja+agge → ajja+t+agge[KV35] → ajja−tagge
- sabbhi+eva → sabbhi+r+eva[KV35] → sabbhir eva
- āragge+iva → āragge+r+iva[KV35] → āraggeriva
- sāsapo+iva → sāsapo+r+iva[KV35] → sāsaporiva
- cha+abhiññā → cha+ḷ+abhiññā[KV35] → chaḷabhiññā
- cha+āyatanaṃ → cha+ḷ+āyatanaṃ[KV35] → chaḷāyatanaṃ

'선택에 따라(vā)'라는 표현은 왜 [이 규칙에 있는가]? ['선택에 따라'에 내포된 바와 같이 이 규칙의 기능이 모든 곳에 다 적용되는 것은 아님을 보여 주기 위해서이다. 다음과 같은 예에서는 이 규칙의 기능이 적용되지 않는데, 이것은 '선택에 따라'라는 조건에 의한 것이다.] evaṃ mahiddhiyā esā. akkocchi maṃ avadhi maṃ ajini maṃ ahāsi me. ajeyyo anugāmiyo.

- mahiddhiyā+esā → mahiddhiyā esā
- maṃ+avadhi → maṃ avadhi
- maṃ+ajini → maṃ ajini
- maṃ+ahāsi → maṃ ahāsi
- ajeyyo+anugāmiyo → ajeyyo anugāmiyo

[규칙에 있는] 단어 'ca(또한)'를 취함으로써, 여기에 자음 m는 자음 p로 대체된다. [그 예는 다음과 같다.] yathā cirappavāsiṃ purisaṃ.

- ciraṃ+pavāsiṃ → ciram+pavāsiṃ[KV31] → cirap+pavāsiṃ [KV35−ca] → cirappavāsiṃ[34]

자음 k는 자음 d로 대체된다. [그 예는 다음과 같다.] sadatthapasuto

siyā.

- saka+atthapasuto → sak̲+atthapasuto[KV12] → sad̲+atthapasuto
[KV35-ca] → sadatthapasuto

자음 d는 자음 t로 대체된다.[35] [그 예는 다음과 같다.] sugato.

- sugad̲o → sugat̲o[KV35-ca]

‖ *kvaci o byañjane* ‖ 36 ‖ [36]

자음이 뒤에 올 때, 때때로 모음 o가 삽입된다.
[그 예는 다음과 같다.] atippago kho tāva Sāvatthiyaṃ piṇḍāya
carituṃ.[37] parosahassaṃ.

- para+sahassaṃ → para+o̲+sahassaṃ[KV36] → paro+sahassaṃ
[KV12] → parosahassaṃ

'때때로(kvaci)'라는 표현은 왜 [이 규칙에 있는가]? ['때때로'에 내포된

---

34 이 단어는 다음과 같은 과정도 가능하다. ciraṃ+pavāsiṃ → cira+pavāsiṃ
[KV39] → cira+ppavāsiṃ[KV28] → cirappavāsiṃ

35 이 기능은 KV20-suttavibhāga의 'to dassa'와 같다.

36 KV36은 자음 연성에 속한다. 앞 규칙인 KV35의 삽입 기능이 이어지고 있다.

37 이 예문에서 이 규칙이 적용된 단어는 kho 앞에 있는 'atippago'인데,
atippago와 의미가 같은 단어인 atippage와 kho를 이어, atippage+kho →
atippage+o+kho[KV36] → atippag+o+kho[KV12] → atippago kho의 과정도
가능하고, atippa와 kho를 이어, atippa+kho → atippa+g+kho[KV35-ca] →
atippa+g+o+kho[KV36] → atippagokho의 과정도 가능하다고 보기 때문에, 이
부분이 명확하지 않아 예시 단어의 형성과정을 본문에 넣지 않았다.

바와 같이 이 규칙의 기능이 모든 곳에 다 적용되는 것은 아님을 보여 주기 위해서이다. 다음과 같은 예에서는 이 규칙의 기능이 적용되지 않는데, 이것은 '때때로'라는 조건에 의한 것이다.] etha passath' imaṃ lokaṃ. andhabhūto ayaṃ loko.

• etha+passatha → etha passatha

• andha+bhūto → andhabhūto

‖ ***niggahītañ ca*** ‖ 37 ‖ [38]

닉가히따는 모음 또는 자음이 뒤에 올 때 때때로 삽입된다.

[그 예는 다음과 같다.] cakkhuṃ udapādi. avaṃsiro. yāvañ c' idha bhikkhave. purimaṃjātiṃ. anuṃthūlāni sabbaso. manopubbaṅgamā dhammā.

• cakkhu+udapādi → cakkhu+ṃ+udapādi[KV37] → cakkhuṃ udapādi

• ava+siro → ava+ṃ+siro[KV37] → avaṃsiro

• yāva+ca+idha → yāva+ṃ+ca+idha[KV37] → yāva+ñ+ca+idha [KV31] → yāvañ+c+idha[KV12] → yāvañ c' idha

38 KV30에서 제시되어 KV34까지 이어진 '닉가히따'는 관련 연성이 아닌 KV35–36에서 끊겼다가 KV37에서 다시 제시된다. 이 규칙의 ca는 해설, 예시 다음에 제시된, 추가 정보를 가리킨다. 추가 정보는 국문 번역에 "규칙에 있는 단어 ca를 취함으로써"의 뒤에 이어진 내용으로, 기존 규칙의 기능에 형태학적 변화의 예를 더 보탠 것이다.

• purima+jātiṃ → purima+ṃ+jātiṃ[KV37] → purimaṃjātiṃ

• aṇu+thūlāni → aṇu+ṃ+thūlāni[KV37] → anuṃthūlāni

• mano+pubba+gamā → mano+pubba+gamā[KV23] → mano+pubba+ṃ+gamā[KV37] → mano+pubbaṅ+gamā[KV31] → manopubbaṅgamā

'때때로(kvaci)'라는 표현은 왜 [이 규칙에 있는가]? ['때때로'에 내포된 바와 같이 이 규칙의 기능이 모든 곳에 다 적용되는 것은 아님을 보여 주기 위해서이다. 다음과 같은 예에서는 이 규칙의 기능이 적용되지 않는데, 이것은 '때때로'라는 조건에 의한 것이다.] idh' eva naṃ pasaṃsanti pecca sagge ca modati. na hi etehi yānehi gaccheyya agataṃ disaṃ.

• idha+eva → idh+eva[KV12] → idh' eva

• pecca+sagge → pecca sagge

• hi+etehi → hi etehi

[규칙에 있는] 단어 'ca(또한)'를 취함으로써, 단어의 일부인 vi는 음절 pa가 된다.

[그 예는 다음과 같다.] pacessati.

• vicessati → pacessati[KV37-ca]

[vi가 pa로 대체되지 않을 수도 있다. 그 예는 다음과 같다.] vicessati.

‖ ***kvaci lopaṃ*** ‖ **38** ‖ [39]

닉가히따는 모음이 뒤에 올 때 때때로 탈락한다.

[그 예는 다음과 같다.] tāsâhaṃ santike. vidūn' aggaṃ iti.

- tāsaṃ+ahaṃ → tāsa~~ṃ~~+ahaṃ[KV38] → tās+ahaṃ[KV12] → tās+āhaṃ[KV15] → tāsāhaṃ
- vidūnaṃ+aggaṃ → vidūna~~ṃ~~+aggaṃ[KV38] → vidūn+ aggaṃ [KV12] → vidūn' aggaṃ

'때때로(kvaci)'라는 표현은 왜 [이 규칙에 있는가]? ['때때로'에 내포된 바와 같이 이 규칙의 기능이 모든 곳에 다 적용되는 것은 아님을 보여 주기 위해서이다. 다음과 같은 예에서는 이 규칙의 기능이 적용되지 않는데, 이것은 '때때로'라는 조건에 의한 것이다.] aham eva nūna bālo. etam atthaṃ viditvā.

- ahaṃ+eva → aham+eva[KV34] → aham eva
- etaṃ+atthaṃ → etam+atthaṃ[KV34] → etam atthaṃ

‖ ***byañjane ca*** ‖ **39** ‖ [40]

닉가히따는 자음이 뒤에 올 때 때때로 탈락한다.

---

39 앞 규칙에서 kvaci가 계속 이어지고 있는데도 이 규칙에서 kvaci를 새로이 제시하는 것은, 삽입의 기능에서 탈락의 기능으로 내용이 전환되었기 때문이라고 본다.

40 이 규칙의 ca는 이전 규칙의 단어를 끌어와 문맥을 맞추는 용도로, KV38의

[그 예는 다음과 같다.] ariyasaccāna' dassanaṃ. etaṃ buddhāna' sāsanaṃ.

- ariyasaccānaṃ+dassanaṃ → ariyasaccāna~~ṃ~~+dassanaṃ[KV39] → ariyasaccāna' dassanaṃ
- buddhānaṃ+sāsanaṃ → buddhāna~~ṃ~~+sāsanaṃ[KV39] → buddhāna' sāsanaṃ

'때때로(kvaci)'라는 표현은 왜 [이 규칙에 있는가]? ['때때로'에 내포된 바와 같이 이 규칙의 기능이 모든 곳에 다 적용되는 것은 아님을 보여 주기 위해서이다. 다음과 같은 예에서는 이 규칙의 기능이 적용되지 않는데, 이것은 '때때로'라는 조건에 의한 것이다.] etaṃ maṅgalaṃ uttamaṃ. taṃ vo vadāmi bhaddaṃ vo.

- etaṃ+maṅgalaṃ → etaṃ maṅgalaṃ
- taṃ+vo → taṃ vo

|| *paro vā saro* || 40 ||

닉가히따 뒤에 있는 모음은 선택에 따라 탈락한다.

[그 예는 다음과 같다.] abhinandun ti. uttattaṃ 'va. yathā bījaṃ 'va. dhaññaṃ 'va.

- abhinanduṃ+iti → abhinanduṃ+~~i~~ti[KV40] → abhinandun+ti [KV31] → abhinandun ti

---

lopaṃ을 의미한다.

• uttattaṃ+iva → uttattaṃ+iva[KV40] → uttattaṃ 'va
• bījaṃ+iva → bījaṃ+iva[KV40] → bījaṃ 'va
• dhaññaṃ+iva → dhaññaṃ+iva[KV40] → dhaññaṃ 'va

'선택에 따라(vā)'라는 표현은 왜 [이 규칙에 있는가]? ['선택에 따라'에 내포된 바와 같이 이 규칙의 기능이 모든 곳에 다 적용되는 것은 아님을 보여 주기 위해서이다. 다음과 같은 예에서는 이 규칙의 기능이 적용되지 않는데, 이것은 '선택에 따라'라는 조건에 의한 것이다.] aham eva nūna bālo. etad ahosi.

• ahaṃ+eva → aham+eva[KV34] → aham eva
• etaṃ+ahosi → etad+ahosi[KV34] → etad ahosi

‖ *byañjano ca visaññogo* ‖ 41 ‖ [41]

닉가히따 뒤에 있는 모음이 탈락하였을 때, 자음 결합[42]이 있으면 분리되어 [단일자음이 된다.]

[그 예는 다음과 같다.] evaṃ 'sa te āsavā. pupphaṃ 'sā uppajji.

• evaṃ+assa → evaṃ+assa[KV40] → evaṃ+sa[KV41] → evaṃ 'sa

41 이 규칙의 ca는 해설, 예시, 문답 다음에 제시된, 추가 정보를 가리킨다. 추가 정보는 국문 번역에 "규칙에 있는 단어 ca를 취함으로써"의 뒤에 이어진 내용으로, 기존 규칙의 기능에 형태학적 변화의 예를 더 보탠 것이다.

42 '자음 결합'은 byañjana saṃyoga를 옮긴 것인데, byañjana 없이 saṃyoga만으로도 '자음 결합'을 의미하기도 한다. saṃyoga는 두 개 이상의 자음이 모음에 의해 분리되지 않고 결합해 있는 것을 의미해서 겹자음, 복합자음, 결합 자음 등으로 표현할 수 있다.

• pupphaṃ+assā → pupphaṃ+assā[KV40] → pupphaṃ+sā[KV41] → pupphaṃ 'sā

'탈락하였을 때'라는 표현은 왜 [이 규칙에 있는가]? [이 규칙에서 명시한 조건에 부합해야만 이 규칙의 기능이 적용된다는 것을 보여 주기 위해서이다. 다음과 같은 예에서는 이 규칙의 기능이 적용되지 않는데, 이것은 '탈락하였을 때'라는 조건에 부합하지 않기 때문이다.]

evam assa. vidūn' aggam iti.

• evaṃ+assa → evam+assa[KV34] → evam assa
• vidūnaṃ+aggaṃ → vidūna+aggaṃ[KV38] → vidūn+aggaṃ [KV12] → vidūn' aggaṃ

[규칙에 있는] 단어 'ca(또한)'를 취함으로써, 세 개의 결합 자음 안에 같은 형태의 자음이 있을 때 그 [같은 형태의 자음 중] 앞 [자음이] 탈락한다.

[그 예는 다음과 같다.] yathā agyāgāraṃ. vutyassa.

• aggi+āgāraṃ → aggy+āgāraṃ[KV21] → aggy+āgāraṃ[KV41-ca] → agyāgāraṃ
• vutti+assa → vutty+assa[KV21] → vutty+assa[KV41-ca] → vutyassa

여기까지 연성의 장의 네 번째 부분이다.

I.5

제1장의 다섯 번째 부분[43]

‖ ***go sare puthass' āgamo kvaci*** ‖ **42** ‖

putha에 모음이 뒤에 올 때 때때로 자음 g가 삽입된다.

[그 예는 다음과 같다.] puthag eva.

• putha+eva → putha+g+eva[KV42] → puthag eva

'때때로(kvaci)'라는 표현은 왜 [이 규칙에 있는가]? ['때때로'에 내포된 바와 같이 이 규칙의 기능이 모든 곳에 다 적용되는 것은 아님을 보여주기 위해서이다. 다음과 같은 예에서는 이 규칙의 기능이 적용되지 않는데, 이것은 '때때로'라는 조건에 의한 것이다.] putha eva.

• putha+eva → putha eva

43 제1장의 다섯 번째 부분은 총 10개의 규칙(KV42–51)으로 구성되고, 모음과 자음 연성이 섞여 있다.

‖ *pāssa c'anto rasso* ‖ 43 ‖[44]

pā에 모음이 뒤에 올 때 때때로 자음 g가 삽입된다. 그리고 [pā의] 끝 모음은 짧아진다.

[그 예는 다음과 같다.] pag eva vuty assa.

- pā+eva → pā+g+eva, pa+g+eva[KV43] → pag eva

'때때로(kvaci)'라는 표현은 왜 [이 규칙에 있는가]? ['때때로'에 내포된 바와 같이 이 규칙의 기능이 모든 곳에 다 적용되는 것은 아님을 보여 주기 위해서이다. 다음과 같은 예에서는 이 규칙의 기능이 적용되지 않는데, 이것은 '때때로'라는 조건에 의한 것이다.] pā eva vuty assa.

- pā+eva → pā eva

‖ *abbho abhi* ‖ 44 ‖

abhi는 모음이 뒤에 올 때 abbha로 대체된다.

[그 예는 다음과 같다.] abbhudīritaṃ. abbhuggacchati.

- abhi+udīritaṃ → abbha+udīritaṃ[KV44] → abbh+udīritaṃ [KV12] → abbhudīritaṃ
- abhi+uggacchati → abbha+uggacchati[KV44] → abbh+uggacchati[KV12] → abbhuggacchati

---

44 이 규칙의 ca는 다음 문장을 이어 주는 '그리고'의 의미이므로, 해설에 두 가지 문법 기능이 제시된다.

‖ *ajjho abhi* ‖ 45 ‖

adhi는 모음이 뒤에 올 때 ajjha로 대체된다.

[그 예는 다음과 같다.] ajjhokāso. ajjhagamā.

- adhi+okāso → ajjha+okāso[KV45] → ajjh+okāso[KV12] → ajjhokāso
- adhi+agamā → ajjha+agamā[KV45] → ajjh+agamā[KV12] → ajjhagamā

‖ *te na vā ivaṇṇe* ‖ 46 ‖ [45]

abhi와 adhi는 모음 i와 ī가 뒤에 올 때 [앞서] 언급한 형태인 abbha와 ajjha로 선택에 따라 [대체]되지 않는다.

[그 예는 다음과 같다.] abhicchitaṃ. adhîritaṃ.

- abhi+icchitaṃ → abhi+icchitaṃ[KV46] → abh+icchitaṃ[KV12] → abhicchitaṃ
- adhi+īritaṃ → adhi+īritaṃ[KV46] → adh+īritaṃ[KV12] → adhîritaṃ

'선택에 따라(vā)'라는 표현은 왜 [이 규칙에 있는가]? ['선택에 따라'에 내포된 바와 같이 이 규칙의 기능이 모든 곳에 다 적용되는 것은 아님을 보여 주기 위해서이다. 다음과 같은 예에서는 이 규칙의 기능

45 KV46은 KV44-45의 기능에 대한 예외를 보여 준다.

이 적용되지 않는데, 이것은 '선택에 따라'라는 조건에 의한 것이다.]

abbhîritaṃ. ajjhiṇamutto.

- abhi+īritaṃ → abbha+īritaṃ[KV44] → abbh+īritaṃ[KV12] → abbhîritaṃ
- adhi+iṇa+mutto → ajjha+iṇa+mutto[KV45] → ajjh+iṇa+mutto[KV12] → ajjhiṇamutto

‖ *atissa c'antassa* ‖ 47 ‖[46]

ati 끝에 있는 음절 ti는 모음 i와 ī가 뒤에 올 때, "sabbo can tī"[KV19]에서 언급한 형태인 [자음 c로] 되지 않는다.

[그 예는 다음과 같다.] atîsigaṇo. atîritaṃ.

- ati+isi+gaṇo → ati+isi+gaṇo[KV47] → at+isi+gaṇo[KV12] → at+īsi+gaṇo[KV15] → atîsigaṇo
- ati+īritaṃ → ati+īritaṃ[KV47] → at+īritaṃ[KV12] → atîritaṃ

'모음 i와 ī가 뒤에 올 때'라는 표현은 왜 [이 규칙에 있는가]? [이 규칙에서 명시한 조건에 부합해야만 이 규칙의 기능이 적용된다는 것을 보여 주기 위해서이다. 다음과 같은 예에서는 이 규칙의 기능이 적용되지 않는데, 이것은 '모음 i와 ī가 뒤에 올 때'라는 조건에 부합하지 않기 때문이다.] accantaṃ. [이 예는 i나 ī가 아니라 a가 사용되었다.]

---

46 이 규칙의 ca는 이전 규칙의 단어를 끌어와 문맥을 맞추는 용도로, KV46의 na를 의미한다.

• ati+antaṃ → ac+antaṃ[KV19] → acc+antaṃ[KV28] → accantaṃ

‖ *kvaci paṭi patissa* ‖ 48 ‖

pati는 모음이나 자음이 뒤에 올 때 때때로 paṭi로 대체된다.

[그 예는 다음과 같다.] paṭaggi dātabbo. paṭihaññati.

• pati+aggi → paṭi+aggi[KV48] → paṭ+aggi[KV12] → paṭaggi

• pati+haññati → paṭi+haññati[KV48] → paṭihaññati

'때때로(kvaci)'라는 표현은 왜 [이 규칙에 있는가]? ['때때로'에 내포된 바와 같이 이 규칙의 기능이 모든 곳에 다 적용되는 것은 아님을 보여 주기 위해서이다. 다음과 같은 예에서는 이 규칙의 기능이 적용되지 않는데, 이것은 '때때로'라는 조건에 의한 것이다.] paccantimesu janapadesu. patilīyati. patirūpadesavāso ca.

• pati+antimesu → pac+antimesu[KV19] → pacc+antimesu[KV28] → paccantimesu

• pati+līyati → patilīyati

• pati+rūpadesavāso → patirūpadesavāso

‖ *puthass' u byañjane* ‖ 49 ‖

putha의 끝모음은 자음이 뒤에 올 때 모음 u가 된다.

[그 예는 다음과 같다.] puthujjano. puthubhūtaṃ.

• putha+jano → puthu+jano[KV49] → puthu+jjano[KV28] →

puthujjano

• putha̱+b̤hūtaṃ → puthu̱+b̤hūtaṃ[KV49] → puthubhūtaṃ

[해설에서 단어] '끝'을 취함으로써, 모음이 뒤에 올 때 putha 이외의
단어의 끝[모음도] 모음 u가 된다.[47]

[그 예는 다음과 같다.] manuññaṃ.

• mano̱+a̱ññaṃ → manu̱+a̱ññaṃ[KV49−anta] → manu+ññaṃ
  [KV13] → manuññaṃ

|| *o avassa* || 50 ||

ava는 자음이 뒤에 올 때 때때로 모음 o로 대체된다.

[그 예는 다음과 같다.] andhakārena onaddhā.

• a̱va+n̤addhā → o̱+n̤addhā[KV50] → onaddhā

'때때로(kvaci)'라는 표현은 왜 [이 규칙에 있는가]? ['때때로'에 내포된
바와 같이 이 규칙의 기능이 모든 곳에 다 적용되는 것은 아님을 보

---

47 이 기능은 '모음이 뒤에 올 때 putha를 제외한 단어 끝모음의 대체'이고, KV49
의 기본 기능은 '자음이 뒤에 올 때 putha 끝모음의 대체'이다. 이렇게 기능
이나 조건에 차이가 있는데도 같은 규칙 안에 제시될 수 있는 것은 '끝[모음]'
이라는 공통된 요소가 있기 때문이다. 국문 번역에 "'끝'을 취함으로써"는
antaggahaṇena를 옮긴 것인데 이 내용을 풀어서 말하면, 해설에서 '끝(anta)'만
떼 와서 '끝[모음]'은 고정해 놓고 그 외의 조건이나 기능을 다시 설정하는 것을
의미한다. 그래서 여기서는 '자음이 뒤에 올 때'가 아니라 '모음이 뒤에 올 때'로
새로 설정되었고, 'putha의 끝모음'이 아니라 'putha를 제외한 단어의 끝모음'으
로 새로 설정되었다.

여 주기 위해서이다. 다음과 같은 예에서는 이 규칙의 기능이 적용되지 않는데, 이것은 '때때로'라는 조건에 의한 것이다.] avasussatu me sarīre maṃsalohitaṃ.

• ava+sussatu → avasussatu

‖ *anupadiṭṭhānaṃ vuttayogato* ‖ **51** ‖

[앞에서] 제시되지 않은 접두사(upasagga)와 불변화사(nipāta)에, 앞서 언급한 모음 연성과 자음 연성이 적절하게 적용되어야 한다.

[그 예는 다음과 같다.] pāpanaṃ. parāyanaṃ. upāyanaṃ. upāhanaṃ. nyāyogo. nirupadhi. anubodho. duvūpasantaṃ. suvūpasantaṃ. dvālayo. svālayo. durākhyātaṃ. svākhyāto. udīritaṃ. samuddiṭṭhaṃ. viyaggaṃ. vijjhaggaṃ. byaggaṃ. avayāgamanaṃ. anveti. anūpaghāto. anacchariyā. pariyesanā. parāmāso.

• pa+āpanaṃ → p+āpanaṃ[KV12] → pāpanaṃ
• parā+ayanaṃ → par+ayanaṃ[KV12] → par+āyanaṃ[KV15] → parāyanaṃ
• upa+ayanaṃ → up+ayanaṃ[KV12] → up+āyanaṃ[KV15] → upāyanaṃ
• upa+āhanaṃ → up+āhanaṃ[KV12] → upāhanaṃ
• ni+āyogo → ny+āyogo[KV21] → nyāyogo
• ni+upadhi → ni+r+upadhi[KV35] → nirupadhi
• anu+bodho → anubodho[KV23]

- du+upasantaṃ → du+v+upasantaṃ[KV35] → du+v+ūpasantaṃ [KV25] → duvūpasantaṃ
- su+upasantaṃ → su+v+upasantaṃ[KV35] → su+v+ūpasantaṃ [KV25] → suvūpasantaṃ
- du+ālayo → dv+ālayo[KV18] → dvālayo
- su+ālayo → sv+ālayo[KV18] → svālayo
- du+ākhyātaṃ → du+r+ākhyātaṃ[KV35] → durākhyātaṃ
- su+ākhyāto → sv+ākhyāto[KV18] → svākhyāto
- u+īritaṃ → u+d+īritaṃ[KV35] → udīritaṃ
- saṃ+uddiṭṭhaṃ → sam+uddiṭṭhaṃ[KV34] → samuddiṭṭhaṃ
- vi+aggaṃ → vi+y+aggaṃ[KV35] → viyaggaṃ
- vi+adhi+aggaṃ → vi+ajjh+aggaṃ[KV45, 12] → vi+jjh+aggaṃ [KV13] → vijjhaggaṃ
- vi+aggaṃ → vy+aggaṃ[KV21] → by+aggaṃ[KV20−ca] → byaggaṃ
- ava+āgamanaṃ → ava+y+āgamanaṃ[KV35] → avayāgamanaṃ
- anu+eti → anv+eti[KV18] → anveti
- anu+upaghāto → an+upaghāto[KV12] → an+ūpaghāto[KV15] → anūpaghāto
- anu+acchariyā → an+acchariyā[KV12] → anacchariyā
- pari+esanā → pari+y+esanā[KV35] → pariyesanā
- para+āmāso → par+āmāso[KV12] → parāmāso

여기까지 모음 연성[에 대한 예]이다.

- pari+gaho → pari+ggaho[KV28] → pariggaho
- pa+gaho → pa+ggaho[KV28] → paggaho
- pa+kamo → pa+kkamo[KV28] → pakkamo
- para+kamo → para+kkamo[KV28] → parakkamo
- ni+kamo → ni+kkamo[KV28] → nikkamo
- ni+kasāvo → ni+kkasāvo[KV28] → nikkasāvo
- ni+layanaṃ → ni+llayanaṃ[KV28] → nillayanaṃ
- du+layanaṃ → du+llayanaṃ[KV28] → dullayanaṃ
- du+bhikkhaṃ → du+bbhikkhaṃ[KV29] → dubbhikkhaṃ
- du+uttaṃ → du+v+uttaṃ[KV35] → du+vv+uttaṃ[KV28] → du+bb+uttaṃ[KV20-suttavibhāga] → dubbuttaṃ
- saṃ+diṭṭhaṃ → san+diṭṭhaṃ[KV31] → sandiṭṭhaṃ
- du+gato → du+ggato[KV28] → duggato
- vi+gaho → vi+ggaho[KV28] → viggaho
- ni+gataṃ → ni+ggataṃ[KV28] → niggataṃ

여기까지 자음 연성[에 대한 예]이다. 나머지 모든 경우도 [같은 방법으로] 적용되어야 한다.

여기까지 연성의 장의 다섯 번째 부분이다.

연성의 장이 끝났다.

II. Nāmakappa[1]

제2장 : 명사의 장

1 Nāmakappa는 명사의 장(章)으로, 8부분(kaṇḍa)으로 나뉘고 총 356개의 규칙(KV52-407)으로 구성된다. nāma의 글자 그대로의 의미는 '이름'이지만, 문법과 관련된 맥락에서 nāma는 일반적으로 '명사'를 의미한다. 이 명사의 장은 세부적 주제에 따라, 첫 번째~다섯 번째 부분인 Namakappa(명사의 장, KV52-272), 여섯 번째 부분인 Kārakakappa(Kāraka의 장, KV273-317), 일곱 번째 부분인 Samāsakappa(복합어의 장, KV318-345), 여덟 번째 부분인 Taddhitakappa(Taddhita의 장, KV346-407)로 세분할 수도 있다. 첫 번째~다섯 번째 부분인 Namakappa(KV52-272)에서는 규칙이 적용되어 단어가 완성되는 과정을 보여 주기 위해, 제시된 예 가운데 몇 개만 선택하여 단어의 형성과정을 제시하였는데 규칙 번호도 함께 넣었다. 그리고 이 단어의 형성과정 끝에 별표(*)와 함께 있는 단어는 선택적 대안으로서의 'vā(선택에 따라)'에 맞는 예로, 규칙이 적용된 예와 구별하기 위해 vā의 예 앞에는 별표(*)를 써넣은 것이다. 예의 국문 번역은 국문 번역이 필요한 제2장의 여섯 번째 부분부터 넣었다.

II.1

제2장의 첫 번째 부분[2]

‖ ***Jinavacanayuttaṃ hi*** ‖ **52** ‖

"승리자(부처님)의 말씀에 일치하는 것", 이것은 단원 또는 특정 부분의 제목[3]으로 이해해야 한다.

‖ ***liṅgañ ca nipaccate*** ‖ **53** ‖[4]

승리자(부처님)의 말씀에 일치하는 방식으로 여기에 [명사의 문법적]

---

2 제2장의 첫 번째 부분은 총 68개의 규칙(KV52–119)으로 구성된다. 첫 규칙인 KV52는 문법 규칙의 범위를 한정하고 있다. 나머지 규칙에서 다루는 것은 격어미 소개, 격어미에 따른 명사와 대명사의 어형 변화, 격어미의 대체나 탈락, 전문용어 ga, jha, la, pa, gha의 정의와 관련 규칙, 격어미에 따른 특정 단어(go)의 어형 변화, 수 형용사 뒤에 붙는 격어미의 변화 등이다.

3 '단원 또는 특정 부분의 제목'은 adhikāra를 옮긴 것이다. 이러한 규칙은 주제를 제시하는 규칙으로, 전후 규칙에 영향을 미친다.

4 이 규칙의 ca는 이전 규칙의 단어를 끌어와 문맥을 맞추는 용도로, KV52의 Jinavacanayuttaṃ을 의미한다.

성(liṅga, 性)[5]이 정해진다.

‖ ***tato ca vibhattiyo*** ‖ **54** ‖ [6]

승리자(부처님)의 말씀에 일치하는 성[을 가진 명사] 뒤에 격어미(vibhatti)[7]가 있다.

‖ ***si yo aṃ yo nā hi sa naṃ smā hi sa naṃ smiṃ su*** ‖ **55** ‖

무엇이 그 '격어미'인가? si와 yo는 첫 번째(paṭhamā), aṃ과 yo는 두 번째(dutiyā), nā와 hi는 세 번째(tatiyā), sa와 naṃ은 네 번째(catutthī), smā

5 liṅga는 기본적으로 '특성, 속성, 표시' 등을 의미하는데, KV53에서 liṅga라는 용어는 문법적 성(性)을 나타낸다. 빠알리어의 문법적 성은 세 가지로, 남성, 여성, 중성이다. KV434에서 liṅga라는 용어는 아직 어형 변화가 일어나지 않은, 성은 구분되는 '명사의 기본' 또는 '명사의 바탕'이라는 의미로 제시된다.

6 이 규칙의 ca는 이전 규칙의 단어를 끌어와 문맥을 맞추는 용도로, KV52의 Jinavacanayuttaṃ을 의미한다.

7 '격어미'는 vibhatti를 옮긴 것이다. vibhatti는 접두사 vi가 붙은 어근 bhaj(나누다, 분류하다, 구별하다)에서 파생된 용어로, '구분, 구별, 분류' 등의 의미가 있다. KV에서 vibhatti는 KV54처럼 명사 바탕 뒤에 사용되는 격어미의 용어로 쓰이기도 하고, KV457처럼 어근 뒤에 사용되는 동사 어미의 용어로 쓰이기도 한다. '구분, 구별' 등의 의미인 vibhatti가 이런 용도로 쓰이는 것은, 명사의 격·수를 구별하는 것이 격어미이고, 동사의 시제·인칭·수를 구별하는 것이 동사 어미이기 때문이다. 격어미가 붙기 전에 명사 바탕 뒤에 바로 붙는 접미사와, 동사 어미가 붙기 전에 어근 뒤에 바로 붙는 접미사에 대해서는 KV434에 언급된다. 다음 규칙인 KV55에서 14개의 격어미(vibhatti)가 제시된다.

와 hi는 다섯 번째(pañcamī), sa와 naṃ은 여섯 번째(chaṭṭhī), smiṃ과 su는 일곱 번째(sattamī) [격어미이다.][8]

'격어미(vibhatti)'에 대해 말하는 목적이 무엇인가? [이 규칙을 참고하여] 규칙 "amhassa mamaṃ savibhattissa se"(KV120)에 [언급되는 용어 vibhatti를 정확히 이해할 수 있게 하기 위함이다.]

‖ *tadanuparodhena* ‖ 56 ‖[9]

승리자(부처님)의 말씀에 어긋나지 않게 여기에 [명사의 문법적] 성이 정해진다.

---

8 첫 번째 격어미인 si는 단수, yo는 복수를 나타내는 어미이다. 두 번째 격어미인 aṃ은 단수, yo는 복수 어미이다. 세 번째 격어미인 nā는 단수, hi는 복수 어미이다. 네 번째 격어미인 sa는 단수, naṃ은 복수 어미이다. 다섯 번째 격어미인 smā는 단수, hi는 복수 어미이다. 여섯 번째 격어미인 sa는 단수, naṃ은 복수 어미이다. 일곱 번째 격어미인 smiṃ은 단수, su는 복수 어미이다. 국내에서 통용되는 용어로는 첫 번째 격어미부터 일곱 번째 격어미까지 순서대로 주격, 대격, 구격, 여격, 탈격, 속격, 처격 어미라고 한다. 한 가지 염두에 두어야 할 사항은, 우리가 개념적으로 이해하고 있는 이 각각의 '격'의 개념에 맞게 이 각각의 어미들이 모든 단어에 항상 배치되어 사용되고 있는 것은 아니라는 점이다. 그러한 이유로, 본 국문 번역에서 격어미의 용법을 설명할 때는 어미의 순서에 따른 용어인 KV의 방식을 그대로 사용하겠다. 다시 말해서, 국문 번역에서 앞으로 첫 번째 격어미, 두 번째 격어미 등을 언급해야 할 때는, 주격 어미, 대격 어미 등으로 부르지 않고, 제1 격어미, 제2 격어미 등으로 줄여서 부르겠다. 단, '격'의 통념에 맞게 각각의 어미가 붙은 단어를 설명할 때는 주격, 대격 등으로 표현하겠다. 이 격어미들의 용법에 대해서는 제2장의 여섯 번째 부분(Kārakakappa)의 KV286−317에 제시된다.

9 이 규칙(taṃ+anuparodhena)의 taṃ은 KV52의 Jinavacanaṃ을 의미한다.

|| ālapane si gasañño || 57 ||[10]

호격(ālapana)[11]을 나타낼 때, [제1 단수 격어미] si는 'Ga'라고 불린다. [그 예는 다음과 같다.] bhoti ayye. bhoti kaññe. bhoti Kharādiye.[12]

- bhoti ayye : 여주인님!, [비구니 스님에게] 스님! (e는 'Ga'. 격어미 si가 e로 된 것)
- bhoti kaññe : 소녀여! (e는 'Ga'. 격어미 si가 e로 된 것)
- bhoti Kharādiye : 카라디야여! (e는 'Ga'. 격어미 si가 e로 된 것)

무슨 목적으로 '호격을 나타낼 때'가 [명시되어 있는가]? [이 규칙에서 명시한 조건에 부합해야만 이 규칙의 기능이 적용된다는 것을 보여 주기 위해서이다. 다음과 같은 예에서는 이 규칙의 기능이 적용되지 않는데, 이것은 '호격을 나타낼 때'라는 조건에 부합하지 않기 때문이다.] sā ayyā. [이 예는 호격이 아니라 주격이다.]

무슨 목적으로 '[제1 단수 격어미] si'가 [명시되어 있는가]? [이 규칙에서 명시한 조건에 부합해야만 이 규칙의 기능이 적용된다는 것을

---

10 KV57은 전문용어를 제시하는 규칙으로, 호격을 나타내는 제1 단수 격어미 si를 'ga'라고 규정한다. 알파벳 ga와 구별하기 위해 이 용어는 대문자를 사용하여 앞으로 Ga로 제시하겠다. KV가 ga라는 용어를 제시하는 목적은 주격 격어미와 같은 형태인 호격 격어미를 구별하기 위한 것이고, 형태학적 절차를 나타낼 때 한 단어로 쉽게 언급하기 위한 것이다.

11 ālapana는 국내에서 호격, 호칭격, 부름격 등으로 표현된다.

12 이 예시들은 ā로 끝나는 여성 명사 뒤에 호격 단수 격어미 si가 붙은 단어들이다. 격어미 si가 e로 대체되는 기능은 KV114에 제시된다. bhoti에 대해서는 KV242를 참고하라.

보여 주기 위해서이다. 다음과 같은 예에서는 이 규칙의 기능이 적용되지 않는데, 이것은 '[제1 단수 격어미] si'라는 조건에 부합하지 않기 때문이다.] bhotiyo. ayyāyo. [이 예는 단수 격어미 si가 아니라 복수 격어미 yo가 붙은 단어이다.]

'Ga'에 대해 말하는 목적이 무엇인가? [이 규칙을 참고하여] 규칙 "ghat' e ca"(KV114)에 [언급되는 용어 Ga를 정확히 이해할 수 있게 하기 위함이다.]

‖ *ivaṅṅuvaṅṅā jhalā* ‖ 58 ‖ [13]

[단어 끝음인] '모음 i와 ī', '모음 u와 ū'가 [남성·중성일 때] 각각 'Jha'와 'La'라고 불린다.

[그 예는 다음과 같다.] isino. daṇḍino. aggino. setuno. bhikkhuno. Sayambhuno.[14]

• isi̱ : 성자 (i로 끝나는 남성 명사의 끝모음 i는 'Jha')

---

13 KV58은 전문용어를 제시하는 규칙으로, i와 ī로 끝나는 남성·중성 명사의 끝음 i와 ī를 'jha'라고 규정하고, u와 ū로 끝나는 남성·중성 명사의 끝음 u와 ū는 'la'라고 규정한다. 알파벳 jha, la와 구별하기 위해 이 용어들은 대문자를 사용하여 앞으로 Jha, La로 제시하겠다. KV58–60에 Jha, La, Pa, Gha라는 용어들이 제시되는데, 그 용어 사용의 목적은 이러한 모음들을 언급해야 하거나 이 모음들과 관련된 형태학적 절차를 나타낼 때 한 단어로 쉽게 언급하기 위한 것이다. 앞으로 이 용어(Jha, La, Pa, Gha)들이 자주 등장하므로 익혀 두면 도움이 된다.

14 이 예시들은 Jha(i, ī)와 La(u, ū)로 끝나는 명사들인 isi, daṇḍī, aggi, setu, bhikkhu, sayambhū에 제4·제6 단수 격어미 sa가 붙은 것이다. 격어미 sa가 no로 대체되는 기능은 KV117에 제시된다.

• daṇḍī : 막대기를 가진 자 (ī로 끝나는 남성 명사의 끝모음 ī는 'Jha')

• aggi : 불 (i로 끝나는 남성 명사의 끝모음 i는 'Jha')

• setu : 다리/교량 (u로 끝나는 남성 명사의 끝모음 u는 'La')

• bhikkhu : 비구 (u로 끝나는 남성 명사의 끝모음 u는 'La')

• Sayambhū : 스스로 존재하는 자 (u로 끝나는 남성 명사의 끝모음 ū는 'La')

'Jha와 La'에 대해 말하는 목적이 무엇인가? [이 규칙을 참고하여] 규칙 "jhalato sassa no vā"(KV117)에 [언급되는 용어 Jha와 La를 정확히 이해할 수 있게 하기 위함이다.]

‖ *te itthikhyā po* ‖ 59 ‖ [15]

[단어 끝음인] 모음 i와 ī, 모음 u와 ū가 여성일 때 'Pa'라고 불린다.

[그 예는 다음과 같다.] rattiyā. itthiyā. vadhuyā. dhenuyā.[16]

• ratti : 밤 (i로 끝나는 여성 명사의 끝모음 i는 'Pa')

• itthī : 여성 (ī로 끝나는 여성 명사의 끝모음 i는 'Pa')

• vadhū : 며느리 (ū로 끝나는 여성 명사의 끝모음 ū는 'Pa')

• dhenu : 암소 (u로 끝나는 여성 명사의 끝모음 ū는 'Pa')

---

15 KV59는 전문용어를 제시하는 규칙으로, i, ī, u, ū로 끝나는 여성 명사의 끝모음 i, ī, u, ū를 'pa'라고 규정한다. 알파벳 pa와 구별하기 위해 이 용어는 대문자를 사용하여 앞으로 Pa로 제시하겠다.

16 이 예시들은 Pa(여성 명사 끝음 i, ī, u, ū)로 끝나는 명사들인 ratti, itthī, dhenu, vadhū에 제3–제7 단수 격어미들 중 하나가 붙은 것이다. 이 격어미들이 yā로 대체되는 기능은 KV112에 제시된다.

무슨 목적으로 '여성일 때'가 [명시되어 있는가]? [이 규칙에서 명시한 조건에 부합해야만 이 규칙의 기능이 적용된다는 것을 보여 주기 위해서이다. 다음과 같은 예에서는 이 규칙의 기능이 적용되지 않는데, 이것은 '여성일 때'라는 조건에 부합하지 않기 때문이다.] isinā. bhikkhunā. [이 예는 여성이 아니라 남성이다.]

'Pa'에 대해 말하는 목적이 무엇인가? [이 규칙을 참고하여] 규칙 "pato yā"(KV112)에 [언급되는 용어 Pa를 정확히 이해할 수 있게 하기 위함이다.]

|| *ā gho* || **60** || [17]

[단어 끝음인] 모음 ā가 여성일 때 'Gha'라고 불린다.

[그 예는 다음과 같다.] saddhāya[18]. kaññāya. vīṇāya. Gaṅgāya. disāya. sālāya. mālāya. tulāya. dolāya. pabhāya. sotāya. paññāya. karuṇāya. nāvāya. kapālāya.[19]

• saddhā : 믿음 (ā로 끝나는 여성 명사의 끝모음 ā는 'Gha')

17 KV60은 전문용어를 제시하는 규칙으로, ā로 끝나는 여성 명사의 끝모음 ā를 'gha'라고 규정한다. 알파벳 gha와 구별하기 위해 이 용어는 대문자를 사용하여 앞으로 Gha로 제시하겠다.

18 saddhāya의 단어에 대해 PTS본은 sabbāya라고 표기하고 있는데, 이 규칙을 설명하는 데 있어서 saddhāya가 더 적절하기에 다른 텍스트를 참고하여 saddhāya로 고쳐 넣었다.

19 이 예시들은 Gha(여성 명사 끝음 ā)로 끝나는 명사들에 제3–제7 단수 격어미들 중 하나가 붙은 것이다. 이 격어미들이 āya로 대체되는 기능은 KV111에 제시된다.

• kaññā : 여자 아이 (ā로 끝나는 여성 명사의 끝모음 ā는 'Gha')

• vīṇā : 인도의 현악기인 위나 (ā로 끝나는 여성 명사의 끝모음 ā는 'Gha')

• Gaṅgā : 갠지스강 (ā로 끝나는 여성 명사의 끝모음 ā는 'Gha')

• disā : 방향 (ā로 끝나는 여성 명사의 끝모음 ā는 'Gha')

무슨 목적으로 '모음 ā'가 [명시되어 있는가]? [이 규칙에서 명시한 조건에 부합해야만 이 규칙의 기능이 적용된다는 것을 보여 주기 위해서이다. 다음과 같은 예에서는 이 규칙의 기능이 적용되지 않는데, 이것은 '모음 ā'라는 조건에 부합하지 않기 때문이다.] rattiyā. itthiyā. deviyā. dhenuyā. [이 예는 ā가 아니라 i 또는 ī로 끝나는 단어이다.]

무슨 목적으로 '여성일 때'가 [명시되어 있는가]? [이 규칙에서 명시한 조건에 부합해야만 이 규칙의 기능이 적용된다는 것을 보여 주기 위해서이다. 다음과 같은 예에서는 이 규칙의 기능이 적용되지 않는데, 이것은 '여성일 때'라는 조건에 부합하지 않기 때문이다.] satthārā. [이 예는 여성이 아니라 남성이다.]

'Gha'에 대해 말하는 목적이 무엇인가? [이 규칙을 참고하여] 규칙 "ghato nādīnaṃ"(KV111)에 [언급되는 용어 Gha를 정확히 이해할 수 있게 하기 위함이다.]

‖ ***sâgamo se*** ‖ **61** ‖

자음 s는 격어미 sa가 뒤에 올 때 삽입된다.

[그 예는 다음과 같다.] purisassa. aggissa. daṇḍissa. isissa. bhikkhussa. sayambhussa. Abhibhussa.

• purisa+sa → purisa+s+sa[KV61] → purisassa

• aggi+sa → aggi+s+sa[KV61] → aggissa

무슨 목적으로 '격어미 sa가 뒤에 올 때'가 [명시되어 있는가]? [이 규칙에서 명시한 조건에 부합해야만 이 규칙의 기능이 적용된다는 것을 보여 주기 위해서이다. 다음과 같은 예에서는 이 규칙의 기능이 적용되지 않는데, 이것은 '격어미 sa가 뒤에 올 때'라는 조건에 부합하지 않기 때문이다.] purisasmiṃ. [이 예는 제4·제6 단수 격어미 sa가 아니라 제7 단수 격어미 smiṃ이 사용되었다.]

‖ *saṃsāsv ekavacanesu ca* ‖ 62 ‖ [20]

saṃ과 sā,[21] 즉 단수 격어미(smiṃ과 sa)의 대체어가 뒤에 올 때, 자음 s가 삽입된다.

[그 예는 다음과 같다.] etissaṃ. etissā. imissaṃ. imissā. tissaṃ. tissā. tassaṃ. tassā. yassaṃ. yassā. amussaṃ. amussā.

• etā+smiṃ → etā+saṃ[KV179] → etā+s+saṃ[KV62] → eti+ssaṃ[KV63] → etissaṃ

• etā+sa → etā+sā[KV179] → etā+s+sā[KV62] → eti+ssā[KV63] → etissā

---

20 이 규칙의 ca는 이전 규칙의 단어를 끌어와 문맥을 맞추는 용도로, KV61의 sâgamo를 의미한다.

21 격어미 smiṃ과 sa가 각각 saṃ과 sā로 대체되는 기능은 KV179에 제시된다.

• imā+smiṃ → imā+saṃ[KV179] → imā+s+saṃ[KV62] → imi+ssaṃ[KV63] → imissaṃ
• imā+sa → imā+sā[KV179] → imā+s+sā[KV62] → imi+ssā[KV63] → imissā

무슨 목적으로 'saṃ과 sā가 뒤에 올 때'가 [명시되어 있는가]? [이 규칙에서 명시한 조건에 부합해야만 이 규칙의 기능이 적용된다는 것을 보여 주기 위해서이다. 다음과 같은 예에서는 이 규칙의 기능이 적용되지 않는데, 이것은 'saṃ과 sā가 뒤에 올 때'라는 조건에 부합하지 않기 때문이다.] agginā. pāṇinā. [이 예는 대체어 saṃ이나 sā가 아니라 격어미 nā가 사용되었다.]

무슨 목적으로 '단수'가 [명시되어 있는가]? [이 규칙에서 명시한 조건에 부합해야만 이 규칙의 기능이 적용된다는 것을 보여 주기 위해서이다. 다음과 같은 예에서는 이 규칙의 기능이 적용되지 않는데, 이것은 '단수'라는 조건에 부합하지 않기 때문이다.] tāsaṃ. sabbāsaṃ. [이 예는 단수가 아니라 복수이다.]

무슨 목적으로 '격어미의 대체어'가 [명시되어 있는가]? [이 규칙에서 명시한 조건에 부합해야만 이 규칙의 기능이 적용된다는 것을 보여 주기 위해서이다. 다음과 같은 예에서는 이 규칙의 기능이 적용되지 않는데, 이것은 '격어미의 대체어'라는 조건에 부합하지 않기 때문이다.] manasā. vacasā. thāmasā. [이 예에서 sā는 격어미 sa의 대체어가 아니라 격어미 nā가 ā로 대체되고 s가 삽입된 것이다.]

‖ *etimāsaṃ i* ‖ 63 ‖

etā와 imā의 끝모음 [ā는] saṃ과 sā, 즉 단수 격어미의 대체어가 뒤에 올 때 모음 i가 된다.

[그 예는 다음과 같다.] etissaṃ. etissā. imissaṃ. imissā.

- etā+smiṃ → etā+saṃ[KV179] → etā+ssaṃ[KV62] → eti+ssaṃ[KV63] → etissaṃ
- etā+sa → etā+sā[KV179] → etā+ssā[KV62] → eti+ssā[KV63] → etissā
- imā+smiṃ → imā+saṃ[KV179] → imā+ssaṃ[KV62] → imi+ssaṃ[KV63] → imissaṃ
- imā+sa → imā+sā[KV179] → imā+ssā[KV62] → imi+ssā[KV63] → imissā

무슨 목적으로 'saṃ과 sā가 뒤에 올 때'가 [명시되어 있는가]? [이 규칙에서 명시한 조건에 부합해야만 이 규칙의 기능이 적용된다는 것을 보여 주기 위해서이다. 다음과 같은 예에서는 이 규칙의 기능이 적용되지 않는데, 이것은 'saṃ과 sā가 뒤에 올 때'라는 조건에 부합하지 않기 때문이다.] etāya. imāya. [이 예는 대체어 saṃ이나 sā가 뒤에 오는 단어가 아니다.]

무슨 목적으로 '단수'가 [명시되어 있는가]? [이 규칙에서 명시한 조건에 부합해야만 이 규칙의 기능이 적용된다는 것을 보여 주기 위해서이다. 다음과 같은 예에서는 이 규칙의 기능이 적용되지 않는데, 이것은 '단수'라는 조건에 부합하지 않기 때문이다.] etāsaṃ. imāsaṃ. [이

예는 단수가 아니라 복수이다.]

‖ *tass'â vā* ‖ **64** ‖

여성인 tā에 있는 모음 ā는 saṃ과 sā, 즉 단수 격어미의 대체어가 뒤에 올 때 선택에 따라 모음 i가 된다.

[그 예는 다음과 같다.] tissaṃ. tissā · tassaṃ. tassā.

- tā+smiṃ → tā+saṃ[KV179] → tā+ssaṃ[KV62] → ti+ssaṃ[KV64] → tissaṃ. *tassaṃ[22]
- tā+sa → tā+sā[KV179] → tā+ssā[KV62] → ti+ssā[KV64] → tissā. *tassā

‖ *tato sassa ssāya* ‖ **65** ‖[23]

[여성 대명사] tā, etā, imā 뒤에 격어미 sa는 선택에 따라 ssāya로 대체된다.

[그 예는 다음과 같다.] tissāya · tissā. etissāya · etissā. imissāya ·

22 단어의 형성과정 끝에 별표(*)와 함께 있는 단어는 선택적 대안으로서의 'vā(선택에 따라)'에 해당하는 예로, 규칙이 적용된 예와 구별하기 위해 vā의 예 앞에 별표(*)를 써넣었다. 이 예시 단어 tassaṃ은 KV64가 아니라 KV66이 적용된 단어이다.

23 이 규칙에서 tato가 지시하는 것은 KV63-64에서 제시된 tā, etā, imā로, 끝모음이 모음 i가 되는 전제의 tā, etā, imā를 말한다.

imissā.

- tā(→ti)+sa → ti+ssāya[KV65] → tissāya. *tissā
- etā(→eti)+sa → eti+ssāya[KV65] → etissāya. *etissā
- imā(→imi)+sa → imi+ssāya[KV65] → imissāya. *imissā

‖ *gho rassaṃ* ‖ 66 ‖

Gha(여성 명사 끝음 ā)[24]는 saṃ과 sā, 즉 단수 격어미의 대체어가 뒤에 올 때 짧아진다.

[그 예는 다음과 같다.] tassaṃ. tassā. yassaṃ. yassā. sabbassaṃ. sabbassā.

- tā+smiṃ → tā+saṃ[KV179] → tā+ssaṃ[KV62] → ta+ssaṃ[KV66] → tassaṃ
- tā+sa → tā+sā[KV179] → tā+ssā[KV62] → ta+ssā[KV66] → tassā

무슨 목적으로 'saṃ과 sā가 뒤에 올 때'가 [명시되어 있는가]? [이 규칙에서 명시한 조건에 부합해야만 이 규칙의 기능이 적용된다는 것을 보여 주기 위해서이다. 다음과 같은 예에서는 이 규칙의 기능이 적용되지 않는데, 이것은 'saṃ과 sā가 뒤에 올 때'라는 조건에 부합하지 않기 때문이다.] tāya. sabbāya. [이 예는 대체어 saṃ이나 sā가 뒤에 오

24 Gha는 KV60에서 제시된 전문용어로, ā로 끝나는 여성 명사의 끝모음 ā를 의미한다.

는 단어가 아니다.]

무슨 목적으로 '단수'가 [명시되어 있는가]? [이 규칙에서 명시한 조건에 부합해야만 이 규칙의 기능이 적용된다는 것을 보여 주기 위해서이다. 다음과 같은 예에서는 이 규칙의 기능이 적용되지 않는데, 이것은 '단수'라는 조건에 부합하지 않기 때문이다.] tāsaṃ. sabbāsaṃ. [이 예는 단수가 아니라 복수이다.]

‖ ***no ca dvâdito naṃmhi*** ‖ **67** ‖ [25]

격어미 naṃ이 뒤에 올 때, dvi⑵ 등등의 기수 뒤에 자음 n가 삽입된다.

[그 예는 다음과 같다.] dvinnaṃ. tiṇṇaṃ. catunnaṃ. pañcannaṃ. channaṃ. sattannaṃ. aṭṭhannaṃ. navannaṃ. dasannaṃ.

- dvi+naṃ → dvi+n+naṃ[KV67] → dvinnaṃ
- ti+naṃ → ti+n+naṃ[KV67] → tiṇṇaṃ
- catu+naṃ → catu+n+naṃ[KV67] → catunnaṃ
- pañca+naṃ → pañca+naṃ[KV90] → pañca+n+naṃ[KV67] → pañcannaṃ

무슨 목적으로 'dvi 등등'이 [명시되어 있는가]? [이 규칙에서 명시한

25 이 규칙의 ca는 해설, 예시, 문답 다음에 제시된, 추가 정보를 가리킨다. 추가 정보는 국문 번역에 "규칙에 있는 단어 ca를 취함으로써"의 뒤에 이어진 내용으로, 기존 규칙의 기능에 형태학적 변화의 예를 더 보탠 것이다.

조건에 부합해야만 이 규칙의 기능이 적용된다는 것을 보여 주기 위해서이다. 다음과 같은 예에서는 이 규칙의 기능이 적용되지 않는데, 이것은 'dvi 등등'이라는 조건에 부합하지 않기 때문이다.] sahassānaṃ. [이 예는 dvi 등등의 단어(2부터 10까지)가 아니라 일천(1000)이다.]

무슨 목적으로 '격어미 naṃ이 뒤에 올 때'가 [명시되어 있는가]? [이 규칙에서 명시한 조건에 부합해야만 이 규칙의 기능이 적용된다는 것을 보여 주기 위해서이다. 다음과 같은 예에서는 이 규칙의 기능이 적용되지 않는데, 이것은 '격어미 naṃ이 뒤에 올 때'라는 조건에 부합하지 않기 때문이다.] dvīsu. tīsu. [이 예는 격어미 naṃ이 아니라 su가 사용되었다.]

[규칙에 있는] 단어 'ca(또한)'를 취함으로써, ssa도 삽입된다.

[그 예는 다음과 같다.] catassannaṃ itthīnaṃ. tissannaṃ vedanānaṃ.

- catu+naṃ → catu+ssa+naṃ[KV67−ca] → cata+ssa+naṃ[KV90−atta] → catassa+n+naṃ[KV67] → catassannaṃ

‖ *amā pato smiṃsmānaṃ vā* ‖ 68 ‖

Pa(여성 명사 끝음 i, ī, u, ū)[26] 뒤에 격어미 smiṃ과 smā는 각각 aṃ과 ā로 선택에 따라 대체된다.

[그 예는 다음과 같다.] matyaṃ · matiyaṃ. matyā · matiyā.

26 Pa는 KV59에서 제시된 전문용어로, i, ī, u, ū로 끝나는 여성 명사의 끝모음 i, ī, u, ū를 의미한다.

nikatyaṃ · nikatiyaṃ. nikatyā · nikatiyā. vikatyaṃ · vikatiyaṃ. vikatyā · vikatiyā. viratyaṃ · viratiyaṃ. viratyā · viratiyā. ratyaṃ · ratiyaṃ. ratyā · ratiyā. puthabyaṃ · puthaviyaṃ. puthabyā · puthaviyā . pavatyaṃ · pavattiyaṃ. pavatyā · pavattiyā.

- mati+smiṃ → mati+aṃ[KV68] → maty+aṃ[KV21] → matyaṃ
- mati+smiṃ → mati+yaṃ[KV216] → *matiyaṃ
- mati+smā → mati+ā[KV68] → maty+ā[KV72] → matyā
- mati+smā → mati+yā[KV112] → *matiyā

‖ *ādito o ca* ‖ 69 ‖ [27]

단어 ādi 뒤에 격어미 smiṃ[28]은 선택에 따라 aṃ이나 o로 대체된다. [그 예는 다음과 같다.] ādiṃ · ādo.

- ādi+smiṃ → ādi+aṃ[KV69] → ādi+ṃ[KV13] → ādiṃ
- ādi+smiṃ → ādi+o[KV69] → ād+o[KV83] → ādo

무슨 목적으로 '선택에 따라(vā)'가 [명시되어 있는가]?[29] ['선택에 따

27 이 규칙의 ca는 해설, 예시, 문답 다음에 제시된, 추가 정보를 가리킨다. 추가 정보는 국문 번역에 "규칙에 있는 단어 ca를 취함으로써"의 뒤에 이어진 내용으로, 기존 규칙의 기능에 형태학적 변화의 예를 더 보탠 것이다.

28 '격어미 smiṃ'은 smiṃvacanassa를 옮긴 것이다. vacana는 '말, 표현, 용어'를 뜻하므로, smiṃvacana는 'smiṃ이라는 표현 또는 용어'를 말한다. 국문 번역에는 문맥에 맞게 '격어미 smiṃ'이라고 옮겼다.

29 "무슨 목적으로 '선택에 따라(vā)'가 명시되어 있는가?"라는 의문문으로 시작하는 문답은 KV 전체에 걸쳐서 나오는데, 이 문답의 답으로 ādismiṃ과 ādimhi와

라'에 내포된 바와 같이 이 규칙의 기능이 모든 곳에 다 적용되는 것은 아님을 보여 주기 위해서이다. 다음과 같은 예에서는 이 규칙의 기능이 적용되지 않는데, 이것은 '선택에 따라'라는 조건에 의한 것이다.] ādismiṃ · ādimhi nāthaṃ namassitvā. [예시 단어 ādismiṃ과 ādimhi의 격어미 smiṃ은 aṃ이나 o로 대체되지 않았다.]

[규칙에 있는] 단어 'ca(또한)'를 취함으로써, 다른 [단어] 뒤에서도 격어미 smiṃ은 ā, o, aṃ으로 선택에 따라 대체된다. [그 예는 다음과 같다.] divā ca ratto ca haranti ye baliṃ. Bārānasiṃ ahu rājā.

- divā+smiṃ → divā+ā[KV69-ca] → div+ā[KV83] → divā
- ratti+smiṃ → ratti+o[KV69-ca] → ratt+o[KV83] → ratto
- Bārānasī+smiṃ → Bārānasī+aṃ[KV69-ca] → Bārānasī+ṃ[KV13] → Bārānasi+ṃ[KV26] → Bārānasiṃ

‖ *jhalānaṃ iyuvā sare vā* ‖ 70 ‖

Jha(끝음 i, ī)와 La(끝음 u, ū)[30]는 모음이 뒤에 올 때 [각각] iy와 uv로 선택에 따라 대체된다.

[그 예는 다음과 같다.] tiyantaṃ. pacchiyāgāre. aggiyāgāre.

같은 vā-예시 단어가 제시된다. vā-예시 단어는 KV64-65처럼 문답 없이 규칙이 적용된 예시 단어와 함께 제시되기도 하지만, KV69처럼 문답의 답으로 제시되기도 한다.

30 Jha와 La는 KV58에서 제시된 전문용어로, Jha는 i, ī로 끝나는 남성·중성 명사의 끝음 i, ī이고 La는 u, ū로 끝나는 남성·중성 명사의 끝음 u, ū를 의미한다.

bhikkhuvāsane nisīdati. puthuvāsane.

• ti+antaṃ → tiy+antaṃ[KV70] → tiyantaṃ

• bhikkhu+āsane → bhikkuv+āsane[KV70] → bhikkhuvāsane

무슨 목적으로 '모음이 뒤에 올 때'가 [명시되어 있는가]? [이 규칙에서 명시한 조건에 부합해야만 이 규칙의 기능이 적용된다는 것을 보여 주기 위해서이다. 다음과 같은 예에서는 이 규칙의 기능이 적용되지 않는데, 이것은 '모음이 뒤에 올 때'라는 조건에 부합하지 않기 때문이다.] timalaṃ. tiphalaṃ. tikacatukkaṃ. tidaṇḍaṃ. tilokaṃ. tinayanaṃ. tipāsaṃ. tihaṃsaṃ. tibharaṃ. tibandhanaṃ. tipiṭakaṃ. tivedaṃ. catuddisaṃ. puthubhūtaṃ. [이 예는 모음이 뒤에 오는 단어가 아니다.]

• ti+malaṃ → timalaṃ

• ti+phalaṃ → tiphalaṃ

무슨 목적으로 '선택에 따라(vā)'가 [명시되어 있는가]? ['선택에 따라'에 내포된 바와 같이 이 규칙의 기능이 모든 곳에 다 적용되는 것은 아님을 보여 주기 위해서이다. 다음과 같은 예에서는 이 규칙의 기능이 적용되지 않는데, 이것은 '선택에 따라'라는 조건에 의한 것이다.] pañcah' aṅgehi. tīh' ākārehi. cakkhâyatanaṃ.

• pañcahi+aṅgehi → pañcah' aṅgehi

• tīhi+ākārehi → tīh' ākārehi

• cakkhu+āyatanaṃ → cakkhāyatanaṃ

vā는 '정해지지 않음(달리 택할 여지)'을 의미하므로, [모음이 뒤에 올 때] 모음 i는 ay로 대체되기도 한다. [그 예는 다음과 같다.] vatthuttayaṃ.

• vatthu+ti+si → vatthu+ti+aṃ[KV219] → vatthu+tay+aṃ[KV70–vā] → vatthu+ttay+aṃ[KV28] → vatthuttayaṃ

‖ *yavakārā ca* ‖ 71 ‖ [31]

Jha(끝음 i, ī)와 La(끝음 u, ū)는 모음이 뒤에 올 때 [각각] 자음 y와 자음 v로 대체된다.[32]

[그 예는 다음과 같다.] agyāgāraṃ. cakkhvāyatanaṃ. svāgataṃ te mahāvīra.

• aggi+āgāraṃ → aggy+āgāraṃ[KV71] → agy+āgāraṃ → agyāgāraṃ

• su+āgataṃ → sv+āgataṃ[KV71] → svāgataṃ

‖ *pasaññassa ca* ‖ 72 ‖ [33]

Pa(여성 명사 끝음 i, ī, u, ū)[34]라고 불리는 [i와 ī는] 격어미 [smā의] 대체

---

31 이 규칙의 ca는 이전 규칙의 단어를 끌어와 문맥을 맞추는 용도로, KV70의 sare를 의미한다.

32 이 규칙의 기능은 연성의 장에 속한 KV18, 21의 기능과 유사하다. Jha와 La는 KV58에서 제시된 전문용어로, Jha는 i, ī로 끝나는 남성·중성 명사의 끝음 i, ī이고 La는 u, ū로 끝나는 남성·중성 명사의 끝음 u, ū를 의미한다.

33 이 규칙의 ca는 이전 규칙의 단어를 끌어와 문맥을 맞추는 용도로, KV71의 yakāra를 의미한다.

34 Pa는 KV59에서 제시된 전문용어로, i, ī, u, ū로 끝나는 여성 명사의 끝모음 i, ī,

어인 모음 [ā]가 뒤에 올 때 자음 y로 대체된다.

[그 예는 다음과 같다.] puthabyā. ratyā. matyā

- puthavī+smā → puthavī+ā[KV68] → puthavy+ā[KV72] → puthaby+ā[KV20−suttavibhāga] → puthabyā
- ratti+smā → ratti+ā[KV68] → ratty+ā[KV72] → raty+ā[KV41−ca] → ratyā

무슨 목적으로 '모음이 뒤에 올 때'가 [명시되어 있는가]? [이 규칙에서 명시한 조건에 부합해야만 이 규칙의 기능이 적용된다는 것을 보여 주기 위해서이다. 다음과 같은 예에서는 이 규칙의 기능이 적용되지 않는데, 이것은 '모음이 뒤에 올 때'라는 조건에 부합하지 않기 때문이다. puthaviyaṃ. [이 예는 모음이 뒤에 오는 단어가 아니다.]

‖ ***gāva se*** ‖ **73** ‖ [35]

단어 'go−소'의 모음 o는 격어미 sa가 뒤에 올 때 āva로 대체된다.

[그 예는 다음과 같다.] gāvassa.

- go+sa → gāva+sa → [KV73] → gāva+ssa[KV61] → gāvassa

---

u, ū를 의미한다.

35 KV73−81은 '소'를 의미하는 단어 go에 관한 규칙으로, 격어미에 따른 단어 go의 어형 변화를 보여 준다.

‖ *yosu ca* ‖ 74 ‖ [36]

단어 go의 모음 o는 격어미 yo가 뒤에 올 때, āva로 대체된다. [그 예는 다음과 같다.] gāvo gacchanti. gāvo passanti. gāvī gacchanti. gāvī passanti.

- go+yo → gāva+yo[KV74] → gāva+o[KV205-tu] → gāv+o [KV83] → gāvo

무슨 목적으로 단어 'ca(또한)'가 [명시되어 있는가]? [규칙에서 ca를 취함으로써,] 격어미 nā, smā, smiṃ, su가 뒤에 올 때도, [go의 모음 o가] āva로 대체된다는 것을 [보여 주기 위해서이다. 그 예는 다음과 같다.] gāvena. gāvā. gāve. gāvesu.

- go+nā → gāva+nā[KV74-ca] → gāva+ena[KV103] → gāv+ena [KV83] → gāvena
- go+smā → gāva+smā[KV74-ca] → gāva+ā[KV108] → gāv+ā [KV83] → gāvā
- go+smiṃ → gāva+smiṃ[KV74-ca] → gāva+e[KV108] → gāv+e [KV83] → gāve
- go+su → gāva+su[KV74-ca] → gāve+su[KV101] → gāvesu

---

36 이 규칙의 ca는 해설, 예시 다음에 문답으로 제시된, 추가 정보를 가리킨다. 추가 정보는 국문 번역에 "무슨 목적으로 단어 ca가 명시되어 있는가?"의 뒤에 이어진 내용으로, 기존 규칙의 기능에 형태학적 변화의 예를 더 보탠 것이다.

|| *av'aṃmhi ca* || 75 ||[37]

단어 go의 모음 o는 격어미 aṃ이 뒤에 올 때 āva와 ava로 대체된다.

[그 예는 다음과 같다.] gāvaṃ · gavaṃ.

- go+aṃ → gāva+aṃ[KV75] → gāv+aṃ[KV83] → gāvaṃ
- go+aṃ → gava+aṃ[KV75] → gav+aṃ[KV83] → gavaṃ

[규칙에 있는] 단어 'ca(또한)'를 취함으로써, 전후의 [규칙(여기서는 KV73와 KV74)에서] 언급한 격어미 sa 등등과 나머지(sa, yo, nā, smā, smiṃ, su)[38]가 [뒤에 올 때도, go의 모음 o는] ava로 대체된다. [그 예는 다음과 같다.] gavassa. gavo. gavena. gavā. gave. gavesu.

- go+sa → gava+sa[KV75-ca] → gava+ssa[KV61] → gavassa
- go+yo → gava+yo[KV75-ca] → gava+o[KV205-tu] → gav+o[KV83] → gavo
- go+nā → gava+nā[KV75-ca] → gava+ena[KV103] → gav+ena[KV83] → gavena
- go+smā → gava+smā[KV75-ca] → gava+ā[KV108] → gav+ā

---

37 이 규칙의 ca는 해설, 예시 다음에 제시된, 추가 정보를 가리킨다. 추가 정보는 국문 번역에 "규칙에 있는 단어 ca를 취함으로써"의 뒤에 이어진 내용으로, 기존 규칙의 기능에 형태학적 변화의 예를 더 보탠 것이다.

38 격어미 sa 등등(sādi)은 KV73-74의 규칙에서 제시된 격어미 sa와 yo를 가리키고, 나머지(sesa)는 KV74의 문답에 제시된 격어미 nā, smā, smiṃ, su를 가리킨다.

[KV83] → gavā

• go+smiṃ → gava+smiṃ[KV75-ca] → gava+e[KV108] → gav+e [KV83] → gave

• go+su → gava+su[KV75-ca] → gave+su[KV101] → gavesu

‖ *āvass' u vā* ‖76‖

단어 go의 바뀐 부분인 āva의 끝모음은 격어미 aṃ이 뒤에 올 때 선택에 따라 모음 u로 대체된다.

[그 예는 다음과 같다.] gāvuṃ · gāvaṃ

• go+aṃ → gāva+aṃ[KV75] → gāvu+aṃ[KV76] → gāvu+ṃ [KV82] → gāvuṃ. *gāvaṃ

무슨 목적으로 'āva'가 [명시되어 있는가]? [이 규칙에서 명시한 조건에 부합해야만 이 규칙의 기능이 적용된다는 것을 보여 주기 위해서이다. 다음과 같은 예에서는 이 규칙의 기능이 적용되지 않는데, 이것은 'āva'라는 조건에 부합하지 않기 때문이다.] gavaṃ. [이 예는 단어 go의 o가 바뀐 āva가 있는 단어가 아니다.]

무슨 목적으로 '격어미 aṃ이 뒤에 올 때'가 [명시되어 있는가]? [이 규칙에서 명시한 조건에 부합해야만 이 규칙의 기능이 적용된다는 것을 보여 주기 위해서이다. 다음과 같은 예에서는 이 규칙의 기능이 적용되지 않는데, 이것은 '격어미 aṃ이 뒤에 올 때'라는 조건에 부합하지 않기 때문이다.] gāvo tiṭṭhanti. [이 예는 격어미 aṃ이 아니라 yo가 사용되었다.]

|| *tato naṃ aṃ patimh'âlutte ca samāse* || 77 ||[39]

pati가 뒤따르고 [격어미의] 탈락이 일어나지 않은 복합어에서, 단어 go에 붙은 격어미 naṃ은 aṃ으로 대체되고 go의 모음 o는 ava로 대체된다.

[그 예는 다음과 같다.] Gavampati.

- go+naṃ+pati → gava+aṃ+pati[KV77] → gav+aṃ+pati[KV83] → gavam+pati[KV31] → gavampati

무슨 목적으로 '탈락이 일어나지 않은'이 [명시되어 있는가]? [이 규칙에서 명시한 조건에 부합해야만 이 규칙의 기능이 적용된다는 것을 보여 주기 위해서이다. 다음과 같은 예에서는 이 규칙의 기능이 적용되지 않는데, 이것은 '탈락이 일어나지 않은'이라는 조건에 부합하지 않기 때문이다.] gopati. [이 예는 격어미 탈락이 일어나지 않은 단어가 아니다.]

[규칙에 있는] 단어 'ca(또한)'를 취함으로써, 복합어가 아니어도 naṃ은 aṃ으로 대체되고, go의 모음 o는 ava로 대체된다. [그 예는 다음과 같다.] gavaṃ.

- go+naṃ → gava+aṃ[KV77-ca] → gav+aṃ[KV83] → gavaṃ

39 이 규칙의 ca는 해설, 예시, 문답 다음에 제시된, 추가 정보를 가리킨다. 추가 정보는 국문 번역에 "규칙에 있는 단어 ca를 취함으로써"의 뒤에 이어진 내용으로, 기존 규칙의 기능에 형태학적 변화의 예를 더 보탠 것이다.

[단어 go가 포함된] 복합어에서, 단어 go의 모음 o는 모음이 뒤에 올 때 ava로 대체된다.

[그 예는 다음과 같다.] gavassakaṃ. gaveḷakaṃ. gavājinaṃ.

- go+assakaṃ → gava+assakaṃ[KV78] → gav+assakaṃ[KV12] → gavassakaṃ

[규칙에 있는] 단어 'ca(또한)'를 취함으로써, 명사 바탕의 끝음 u와 ū는 격어미 smiṃ과 yo가 뒤에 올 때 때때로 uva, ava, ura로 대체된다.

[그 예는 다음과 같다.] bhuvi. pasavo. guravo. caturo.

- bhū+smiṃ → bhuva+smiṃ[KV78–ca] → bhuva+i[KV206–tato] → bhuv+i[KV83] → bhuvi
- pasu+yo → pasava+yo[KV78–ca] → pasava+o[KV205–tu] → pasav+o[KV83] → pasavo
- catu+yo → catura+yo[KV78–ca] → catura+o[KV205–tu] → catur+o[KV83] → caturo

무슨 목적으로 '모음이 뒤에 올 때'가 [명시되어 있는가]? [이 규칙에서 명시한 조건에 부합해야만 이 규칙의 기능이 적용된다는 것을 보여 주기 위해서이다. 다음과 같은 예에서는 이 규칙의 기능이 적용되

40 이 규칙의 ca는 해설, 예시 다음에 제시된, 추가 정보를 가리킨다. 추가 정보는 국문 번역에 "규칙에 있는 단어 ca를 취함으로써"의 뒤에 이어진 내용으로, 기존 규칙의 기능에 형태학적 변화의 예를 더 보탠 것이다.

지 않는데, 이것은 '모음이 뒤에 올 때'라는 조건에 부합하지 않기 때문이다. Godhano. Govindo. [이 예는 모음이 뒤에 오는 단어가 아니다.]

‖ *tabbiparīt' upapade byañjane ca* ‖ 79 ‖ [41]

가까이에 있는 단어[42] ava는 자음이 뒤에 올 때 [ava가 대체된] 모음 o가 다시 바뀌어[43] [u로] 된다.

[그 예는 다음과 같다.] uggate suriye. uggacchati. uggahetvā.

- ava+gata → o+gata[KV50] → u+gata[KV79] → u+ggata[KV28] → uggata → uggate[44]

[규칙에] 단어 ca가 있는 것은 [다음의 예와 같은 단어에 규칙의 기능이 제한됨을] 강조하기 위해서이다. avasāne. avakirane. avakirati.

---

41 이 규칙의 ca는 해설, 예시 다음에 제시된, 규칙 기능의 적용 범위에 관한 내용을 가리킨다.

42 '가까이에 있는 단어/말'은 upapada를 옮긴 것이다. KV에서 upapada가 사용된 경우는 KV79, KV389, KV392, KV656–657인데, 어근에 붙는 접두사를 표현하거나 복합어에서 다른 단어에 인접한 단어를 표현할 때 사용된다.

43 '다시 바뀌어'는 viparīta를 옮긴 것이다. viparīta는 접두사 vi와 pari가 붙은 어근 ī에서 파생된 단어로, '바뀐, 뒤바뀐'을 의미한다. KV50에 따라, 접두사 ava는 보통 o로 바뀌는데, 여기서는 o가 다시 바뀌어 u로 된다.

44 uggate의 gate는 과거분사 gata의 처격으로, 자세한 형성과정은 gama[KV459] → gam[KV523] → gam+ta[KV558] → ga+ta[KV588] → gata[KV603] → gata+smiṃ(→e)[KV108] → gate이다. 본문에는 접두사의 변화 과정을 보여 주기 위해 자세한 형성과정을 생략하였다.

[이 예에는 접두사 ava가 그대로 있다.]

|| *goṇa naṃmhi vā* || 80 ||

go 단어 전체는 격어미 naṃ이 뒤에 올 때 선택에 따라 goṇa로 대체된다.

[그 예는 다음과 같다.] goṇānaṃ sattannaṃ.

• go+naṃ → goṇa+naṃ[KV80] → goṇā+naṃ [KV89] → goṇānaṃ

무슨 목적으로 '선택에 따라(vā)'가 [명시되어 있는가]? ['선택에 따라'에 내포된 바와 같이 이 규칙의 기능이 모든 곳에 다 적용되는 것은 아님을 보여 주기 위해서이다. 다음과 같은 예에서는 이 규칙의 기능이 적용되지 않는데, 이것은 '선택에 따라'라는 조건에 의한 것이다.] gonaṃ.

규칙분할(yogavibhāga)에 의해, [다음의 예와 같은 복합어에도] go가 goṇa로 대체된다. goṇabhūtānaṃ. [이 예는 단어 go에 격어미 naṃ이 바로 붙지 않고, go와 단어 bhūta가 결합한 복합어에 격어미 naṃ이 붙은 것이다.]

|| *suhināsu ca* || 81 ||[45]

go 단어 전체는 격어미 su, hi, nā가 뒤에 올 때 선택에 따라 goṇa로

45 이 규칙의 ca는 해설, 예시, 문답 다음에 제시된, 추가 정보를 가리킨다. 추가

대체된다.

[그 예는 다음과 같다.] goṇesu. goṇehi. goṇena.

- go+su → goṇa+su[KV81] → goṇe+su[KV101] → goṇesu
- go+hi → goṇa+hi[KV81] → goṇe+hi[KV101] → goṇehi
- go+nā → goṇa+nā[KV81] → goṇa+ena[KV103] → goṇ+ena [KV83] → goṇena

무슨 목적으로 '선택에 따라(vā)'가 [명시되어 있는가]? ['선택에 따라'에 내포된 바와 같이 이 규칙의 기능이 모든 곳에 다 적용되는 것은 아님을 보여 주기 위해서이다. 다음과 같은 예에서는 이 규칙의 기능이 적용되지 않는데, 이것은 '선택에 따라'라는 조건에 의한 것이다.] gosu. gohi · gobhi. gavena.

[규칙에 있는] 단어 'ca(또한)'를 취함으로써, 전후의 규칙에서 언급하는 si 등등의 나머지 격어미가 [뒤에 올 때, go 단어 전체는] goṇa, gu, gavaya로 대체된다. [그 예는 다음과 같다.] goṇo · goṇā. goṇaṃ · goṇe. goṇassa. goṇamhā. goṇamhi. gunnaṃ. gavayehi.

- go+si → goṇa+si[KV81-ca] → goṇa+o[KV104] → goṇ+o[KV83] → goṇo
- go+naṃ → gu+naṃ[KV81-ca] → gu+nnaṃ[KV28] → gunnaṃ
- go+hi → gavaya+hi[KV81-ca] → gavaye+hi[KV101] → gavayehi

정보는 국문 번역에 "규칙에 있는 단어 ca를 취함으로써"의 뒤에 이어진 내용으로, 기존 규칙의 기능에 형태학적 변화의 예를 더 보탠 것이다.

격어미 aṃ과 자음 m는 Jha, La, Pa(끝음 i, ī, u, ū－모든 성)[46]의 뒤에서 닉가히따(ṃ)가 된다.

[그 예는 다음과 같다.] aggiṃ. isiṃ. mahesiṃ. gahapatiṃ. daṇḍiṃ. bhikkhuṃ. Sayambhuṃ. Abhibhuṃ. itthiṃ. rattiṃ. vadhuṃ. pulliṅgaṃ. pumbhāvo. puṃkokilo.

- [Jha의 예] aggi+aṃ → aggi+ṃ[KV82] → aggiṃ
- [La의 예] bhikkhu+aṃ → bhikkhu+ṃ[KV82] → bhikkhuṃ
- [Pa의 예] ratti+aṃ → ratti+ṃ[KV82] → rattiṃ
- [자음 m의 예] puma+liṅgaṃ → pum+liṅgaṃ[KV222] → puṃ+liṅgaṃ[KV82] → pul+liṅgaṃ[KV31－vā] → pulliṅgaṃ

무슨 목적으로 'aṃ과 자음 m'이 [명시되어 있는가]? [이 규칙에서 명시한 조건에 부합해야만 이 규칙의 기능이 적용된다는 것을 보여 주기 위해서이다. 다음과 같은 예에서는 이 규칙의 기능이 적용되지 않는데, 이것은 'aṃ과 자음 m'이라는 조건에 부합하지 않기 때문이다.] agginā. bhikkhunā. rattiyā. itthiyā. [이 예는 격어미 aṃ이 붙거나 자음 m가 있는 단어가 아니다.]

무슨 목적으로 'Jha, La, Pa의 뒤에'가 [명시되어 있는가]? [이 규칙에

46 전문 용어 Jha는 i, ī로 끝나는 남성·중성 명사의 끝음 i, ī이고, La는 u, ū로 끝나는 남성·중성 명사의 끝음 u, ū이며, Pa는 i, ī, u, ū로 끝나는 여성 명사의 끝모음 i, ī, u, ū이다.

서 명시한 조건에 부합해야만 이 규칙의 기능이 적용된다는 것을 보여 주기 위해서이다. 다음과 같은 예에서는 이 규칙의 기능이 적용되지 않는데, 이것은 'Jha, La, Pa의 뒤에'라는 조건에 부합하지 않기 때문이다.] sukhaṃ. dukkhaṃ. [이 예는 Jha, La, Pa와 관련된 명사가 아니라 a로 끝나는 명사이다.]

[이 규칙에 jhalapehi라는 단어를] 다시 제시하는 것은 '달리 택할 여지(vibhāsā)'를 없애기 위해서이다. [다시 말해서, 위 규칙의 기능이 다음의 예와 같은 단어에 지속한다는 것을 확인하기 위해서이다.] aggiṃ. bandhuṃ. paṭuṃ. buddhiṃ. vadhuṃ.

‖ *saralopo amādesappaccayâdimhi saralope tu pakati* ‖ 83 ‖ [47]

모음 탈락은 격어미 aṃ, 대체어, 접미사[48] 등등이 뒤에 올 때 일어난다. 모음 탈락이 있을 때, [더 이상의 형태학적 변화 없이] 본래 상태로 유지된다.

[그 예는 다음과 같다.] purisaṃ. purise. pāpaṃ. pāpe. pāpiyo. pāpiṭṭho.

- [격어미 aṃ의 예] purisa+aṃ → puris+aṃ[KV83] → purisaṃ
- [대체어의 예] purisa+yo → purisa+e[KV107] → puris+e[KV83]

---

47 이 규칙의 tu는 해설, 예시, 문답 다음에 제시된, 규칙 기능의 적용 범위에 관한 내용을 가리킨다.

48 모음으로 시작되는 aṃ과 모음으로 시작되는 대체어와 접미사를 말한다.

→ purise

- [대체어의 예] pāpa+si → pāpa+aṃ[KV219] → pāp+aṃ[KV83] → pāpaṃ
- [대체어의 예] pāpa+yo → pāpa+ni[KV218] → pāpa+e[KV107] → pāp+e[KV83] → pāpe
- [접미사 · 대체어의 예] pāpa+iya → pāp+iya[KV83] → pāpiya +si(→o)[KV104] → pāpiy+o[KV83] → pāpiyo
- [접미사 · 대체어의 예] pāpa+iṭṭha → pāp+iṭṭha[KV83] → pāpiṭṭha+si(→o)[KV104] → pāpiṭṭh+o[KV83] → pāpiṭṭho

무슨 목적으로 '격어미 aṃ, 대체어, 접미사 등등'이 [명시되어 있는가]? [이 규칙에서 명시한 조건에 부합해야만 이 규칙의 기능이 적용된다는 것을 보여 주기 위해서이다. 다음과 같은 예에서는 이 규칙의 기능이 적용되지 않는데, 이것은 '격어미 aṃ, 대체어, 접미사 등등'이라는 조건에 부합하지 않기 때문이다.] appamādo amatapadaṃ. [이 예에서 amatapadaṃ은 격어미 aṃ, 대체어, 접미사 등이 아니기 때문에 appamādo의 o가 탈락하지 않는다.]

무슨 목적으로 '모음 탈락이 있을 때'가 [명시되어 있는가]? [이 규칙에서 명시한 조건에 부합해야만 이 규칙의 기능이 적용된다는 것을 보여 주기 위해서이다. 다음과 같은 예에서는 이 규칙의 기능이 적용되지 않는데, 이것은 '모음 탈락이 있을 때'라는 조건에 부합하지 않기 때문이다.] purisassa. daṇḍinaṃ. [이 예는 모음의 탈락이 있는 단어가 아니다.]

[규칙에] 단어 'tu'가 있는 것은 [다음의 예와 같은 단어에 규칙의 기능

이 제한됨을] 강조하기 위해서이다. bhikkhunī. gahapatānī.

- bhikkhu+si → bhikkhu+inī+si[KV240] → bhikkhu+nī+si[KV13] → bhikkhu+nī+~~si~~[KV220] → bhikkhnī (접미사 inī 앞에 있는 모음 u는 탈락하지 않고 inī의 i가 탈락함)
- gahapati+si → gahapati+inī+si[KV240] → gahapata+inī+si [KV91] → gahapata+nī+si[KV13] → gahapatā+nī+si[KV16] → gahapatā+nī+~~si~~[KV220] → gahapatānī (접미사 inī 앞에 있는 모음 a는 탈락하지 않고 inī의 i가 탈락함)

[규칙에 있는] '본래 상태(pakati)'[49]를 취함으로써, [다음의 예처럼 앞으로는] 다시 연성이 가능하다. seyyo. seṭṭho. jeyyo. jeṭṭho.[50]

‖ *agho rassṃ ekavacanayosv api ca* ‖ 84 ‖ [51]

Gha(여성 명사 끝음 ā)[52] 외의 [모음 ī와 ū는] 단수 격어미와 격어미 yo가 뒤에 올 때 짧아진다.

[그 예는 다음과 같다.] itthiṃ. itthiyo. itthiyā. vadhuṃ. vadhuyo.

49 규칙에 pakati를 제시함으로써, 본래 상태로 유지된다는 pakati가 이 규칙에만 적용되고 다음 규칙으로 이어지지는 않는다는 것을 의미한다.

50 이 예들의 형성과정은 KV264-265를 참고하라.

51 이 규칙의 ca는 해설, 예시, 문답 다음에 제시된, 규칙 기능의 적용 범위에 관한 내용을 가리킨다. 이 ca는 규칙의 적용을 확고히 하기 위한 것이다.

52 Gha는 KV60에서 제시된 전문용어로, ā로 끝나는 여성 명사의 끝모음 ā를 의미한다.

vadhuyā. daṇḍinaṃ. daṇḍinā. Sayambhuṃ. Sayambhuvo. Sayambhunā.

- [Pa의 예] itthī+aṃ → itthi+aṃ[KV84] → itthi+ṃ[KV82] → itthiṃ
- [Pa의 예] vadhū+yo → vadhu+yo[KV84] → vadhuyo
- [Jha의 예] daṇḍī+aṃ → daṇḍi+aṃ[KV84] → daṇḍi+naṃ [KV224] → daṇḍinaṃ[53]
- [La의 예] sayambhū+smā → sayambhu+smā[KV84] → sayambhu +nā[KV215] → sayambhunā

무슨 목적으로 'Gha 외의'가 [명시되어 있는가]? [이 규칙에서 명시한 조건에 부합해야만 이 규칙의 기능이 적용된다는 것을 보여 주기 위해서이다. 다음과 같은 예에서는 이 규칙의 기능이 적용되지 않는데, 이것은 'Gha 외의'라는 조건에 부합하지 않기 때문이다.] kaññaṃ. kaññāyo. kaññāya. [이 예는 Gha인 명사이다.]

무슨 목적으로 '단수 격어미와 격어미 yo가 뒤에 올 때'가 [명시되어 있는가]? [이 규칙에서 명시한 조건에 부합해야만 이 규칙의 기능이 적용된다는 것을 보여 주기 위해서이다. 다음과 같은 예에서는 이 규칙의 기능이 적용되지 않는데, 이것은 '단수 격어미와 격어미 yo가 뒤에 올 때'라는 조건에 부합하지 않기 때문이다.] itthīhi. Sayambhūhi. [이 예는 단수 격어미나 격어미 yo가 아니라 복수 격어미 hi가 사용되

53 daṇḍinaṃ은 제4·제6 복수 격어미 naṃ이 붙은 형태와 같지만, 이 예시 단어는 제2 단수 격어미 aṃ이 붙은 것이다.

었다.]

[규칙에] 단어 ca가 있는 것은 [다음의 예와 같은 단어에 규칙의 기능을] 강조하기 위해서이다. nadiṃ. nadiyo. nadiyā.

[규칙에 있는] api를 취함으로써, [다음의 예와 같은 단어의 모음은] 짧아지지 않는다. itthī. bhikkhunī. [이 예는 주격 단수 격어미 si가 붙은 단어들인데, 모음 ī가 짧아지지 않았다. 이 기능과 관련된 규칙이 다음 규칙 KV85이다.]

• itthī+si → itthī+si[KV85] → itthī+~~si~~[KV220] → itthī

|| *na sismiṃ anapuṃsakāni* || 85 ||

격어미 si가 뒤에 올 때, 중성을 제외한 성의 [모음 ī와 ū는] 짧아지지 않는다.

[그 예는 다음과 같다.] itthī. daṇḍī. sayambhū. vadhū. bhikkhunī.

• itthī+si → itthī+si[KV85] → itthī+~~si~~[KV220] → itthī

• sayambhū+si → sayambhū+si[KV85] → sayambhū+~~si~~[KV220] → sayambhū

무슨 목적으로 '[주격 단수] 격어미 si가 뒤에 올 때'가 [명시되어 있는가]? [이 규칙에서 명시한 조건에 부합해야만 이 규칙의 기능이 적용된다는 것을 보여 주기 위해서이다. 다음과 같은 예에서는 이 규칙의 기능이 적용되지 않는데, 이것은 '[주격 단수] 격어미 si가 뒤에 올 때'이라는 조건에 부합하지 않기 때문이다.] bhoti itthi. bho sayambhu. bhoti vadhu. bho daṇḍi. [이 예는 호격 단수 격어미 si가 사용되었다.]

무슨 목적으로 '중성을 제외한 성'이 [명시되어 있는가]? [이 규칙에서 명시한 조건에 부합해야만 이 규칙의 기능이 적용된다는 것을 보여 주기 위해서이다. 다음과 같은 예에서는 이 규칙의 기능이 적용되지 않는데, 이것은 '중성을 제외한 성'이라는 조건에 부합하지 않기 때문이다.] sukhakāri dānaṃ. sukhakāri sīlaṃ. sīghayāyi cittaṃ. [이 예는 중성 명사이다.]

‖ *ubhâdito naṃ innaṃ* ‖ **86** ‖

[수를 나타내는 단어] ubha(양쪽) 등등의 뒤에 격어미 naṃ은 innaṃ이 된다.

[그 예는 다음과 같다.] ubhinnaṃ. duvinnaṃ.

- ubha+naṃ → ubha+innaṃ[KV86] → ubh+innaṃ[KV83] → ubhinnaṃ
- dvi+naṃ → dvi+innaṃ[KV86] → duvi+innaṃ[KV132-ca] → duv+innaṃ[KV83] → duvinnaṃ

무슨 목적으로 'ubha 등등의 뒤에'가 [명시되어 있는가]? [이 규칙에서 명시한 조건에 부합해야만 이 규칙의 기능이 적용된다는 것을 보여 주기 위해서이다. 다음과 같은 예에서는 이 규칙의 기능이 적용되지 않는데, 이것은 'ubha 등등의 뒤에'라는 조건에 부합하지 않기 때문이다.] ubhayesaṃ. [이 예는 ubha가 아니라 ubhaya이다.]

‖ *iṇṇaṃ iṇṇannaṃ tīhi saṅkhyāhi* ‖ 87 ‖

기수 ti⑶ 뒤에 격어미 naṃ은 iṇṇaṃ과 iṇṇannaṃ으로 대체된다.

[그 예는 다음과 같다.] tiṇṇaṃ. tiṇṇannaṃ.

- ti+naṃ → ti+iṇṇaṃ[KV87] → t+iṇṇaṃ[KV83] → tiṇṇaṃ
- ti+naṃ → ti+iṇṇannaṃ[KV87] → t+iṇṇannaṃ[KV83] → tiṇṇannaṃ

무슨 목적으로 'ti 뒤에'가 [명시되어 있는가]? [이 규칙에서 명시한 조건에 부합해야만 이 규칙의 기능이 적용된다는 것을 보여 주기 위해서이다. 다음과 같은 예에서는 이 규칙의 기능이 적용되지 않는데, 이것은 'ti 뒤에'라는 조건에 부합하지 않기 때문이다.] dvinnaṃ. [이 예는 기수 ti⑶가 아니라 dvi⑵이다.]

‖ *yosu katanikāralopesu dīghaṃ* ‖ 88 ‖

모든 모음은 [뒤따르는] 격어미 yo가 음절 ni로 되거나 탈락할 때 길어진다.

[그 예는 다음과 같다.] aggī. bhikkhū. rattī. yāgū. aṭṭhī · aṭṭhīni. āyū · āyūni. sabbāni. yāni. tāni. kāni. etāni. amūni. imāni.

- [탈락] aggi+yo → aggi+~~yo~~[KV118] → aggī[KV88] → aggī
- [탈락] āyu+yo → āyu+~~yo~~[KV118] → āyū[KV88] → āyū
- [ni 대체] āyu+yo → āyu+ni[KV217] → āyū+ni[KV88] → āyūni
- [ni 대체] aṭṭhi+yo → aṭṭhi+ni[KV217] → aṭṭhī+ni[KV88] →

aṭṭhīni

• [ni 대체] sabba+yo → sabba+ni[KV217] → sabbā+ni[KV88] → sabbāni

• [ni 대체] ya+yo → ya+ni[KV217] → yā+ni[KV88] → yāni

무슨 목적으로 '격어미 yo'가 [명시되어 있는가]? [이 규칙에서 명시한 조건에 부합해야만 이 규칙의 기능이 적용된다는 것을 보여 주기 위해서이다. 다음과 같은 예에서는 이 규칙의 기능이 적용되지 않는데, 이것은 '격어미 yo'라는 조건에 부합하지 않기 때문이다.] aggi. bhikkhu. ratti. yāgu. sabbo. yo. so. ko. amuko. [이 예는 격어미 yo가 아니라 격어미 si가 사용되었다.]

무슨 목적으로 '음절 ni로 되거나 탈락할 때'가 [명시되어 있는가]? [이 규칙에서 명시한 조건에 부합해야만 이 규칙의 기능이 적용된다는 것을 보여 주기 위해서이다. 다음과 같은 예에서는 이 규칙의 기능이 적용되지 않는데, 이것은 '음절 ni로 되거나 탈락할 때'라는 조건에 부합하지 않기 때문이다.] itthiyo. vadhuyo. Sayambhuvo. [이 예는 격어미 yo가 음절 ni로 되거나 탈락한 단어가 아니다.]

무슨 목적으로 [장음화에 관련된 규칙을] 다시 제시하는가? [다음의 예와 같이 모음의 장음화 과정이] 일관성이 있음을 설명하기 위해서이다. aggī. bhikkhū. rattī. yāni. tāni. katamāni. (앞에서 이미 제시된 예이기도 함.)

‖ *sunaṃhisu ca* ‖ 89 ‖[54]

이 격어미 su, naṃ, hi가 뒤에 올 때, 모든 모음은 길어진다.

[그 예는 다음과 같다.] aggīsu. aggīnaṃ. aggīhi. rattīsu. rattīnaṃ. rattīhi. bhikkhūsu. bhikkhūnaṃ. bhikkhūhi.

- aggi+su → aggī+su[KV89] → aggīsu
- aggi+naṃ → aggī+naṃ[KV89] → aggīnaṃ
- aggi+hi → aggī+hi[KV89] → aggīhi
- bhikkhu+su → bhikkhū+su[KV89] → bhikkhūsu
- bhikkhu+naṃ → bhikkhū+naṃ[KV89] → bhikkhūnaṃ
- bhikkhu+hi → bhikkhū+hi[KV89] → bhikkhūhi

무슨 목적으로 '이 격어미들이 뒤에 올 때'가 [명시되어 있는가]? [이 규칙에서 명시한 조건에 부합해야만 이 규칙의 기능이 적용된다는 것을 보여 주기 위해서이다. 다음과 같은 예에서는 이 규칙의 기능이 적용되지 않는데, 이것은 '이 격어미들이 뒤에 올 때'라는 조건에 부합하지 않기 때문이다.] agginā. pāṇinā. [이 예는 이 격어미들 즉 su, naṃ, hi가 아니라 격어미 nā가 사용되었다.]

[규칙에] 단어 ca가 있는 것은 [다음의 예와 같은 단어에 규칙의 기능이 제한됨을] 강조하기 위해서이다. sukhettesu brahmacārisu. bhikkhunaṃ datvā. sakehi pāṇihi.

---

54 이 규칙의 ca는 해설, 예시, 문답 다음에 제시된, 규칙 기능의 적용 범위에 관한 내용을 가리킨다.

• brahmacāri+su → brahmacārisu

• bhikkhu+naṃ → bhikkhunaṃ

• pāṇi+hi → pāṇihi

‖ *pañcâdīnaṃ attaṃ* ‖ 90 ‖

기수 pañca(5) 등등[55]의 끝음은 격어미 su, naṃ, hi가 뒤에 올 때 a로 된다.

[그 예는 다음과 같다.] pañcasu. pañcannaṃ. pañcahi. chasu. channaṃ. chahi. sattasu. sattahi. sattannaṃ. aṭṭhannaṃ. aṭṭhasu. aṭṭhahi. navasu. navannaṃ. navahi. dasasu. dasannaṃ. dasahi.

• pañca+su → pañca+su[KV90] → pañcasu

• pañca+naṃ → pañca+naṃ[KV90] → pañca+nnaṃ[KV67] → pañcannaṃ

• pañca+hi → pañca+hi[KV90] → pañcahi

무슨 목적으로 '기수 pañca(5) 등등'이 [명시되어 있는가]? [이 규칙에서 명시한 조건에 부합해야만 이 규칙의 기능이 적용된다는 것을 보여 주기 위해서이다. 다음과 같은 예에서는 이 규칙의 기능이 적용되지 않는데, 이것은 '기수 pañca(5) 등등'이라는 조건에 부합하지 않기 때문이다.] dvīsu. dvinnaṃ. dvīhi. [이 예는 기수 pañca(5)-dasa(10)까지가 아니라 dvi(2)이다. 따라서 dvi의 끝음이 a로 되지 않고 장음화

55 'pañca 등등'은 예시 단어에서 확인할 수 있듯이 기수 5부터 10까지를 가리킨다.

되었거나 n의 삽입이 일어났다.]

상태를 나타내는 [접미사 tta가 a에 붙어 만들어진 추상명사] attaṃ(a로 됨)은 [다음의 예와 같은 숫자 뒤에 오는 naṃ 앞에] 이중 자음이 있는 ssa가 삽입되는 경우에도 [이 규칙이 적용됨을] 보여 주기 위해 사용되었다. [catu의] 끝음 [u도 a로 된다.] catassannaṃ itthīnaṃ. tissannaṃ vedanānaṃ.

- catu+naṃ → catu+ssa+naṃ[KV67–ca] → cata+ssa+naṃ[KV90–atta] → catassa+n+naṃ[KV67] → catassannaṃ

‖ *patiss'inīmhi* ‖ 91 ‖

'pati–주인'의 끝음은 접미사 inī[56]가 뒤에 올 때 a로 된다.

[그 예는 다음과 같다.] gahapatānī.

- gahapati+si → gahapati+inī+si[KV240] → gahapata+inī+si[KV91] → gahapata+nī+si[KV13] → gahapatā+nī+si[KV16] → gahapatā+nī+~~si~~[KV220] → gahapatānī

무슨 목적으로 '접미사 inī가 뒤에 올 때'가 [명시되어 있는가]? [이 규칙에서 명시한 조건에 부합해야만 이 규칙의 기능이 적용된다는 것을 보여 주기 위해서이다. 다음과 같은 예에서는 이 규칙의 기능이 적용되지 않는데, 이것은 '접미사 inī가 뒤에 올 때'라는 조건에 부합하지 않기 때문이다.] gahapati. [이 예는 접미사 inī가 뒤에 오는 단어가 아

56 여성을 나타내는 접미사 inī에 대해서는 KV240을 참고하라.

니다.]

‖ *ntuss' anto yosu ca* ‖ 92 ‖ [57]

접미사 ntu의 끝음은 이 격어미 su, naṃ, hi, yo가 뒤에 올 때 a로 된다.

[그 예는 다음과 같다.] guṇavantesu. guṇavantānaṃ. guṇavantehi. guṇavantā. guṇavante.

- guṇavantu̲+su̲ → guṇavanta̲+su[KV92] → guṇavante+su[KV101]
  → guṇavantesu

- guṇavantu̲+naṃ̲ → guṇavanta̲+naṃ[KV92] → guṇavantā+naṃ
  [KV89] → guṇavantānaṃ

- guṇavantu̲+hi̲ → guṇavanta̲+hi[KV92] → guṇavante+hi[KV101]
  → guṇavantehi

- guṇavantu̲+yo̲ → guṇavanta̲+yo[KV92] → guṇavanta+ā[KV107]
  → guṇavant+ā[KV83] → guṇavantā (제1 복수 격어미 yo)

- guṇavantu̲+yo̲ → guṇavanta̲+yo[KV92] → guṇavanta+e[KV107]
  → guṇavant+e[KV83] → guṇavante (제2 복수 격어미 yo)

무슨 목적으로 '접미사 ntu'가 [명시되어 있는가]? [이 규칙에서 명시

---

57 이 규칙의 ca는 해설, 예시, 문답 다음에 제시된, 추가 정보를 가리킨다. 추가 정보는 국문 번역에 "규칙에 있는 단어 ca를 취함으로써"의 뒤에 이어진 내용으로, 기존 규칙의 기능에 형태학적 변화의 예를 더 보탠 것이다.

한 조건에 부합해야만 이 규칙의 기능이 적용된다는 것을 보여 주기 위해서이다. 다음과 같은 예에서는 이 규칙의 기능이 적용되지 않는데, 이것은 '접미사 ntu'라는 조건에 부합하지 않기 때문이다.] isīnaṃ. [이 예는 접미사 ntu가 붙은 단어가 아니다.]

무슨 목적으로 '이 격어미들이 뒤에 올 때'가 [명시되어 있는가]? [이 규칙에서 명시한 조건에 부합해야만 이 규칙의 기능이 적용된다는 것을 보여 주기 위해서이다. 다음과 같은 예에서는 이 규칙의 기능이 적용되지 않는데, 이것은 '이 격어미들이 뒤에 올 때'라는 조건에 부합하지 않기 때문이다.] guṇavā. [이 예는 이 격어미들, 즉 su, naṃ, hi, yo가 아니라 격어미 si가 사용되었다.]

[규칙에 있는] 단어 'ca(또한)'를 취함으로써, 다른 격어미가 뒤에 올 때도 [접미사 ntu의 끝음은] a가 된다. [그 예는 다음과 같다.] guṇavantasmiṃ. guṇavantena.

- guṇavantu+smiṃ → guṇavanta+smiṃ[KV92-ca] → guṇavantasmiṃ

[규칙에 있는] anto를 취함으로써, 접미사 ntu의 끝[모음은] a가 되고, yo는 모음 i가 된다. [그 예는 다음과 같다.] guṇavanti.

- guṇavantu+yo → guṇavanta+i[KV92-anto] → guṇavant+i [KV83] → guṇavanti

‖ *sabbassa vā aṃsesu* ‖ 93 ‖

접미사 ntu 전체는 이 격어미 aṃ과 sa가 뒤에 올 때 선택에 따라 a가 된다.

[그 예는 다음과 같다.] satimaṃ bhikkhuṃ · satimantaṃ bhikkhuṃ vā.[58] Bandhumaṃ rājānaṃ · Bandhumantaṃ rājānaṃ vā. satimassa bhikkhuno · satimato bhikkhuno vā. Bandhumassa rañño · Bandhumato rañño vā.

- satimantu+aṃ → satima+a+aṃ[KV93] → satima+a+ṃ[KV13] → satim+a+ṃ[KV83] → satimaṃ. *satimantaṃ
- satimantu+sa → satima+a+sa[KV93] → satima+a+ssa[KV61] → satim+a+ssa[KV83] → satimassa. *satimato

무슨 목적으로 '이 격어미들이 뒤에 올 때'가 [명시되어 있는가]? [이 규칙에서 명시한 조건에 부합해야만 이 규칙의 기능이 적용된다는 것을 보여 주기 위해서이다. 다음과 같은 예에서는 이 규칙의 기능이 적용되지 않는데, 이것은 '이 격어미들이 뒤에 올 때'라는 조건에 부합하지 않기 때문이다.] satimā bhikkhu. Bandhumā rājā. [이 예는 이 격어미들, 즉 aṃ과 sa가 뒤에 오는 단어가 아니다.]

‖ *simhi vā* ‖ 94 ‖

접미사 ntu의 끝음은 격어미 si가 뒤에 올 때 선택에 따라 a가 된다.

---

58 satimaṃ bhikkhuṃ과 satimantaṃ bhikkhuṃ은 같은 의미의 예인데, satimaṃ bhikkhuṃ의 satimaṃ은 이 규칙의 기능이 적용된 단어이고, satimantaṃ bhikkhuṃ의 satimantaṃ은 선택적 대안(vā)으로서의 예로 규칙의 기능이 적용되지 않은 단어이다. 다른 예들도 마찬가지이다.

[그 예는 다음과 같다.] Himavanto pabbato.

• himavantu+si → himavanta+si[KV94] → himavanta+o[KV104] → himavant+o[KV83] → himavanto

무슨 목적으로 '선택에 따라(vā)'가 [명시되어 있는가?[59] ['선택에 따라'에 내포된 바와 같이 이 규칙의 기능이 모든 곳에 다 적용되는 것은 아님을 보여 주기 위해서이다. 다음과 같은 예에서는 이 규칙의 기능이 적용되지 않는데, 이것은 '선택에 따라'라는 조건에 의한 것이다.] Himavā pabbato.

• himavantu+si → himava+ā[KV124] → himav+ā[KV83] → himavā

|| *aggiss'ini* || 95 ||

'aggi-불'의 끝음은 격어미 si가 뒤에 올 때 선택에 따라 ini가 된다.

[그 예는 다음과 같다.] purato aggini pacchato aggini dakkhiṇato aggini vāmato aggini.

• aggi+si → aggini+si[KV95] → aggini+~~si~~[KV220] → aggini

무슨 목적으로 '선택에 따라(vā)'가 [명시되어 있는가]? ['선택에 따라'에 내포된 바와 같이 이 규칙의 기능이 모든 곳에 다 적용되는 것은

59 "무슨 목적으로 '선택에 따라(vā)'가 명시되어 있는가?"라는 의문문으로 시작하는 문답은 KV 전체에 걸쳐서 나오는데, 이 문답의 답으로 vā-예시 단어가 제시된다. vā-예시 단어는 KV93처럼 문답 없이 규칙이 적용된 예시 단어와 함께 나란히 제시되기도 하지만, KV94처럼 문답의 답으로 제시되기도 한다.

아님을 보여 주기 위해서이다. 다음과 같은 예에서는 이 규칙의 기능이 적용되지 않는데, 이것은 '선택에 따라'라는 조건에 의한 것이다.] aggi.

- aggi+si → aggi+~~si~~[KV220] → aggi

‖ *yosv akatarasso jho* ‖ 96 ‖

격어미 yo가 뒤에 올 때, 짧아진 것이 아니라 원래 짧은 Jha(끝음 i)[60]는 a로 된다.

[그 예는 다음과 같다.] aggayo. munayo. isayo.

- aggi+yo → agga+yo[KV96] → aggayo
- muni+yo → muna+yo[KV96] → munayo
- isi+yo → isa+yo[KV96] → isayo

무슨 목적으로 '격어미 yo가 뒤에 올 때'가 [명시되어 있는가]? [이 규칙에서 명시한 조건에 부합해야만 이 규칙의 기능이 적용된다는 것을 보여 주기 위해서이다. 다음과 같은 예에서는 이 규칙의 기능이 적용되지 않는데, 이것은 '격어미 yo가 뒤에 올 때'라는 조건에 부합하지 않기 때문이다.] aggīsu. [이 예는 격어미 yo가 아니라 격어미 su가 사용되었다.]

무슨 목적으로 '짧아진 것이 아니라 원래 짧은'이 [명시되어 있는가]?

60 Jha는 KV58에서 제시된 전문용어로, i, ī로 끝나는 남성·중성 명사의 끝음 i, ī를 의미한다.

[이 규칙에서 명시한 조건에 부합해야만 이 규칙의 기능이 적용된다는 것을 보여 주기 위해서이다. 다음과 같은 예에서는 이 규칙의 기능이 적용되지 않는데, 이것은 '짧아진 것이 아니라 원래 짧은'이라는 조건에 부합하지 않기 때문이다.] daṇḍino. [이 예는 원래 짧은 모음이 아니라 KV84에 의해 ī가 짧아진 단어이다.]
무슨 목적으로 'Jha'가 [명시되어 있는가]? [이 규칙에서 명시한 조건에 부합해야만 이 규칙의 기능이 적용된다는 것을 보여 주기 위해서이다. 다음과 같은 예에서는 이 규칙의 기능이 적용되지 않는데, 이것은 'Jha'라는 조건에 부합하지 않기 때문이다.] rattiyo. [이 예는 Jha(남성·중성 명사의 끝음 i, ī)가 아니라 Pa(여성 명사의 끝음 i ,ī, u, ū)가 있는 단어이다.]

|| *vevosu lo ca* || 97 ||[61]

ve와 vo[62]가 뒤에 올 때, 짧아진 것이 아니라 원래 짧은 La(끝음 u)[63]는 a로 된다.
[그 예는 다음과 같다.] bhikkhave. bhikkhavo. hetave. hetavo.
• bhikkhu+yo → bhikkhu+ve[KV116] → bhikkha+ve[KV97] →

61 이 규칙의 ca는 이전 규칙의 단어를 끌어와 문맥을 맞추는 용도로, KV90의 attaṃ을 의미한다.

62 호격 복수 격어미 yo가 ve와 vo로 대체되는 기능은 KV116에 제시된다.

63 La는 KV58에서 제시된 전문용어로, u, ū로 끝나는 남성·중성 명사의 끝음 u, ū를 의미한다.

bhikkhave

- bhikkhu+yo → bhikkhu+vo[KV116] → bhikkha+vo[KV97] → bhikkhavo

무슨 목적으로 '짧아진 것이 아니라 원래 짧은'이 [명시되어 있는가]? [이 규칙에서 명시한 조건에 부합해야만 이 규칙의 기능이 적용된다는 것을 보여 주기 위해서이다. 다음과 같은 예에서는 이 규칙의 기능이 적용되지 않는데, 이것은 '짧아진 것이 아니라 원래 짧은'이라는 조건에 부합하지 않기 때문이다.] Sayambhuvo. Vessabhuvo. parâbhibhuvo. [이 예는 원래 짧은 모음이 아니라 KV84에 의해 ī가 짧아진 단어이다.]

무슨 목적으로 've와 vo가 뒤에 올 때'가 [명시되어 있는가]? [이 규칙에서 명시한 조건에 부합해야만 이 규칙의 기능이 적용된다는 것을 보여 주기 위해서이다. 다음과 같은 예에서는 이 규칙의 기능이 적용되지 않는데, 이것은 've와 vo가 뒤에 올 때'라는 조건에 부합하지 않기 때문이다.] hetunā. ketunā. setunā. [이 예는 호격 복수 격어미 yo가 바뀐, ve나 vo가 아니라 격어미 nā가 사용되었다.]

|| *mātulâdīnaṃ ānattaṃ īkāre* || 98 ||

mātula 등등의 끝음은 접미사 ī가 뒤에 올 때[64] āna로 된다.

[그 예는 다음과 같다.] mātulānī. ayyakānī. Varuṇānī.

---

64 여성을 나타내는 접미사 ī가 남성 명사 mātula(외숙부)에 붙어서 여성 명사

- mātula+si → mātula+ī+si[KV238] → mātulāna+ī+si[KV98] →

  mātulāna+ī+s̶i̶[KV220] → mātulān+ī[KV83] → mātulāni

무슨 목적으로 '접미사 ī가 뒤에 올 때'가 [명시되어 있는가]? [이 규칙에서 명시한 조건에 부합해야만 이 규칙의 기능이 적용된다는 것을 보여 주기 위해서이다. 다음과 같은 예에서는 이 규칙의 기능이 적용되지 않는데, 이것은 '접미사 ī가 뒤에 올 때'라는 조건에 부합하지 않기 때문이다.] bhikkhunī. jālinī. gahapatānī. [이 예는 접미사 ī가 아니라 inī(KV240)가 사용되었다.]

[규칙에 있는] ānatta를 취함으로써, 격어미 yo, nā, sa가 뒤에 올 때 nadī의 [끝음절] dī는 이 격어미들과 함께 jjo와 jjā로 대체된다.[65] 그것은 이와 같다. najjo sandanti. najjā kataṃ taraṅgaṃ. najjā Nerañjarāya tīre.

- nad̲ī̲+yo → najjo[KV98−ānatta] → najjo
- nad̲ī̲+nā → najjā[KV98−ānatta] → najjā
- nad̲ī̲+sa → najjā[KV98−ānatta] → najjā

---

mātulāni(외숙모)가 될 때를 말한다.

65 이 조건·기능과 KV98의 기본 조건·기능은 차이가 있는데도 같은 규칙 안에 제시될 수 있는 것은 '단어의 끝음이나 끝음절의 대체'라는 공통된 요소가 있기 때문이다. 국문 번역에 'ānatta를 취함으로써'는 ānattaggahaṇena를 옮긴 것인데 이 내용을 풀어서 말하면, 규칙에서 ānattaṃ(āna로 됨)의 용도인 '대체'만 떼 와서 (대체어 āna 자체를 가져오는 건 아님) 이 기능은 고정해 놓고 이 규칙에서 제시하는 조건이나 기능을 다시 설정하는 것을 의미한다.

‖ *smāhisminnaṃ mhābhimhi vā* ‖ 99 ‖

모든 성의 명사 뒤에 smā, hi, smiṃ은 각각 mhā, bhi, mhi로 선택에 따라 대체된다.

[그 예는 다음과 같다.] purisamhā · purisasmā. purisebhi · purisehi. purisamhi · purisasmiṃ.

- purisa+smā → purisa+mhā[KV99] → purisamhā. *purisasmā
- purisa+hi → purisa+bhi[KV99] → purise+bhi[KV101] → purisebhi. *purisehi
- purisa+smiṃ → purisa+mhi[KV99] → purisamhi. *purisasmiṃ

무슨 목적으로 'smā, hi, smiṃ'이 [명시되어 있는가]? [이 규칙에서 명시한 조건에 부합해야만 이 규칙의 기능이 적용된다는 것을 보여 주기 위해서이다. 다음과 같은 예에서는 이 규칙의 기능이 적용되지 않는데, 이것은 'smā, hi, smiṃ'이라는 조건에 부합하지 않기 때문이다.] vaṇṇavantaṃ agandhakaṃ. mahantaṃ chattaṃ. [이 예는 격어미 smā, hi, smiṃ이 아니라 격어미 aṃ이 사용되었다.]

‖ *na timehi katâkārehi* ‖ 100 ‖[66]

대명사 ta와 ima가 모음 a로 바뀐 뒤에 오는 격어미 smā와 smiṃ은 mhā와 mhi로 대체되지 않는다.

66 KV100은 KV99의 기능에 대한 예외를 보여 준다.

[그 예는 다음과 같다.] asmā. asmiṃ.

- ta+smā → a+smā[KV176] → a+mhā(×)/smā(O)[KV100] → asmā
- ta+smiṃ → a+smiṃ[KV176] → a+mhi(×)/smiṃ(O)[KV100] → asmiṃ
- ima+smā → a+smā[KV177] → a+mhā(×)/smā(O)[KV100] → asmā
- ima+smiṃ → a+smiṃ[KV177] → a+mhi(×)/smiṃ(O)[KV100] → asmiṃ

무슨 목적으로 '모음 a로 바뀐'이 [명시되어 있는가]? [이 규칙에서 명시한 조건에 부합해야만 이 규칙의 기능이 적용된다는 것을 보여 주기 위해서이다. 다음과 같은 예에서는 이 규칙의 기능이 적용되지 않는데, 이것은 '모음 a로 바뀐'이라는 조건에 부합하지 않기 때문이다.] tamhā. tamhi. imamhā. imamhi. [이 예는 ta와 ima가 a로 바뀐 단어가 아니다.]

|| *suhīsv akāro e* || 101 ||

격어미 su와 hi가 뒤에 올 때, 모음 a는 e로 된다.

[그 예는 다음과 같다.] sabbesu. yesu. tesu. kesu. purisesu. imesu. kusalesu. tumhesu. amhesu. sabbehi. yehi. tehi. kehi. purisehi. imehi. kusalehi. tumhehi. amhehi.

- sabba+su → sabbe+su[KV101] → sabbesu
- sabba+hi → sabbe+hi[KV101] → sabbehi

- ta̱+su̱ → te̱+su̱[KV101] → tesu

- ta̱+hi̱ → te̱+hi̱[KV101] → tehi

- purisa̱+su̱ → purise̱+su̱[KV101] → purisesu

- purisa̱+hi̱ → purise̱+hi̱[KV101] → purisehi

‖ *sabbanāmānaṃ naṃmhi ca* ‖ 102 ‖ [67]

모든 대명사의 [끝]모음 a는 격어미 naṃ이 뒤에 올 때 e로 된다.
[그 예는 다음과 같다.] sabbesaṃ · sabbesānaṃ. yesaṃ · yesānaṃ.
tesaṃ · tesānaṃ. kesaṃ · kesānaṃ. imesaṃ · imesānaṃ. itaresaṃ ·
itaresānaṃ. katamesaṃ · katamesānaṃ.

- sabba̱+naṃ → sabbe̱+naṃ[KV102] → sabbe+saṃ[KV168] →
sabbesaṃ

- sabba̱+naṃ → sabbe̱+naṃ[KV102] → sabbe+sānaṃ[KV168] →
sabbesānaṃ

- ya̱+naṃ → ye̱+naṃ[KV102] → ye+saṃ[KV168] → yesaṃ

- ya̱+naṃ → ye̱+naṃ[KV102] → ye+sānaṃ[KV168] → yesānaṃ

무슨 목적으로 '모음 a'가 [명시되어 있는가]? [이 규칙에서 명시
한 조건에 부합해야만 이 규칙의 기능이 적용된다는 것을 보여 주
기 위해서이다. 다음과 같은 예에서는 이 규칙의 기능이 적용되

---

67 이 규칙의 ca는 이전 규칙의 단어를 끌어와 문맥을 맞추는 용도로, KV101의 e
를 의미한다.

지 않는데, 이것은 '모음 a'라는 조건에 부합하지 않기 때문이다.] amūsaṃ · amūsānaṃ. [이 예는 끝모음이 a가 아니라 u인 단어이다.]

‖ *ato n'ena* ‖ 103 ‖

모음 a 뒤에 격어미 nā는 ena로 대체된다.

[그 예는 다음과 같다.] sabbena. yena. tena. kena. anena. purisena. rūpena.

- sabba+nā → sabba+ena[KV103] → sabb+ena[KV83] → sabbena
- purisa+nā → purisa+ena[KV103] → puris+ena[KV83] → purisena
- rūpa+nā → rūpa+ena[KV103] → rūp+ena[KV83] → rūpena

무슨 목적으로 '모음 a 뒤에'가 [명시되어 있는가]? [이 규칙에서 명시한 조건에 부합해야만 이 규칙의 기능이 적용된다는 것을 보여 주기 위해서이다. 다음과 같은 예에서는 이 규칙의 기능이 적용되지 않는데, 이것은 '모음 a 뒤에'라는 조건에 부합하지 않기 때문이다.] muninā. amunā. bhikkhunā. [이 예는 모음 a가 아니라 i 또는 u로 끝나는 단어이다.]

무슨 목적으로 '격어미 nā'가 [명시되어 있는가]? [이 규칙에서 명시한 조건에 부합해야만 이 규칙의 기능이 적용된다는 것을 보여 주기 위해서이다. 다음과 같은 예에서는 이 규칙의 기능이 적용되지 않는데, 이것은 '격어미 nā'라는 조건에 부합하지 않기 때문이다.] tasmā. [이 예는 격어미 nā가 아니라 smā가 사용되었다.]

‖ *s'o* ‖ 104 ‖

모음 a 뒤에 격어미 si는 o로 대체된다.

[그 예는 다음과 같다.] sabbo. yo. so. ko. puriso.

- sabba+si → sabba+o[KV104] → sabb+o[KV83] → sabbo
- sa+si → sa+o[KV104] → s+o[KV83] → so
- purisa+si → purisa+o[KV104] → puris+o[KV83] → puriso

무슨 목적으로 '격어미 si'가 [명시되어 있는가]? [이 규칙에서 명시한 조건에 부합해야만 이 규칙의 기능이 적용된다는 것을 보여 주기 위해서이다. 다음과 같은 예에서는 이 규칙의 기능이 적용되지 않는데, 이것은 '격어미 si'라는 조건에 부합하지 않기 때문이다.] purisānaṃ. [이 예는 격어미 si가 아니라 naṃ이 사용되었다.]

무슨 목적으로 '모음 a 뒤에'가 [명시되어 있는가]? [이 규칙에서 명시한 조건에 부합해야만 이 규칙의 기능이 적용된다는 것을 보여 주기 위해서이다. 다음과 같은 예에서는 이 규칙의 기능이 적용되지 않는데, 이것은 '모음 a 뒤에'라는 조건에 부합하지 않기 때문이다.] sayambhū. [이 예는 모음 a가 아니라 ū로 끝나는 단어이다.]

‖ *so vā* ‖ 105 ‖

모음 a 뒤에 격어미 nā는 선택에 따라 so로 대체된다.

[그 예는 다음과 같다.] atthaso. byañjanaso. suttaso. padaso. yasaso. upāyaso.

• attha+nā → attha+so[KV105] → atthaso
• byañjana+nā → byañjana+so[KV105] → byañjanaso
• sutta+nā → sutta+so[KV105] → suttaso
• pada+nā → pada+so[KV105] → padaso

무슨 목적으로 '선택에 따라(vā)'가 [명시되어 있는가]? ['선택에 따라'에 내포된 바와 같이 이 규칙의 기능이 모든 곳에 다 적용되는 것은 아님을 보여 주기 위해서이다. 다음과 같은 예에서는 이 규칙의 기능이 적용되지 않는데, 이것은 '선택에 따라'라는 조건에 의한 것이다.]

pādena vā pādârahena vā atirekapādena vā.

• pāda+nā → pāda+ena[KV103] → pād+ena[KV83] → pādena

‖ *dīghorehi* ‖ 106 ‖

dīgha와 ora 뒤에 격어미 smā는 선택에 따라 so로 대체된다.

[그 예는 다음과 같다.] dīghaso · dīghamhā. oraso · oramhā.

• dīgha+smā → dīgha+so[KV106] → dīghaso. *dīghamhā
• ora+smā → ora+so[KV106] → oraso. *oramhā

‖ *sabbayonīnaṃ ā e* ‖ 107 ‖

모음 a 뒤에 모든 격어미 yo와 [yo가 바뀐] ni[68]는 [주격 · 호격에] ā로,

68 a로 끝나는 중성 명사 뒤에 오는 격어미 yo가 ni로 되는 기능은 KV218에 제시

[대격에] e로 각각 선택에 따라 대체된다.[69]

[그 예는 다음과 같다.] purisā. purise. rūpā. rūpe.

- purisa+yo → purisa+ā[KV107] → puris+ā[KV83] → purisā (주격·호격 복수)
- purisa+yo → purisa+e[KV107] → puris+e[KV83] → purise (대격 복수)
- rūpa+yo → rūpa+ni[KV218] → rūpa+ā[KV107] → rūp+ā[KV83] → rūpā (주격·호격 복수)
- rūpa+yo → rūpa+ni[KV218] → rūpa+e[KV107] → rūp+e[KV83] → rūpe (대격 복수)

무슨 목적으로 '선택에 따라(vā)'가 [명시되어 있는가]? ['선택에 따라'에 내포된 바와 같이 이 규칙의 기능이 모든 곳에 다 적용되는 것은 아님을 보여 주기 위해서이다. 다음과 같은 예에서는 이 규칙의 기능이 적용되지 않는데, 이것은 '선택에 따라'라는 조건에 의한 것이다.] aggayo. munayo. isayo.

- aggi+yo → agga+yo[KV96] → aggayo

무슨 목적으로 'yo와 ni'가 [명시되어 있는가]? [이 규칙에서 명시한 조건에 부합해야만 이 규칙의 기능이 적용된다는 것을 보여 주기 위해서이다. 다음과 같은 예에서는 이 규칙의 기능이 적용되지 않는데, 이것

된다.

69 이 해설의 내용을 정리하면, 주격과 호격을 나타내는 제1 복수 격어미 yo와 그 대체어 ni는 ā로 대체되고, 대격을 나타내는 제2 복수 격어미 yo와 그 대체어 ni는 e로 대체된다는 것이다.

은 'yo와 ni'라는 조건에 부합하지 않기 때문이다.] purisassa. rūpassa. [이 예는 격어미 yo나 yo가 바뀐 ni가 뒤에 오는 단어가 아니다.]
무슨 목적으로 '모음 a 뒤에'가 [명시되어 있는가]? [이 규칙에서 명시한 조건에 부합해야만 이 규칙의 기능이 적용된다는 것을 보여 주기 위해서이다. 다음과 같은 예에서는 이 규칙의 기능이 적용되지 않는데, 이것은 '모음 a 뒤에'라는 조건에 부합하지 않기 때문이다.] daṇḍino. aggī jalanti. munī caranti. [이 예는 모음 a가 아니라 모음 ī와 i로 끝나는 단어이다.]

‖ *smāsminnaṃ vā* ‖ **108** ‖

모음 a 뒤에 모든 smā와 smiṃ은 각각 ā와 e로 선택에 따라 대체된다. [그 예는 다음과 같다.] purisā · purisasmā. purise · purisasmiṃ.

- purisa+smā → purisa+ā[KV108] → puris+ā[KV83] → purisā. *purisasmā
- purisa+smiṃ → purisa+e[KV108] → puris+e[KV83] → purise. *purisasmiṃ

무슨 목적으로 '모음 a 뒤에'가 [명시되어 있는가]? [이 규칙에서 명시한 조건에 부합해야만 이 규칙의 기능이 적용된다는 것을 보여 주기 위해서이다. 다음과 같은 예에서는 이 규칙의 기능이 적용되지 않는데, 이것은 '모음 a 뒤에'라는 조건에 부합하지 않기 때문이다.] daṇḍinā. daṇḍismiṃ. bhikkhunā. bhikkhusmiṃ. [이 예는 모음 a가 아니라 모음 ī와 u로 끝나는 단어이다.]

|| *āya catutthekavacanassa tu* || 109 ||[70]

모음 a 뒤에 제4 단수 격어미 [sa는] 선택에 따라 āya로 대체된다.

[그 예는 다음과 같다.] atthāya hitāya sukhāya devamanussānaṃ.

- attha+sa → attha+āya[KV109] → atth+āya[KV83] → atthāya
- hita+sa → hita+āya[KV109] → hit+āya[KV83] → hitāya
- sukha+sa → sukha+āya[KV109] → sukh+āya[KV83] → sukhāya

무슨 목적으로 '모음 a 뒤에'가 [명시되어 있는가]? [이 규칙에서 명시한 조건에 부합해야만 이 규칙의 기능이 적용된다는 것을 보여 주기 위해서이다. 다음과 같은 예에서는 이 규칙의 기능이 적용되지 않는데, 이것은 '모음 a 뒤에'라는 조건에 부합하지 않기 때문이다.] isissa. [이 예는 모음 a가 아니라 모음 i로 끝나는 단어이다.]

무슨 목적으로 '제4 격어미'가 [명시되어 있는가]? [이 규칙에서 명시한 조건에 부합해야만 이 규칙의 기능이 적용된다는 것을 보여 주기 위해서이다. 다음과 같은 예에서는 이 규칙의 기능이 적용되지 않는데, 이것은 '제4 격어미'라는 조건에 부합하지 않기 때문이다.] purisassa mukhaṃ. [이 예는 제4 격어미가 아니라 제6 격어미가 붙은 단어이다.]

무슨 목적으로 '단수'가 [명시되어 있는가]? [이 규칙에서 명시한 조건

70 이 규칙의 tu는 해설, 예시, 문답 다음에 제시된, 추가 정보를 가리킨다. 추가 정보는 국문 번역에 "규칙에서 단어 tu를 취함으로써"의 뒤에 이어진 내용으로, 기존 규칙의 기능에 형태학적 변화의 예를 더 보탠 것이다.

에 부합해야만 이 규칙의 기능이 적용된다는 것을 보여 주기 위해서이다. 다음과 같은 예에서는 이 규칙의 기능이 적용되지 않는데, 이것은 '단수'라는 조건에 부합하지 않기 때문이다.] purisānaṃ … dadāti. [이 purisānaṃ은 단수가 아니라 복수 격어미 naṃ이 붙은 단어이다.]

무슨 목적으로 '선택에 따라(vā)'가 [명시되어 있는가]? ['선택에 따라'에 내포된 바와 같이 이 규칙의 기능이 모든 곳에 다 적용되는 것은 아님을 보여 주기 위해서이다. 다음과 같은 예에서는 이 규칙의 기능이 적용되지 않는데, 이것은 '선택에 따라'라는 조건에 의한 것이다.] dātā hoti samaṇassa vā brahmaṇassa vā.

[규칙에 있는] 단어 tu를 취함으로써, [sa는] atthaṃ으로도 대체된다. [그 예는 다음과 같다.] atthatthaṃ. hitatthaṃ. sukhatthaṃ.

- attha+sa → attha+atthaṃ[KV109–tu] → atth+atthaṃ[KV83] → atthatthaṃ
- hita+sa → hita+atthaṃ[KV109–tu] → hit+atthaṃ[KV83] → hitatthaṃ
- sukha+sa → sukha+atthaṃ[KV109–tu] → sukh+atthaṃ[KV83] → sukhatthaṃ

‖ *tayo n' eva ca sabbanāmehi* ‖ **110** ‖[71]

모음 a로 끝나는 대명사 뒤에 단수 격어미 smā, smiṃ, sa는 ā, e, āya

71 이 규칙의 ca는 이전 규칙의 단어를 끌어와 문맥을 맞추는 용도로, KV103의

로 대체되지 않는다.[72]

[그 예는 다음과 같다.] sabbasmā. sabbasmiṃ. sabbassa. yasmā. yasmiṃ. yassa. tasmā. tasmiṃ. tassa. kasmā. kasmiṃ. kassa. imasmā. imasmiṃ. imassa.

- sabba+smā → sabba+ā(×)/smā(O)[KV110] → sabbasmā
- sabba+smiṃ → sabba+e(×)/smiṃ(O)[KV110] → sabbasmiṃ
- sabba+sa → sabba+āya(×)/sa(O)[KV110] → sabba+ssa[KV61] → sabbassa

무슨 목적으로 '대명사 뒤에'가 [명시되어 있는가]? [이 규칙에서 명시한 조건에 부합해야만 이 규칙의 기능이 적용된다는 것을 보여 주기 위해서이다. 다음과 같은 예에서는 이 규칙의 기능이 적용되지 않는데, 이것은 '대명사 뒤에'라는 조건에 부합하지 않기 때문이다.] pāpā. pāpe. pāpāya. [이 예는 대명사가 아니다.]

‖ *ghato nâdīnaṃ* ‖ 111 ‖

Gha(여성 명사 끝음 ā)[73] 뒤에 nā 등등의 단수 격어미 무리(nā, sa, smā, sa,

ato를 의미한다. KV110은 KV108-109의 기능에 대한 예외를 보여 준다.

72 격어미 smā는 ā로, 격어미 smiṃ은 e로, 격어미 sa는 āya로 대체되는 기능은 KV108-109에서 제시된 것이다. 이 기능이 KV110에서는 제한되는데 제한 조건은 '모음 a로 끝나는 대명사' 뒤에 격어미가 붙는 경우이다.

73 Gha는 KV60에서 제시된 전문용어로, ā로 끝나는 여성 명사의 끝모음 ā를 의미한다.

smiṃ)는 āya로 대체된다.

[그 예는 다음과 같다.]

kaññāya kataṃ kammaṃ : 소녀에 의해 일이 행해진다.(nā→āya)

kaññāya dīyate : 소녀에게 주어진다.(sa→āya)

kaññāya nissaṭaṃ vatthaṃ : 소녀에게서 옷감이 떨어졌다.(smā→āya)

kaññāya pariggaho : 소녀의 소유물.(sa→āya)

kaññāya patiṭṭhitaṃ sīlaṃ : 소녀에게 계행이 있다.(smiṃ→āya)

- [nā의 예] kaññā+nā → kaññā+āya[KV111] → kaññ+āya[KV83] → kaññāya
- [sa의 예] kaññā+sa → kaññā+āya[KV111] → kaññ+āya[KV83] → kaññāya
- [smā의 예] kaññā+smā → kaññā+āya[KV111] → kaññ+āya [KV83] → kaññāya
- [sa의 예] kaññā+sa → kaññā+āya[KV111] → kaññ+āya[KV83] → kaññāya
- [smiṃ의 예] kaññā+smiṃ → kaññā+āya[KV111] → kaññ+āya [KV83] → kaññāya

무슨 목적으로 'Gha 뒤에'가 [명시되어 있는가]? [이 규칙에서 명시한 조건에 부합해야만 이 규칙의 기능이 적용된다는 것을 보여 주기 위해서이다. 다음과 같은 예에서는 이 규칙의 기능이 적용되지 않는데, 이것은 'Gha 뒤에'라는 조건에 부합하지 않기 때문이다.] rattiyā. vadhuyā. dhenuyā. deviyā. [이 예는 Gha(여성 명사의 끝음 ā)가 아니라 순서대로 i, ū, u, ī로 끝나는 여성 명사이다.]

무슨 목적으로 'nā 등등'이 [명시되어 있는가]? [이 규칙에서 명시한 조건에 부합해야만 이 규칙의 기능이 적용된다는 것을 보여 주기 위해서이다. 다음과 같은 예에서는 이 규칙의 기능이 적용되지 않는데, 이것은 'nā 등등'이라는 조건에 부합하지 않기 때문이다.] kaññaṃ. vijjaṃ. vīṇaṃ. Gaṅgaṃ. [이 예는 nā 등등의 격어미(nā, sa, smā, sa, smiṃ)가 아니라 격어미 aṃ이 사용되었다.]

무슨 목적으로 '단수'가 [명시되어 있는가]? [이 규칙에서 명시한 조건에 부합해야만 이 규칙의 기능이 적용된다는 것을 보여 주기 위해서이다. 다음과 같은 예에서는 이 규칙의 기능이 적용되지 않는데, 이것은 '단수'라는 조건에 부합하지 않기 때문이다.] sabbāsu. yāsu. tāsu. kāsu. imāsu. pabhāsu. [이 예는 단수가 아니라 복수 격어미 su가 사용되었다.]

‖ *pato yā* ‖ **112** ‖

Pa(여성 명사 끝음 i, ī, u, ū)[74] 뒤에 nā 등등의 단수 격어미 무리(nā, sa, smā, sa, smiṃ)는 yā로 대체된다.

[그 예는 다음과 같다.] rattiyā. itthiyā. vadhuyā. dhenuyā. deviyā.

- [nā의 예] ratti+nā → ratti+yā[KV112] → rattiyā
- [sa의 예] ratti+sa → ratti+yā[KV112] → rattiyā

74 Pa는 KV59에서 제시된 전문용어로, i, ī, u, ū로 끝나는 여성 명사의 끝모음 i, ī, u, ū를 의미한다.

- [smā의 예] ratti+smā → ratti+yā[KV112] → rattiyā
- [sa의 예] ratti+sa → ratti+yā[KV112] → rattiyā
- [smiṃ의 예] ratti+smiṃ → ratti+yā[KV112] → rattiyā
- itthī+nā/sa/smā/sa/smiṃ → itthī+yā[KV112] → itthi+yā[KV84] → itthiyā
- vadhū+nā/sa/smā/sa/smiṃ → vadhū+yā[KV112] → vadhu+ yā [KV84] → vadhuyā

무슨 목적으로 'nā 등등'이 [명시되어 있는가]? [이 규칙에서 명시한 조건에 부합해야만 이 규칙의 기능이 적용된다는 것을 보여 주기 위해서이다. 다음과 같은 예에서는 이 규칙의 기능이 적용되지 않는데, 이것은 'nā 등등'이라는 조건에 부합하지 않기 때문이다.] ratti. rattī. itthi. itthī. [이 예는 nā 등등의 격어미(nā, sa, smā, sa, smiṃ)가 아니라 격어미 si와 yo가 사용되었다.]

- ratti+si → ratti+~~si~~[KV220] → ratti
- ratti+yo → ratti+~~yo~~[KV118] → rattī[KV88] → rattī

무슨 목적으로 'Pa 뒤에'가 [명시되어 있는가]? [이 규칙에서 명시한 조건에 부합해야만 이 규칙의 기능이 적용된다는 것을 보여 주기 위해서이다. 다음과 같은 예에서는 이 규칙의 기능이 적용되지 않는데, 이것은 'Pa 뒤에'라는 조건에 부합하지 않기 때문이다.] kaññāya. vīṇāya. Gaṅgāya. pabhāya. [이 예는 Pa(여성 명사의 끝음 i, ī, u, ū)가 아니라 Gha(여성 명사의 끝음 ā)가 있는 단어이다.]

무슨 목적으로 '단수'가 [명시되어 있는가]? [이 규칙에서 명시한 조건에 부합해야만 이 규칙의 기능이 적용된다는 것을 보여 주기 위해서이다. 다음과 같은 예에서는 이 규칙의 기능이 적용되지 않는데, 이것은 '단수'라는 조건에 부합하지 않기 때문이다.] rattīnaṃ. itthīnaṃ. [이 예는 단수가 아니라 복수 격어미가 사용되었다.]

‖ *sakhāto gass' e vā* ‖ 113 ‖

'sakha-친구' 뒤에 Ga(호격 단수 격어미 si)[75]는 모음 a, ā, i, ī, e로 선택에 따라 대체된다.

[그 예는 다음과 같다.] bho sakha. bho sakhā. bho sakhi. bho sakhī. bho sakhe.

- sakha+si → sakha+a[KV113] → sakh+a[KV83] → sakha
- sakha+si → sakha+ā[KV113] → sakh+ā[KV83] → sakhā
- sakha+si → sakha+i[KV113] → sakh+i[KV83] → sakhi
- sakha+si → sakha+ī[KV113] → sakh+ī[KV83] → sakhī
- sakha+si → sakha+e[KV113] → sakh+e[KV83] → sakhe

‖ *ghat' e ca* ‖ 114 ‖[76]

Gha(여성 명사 끝음 ā) 뒤에 Ga(호격 단수 격어미 si)는 모음 e가 된다.

---

75 Ga는 KV57에서 제시된 전문용어로, 호격 단수 격어미 si를 의미한다.

76 이 규칙의 ca는 이전 규칙의 단어를 끌어와 문맥을 맞추는 용도로, KV113의 gassa를 의미한다.

[그 예는 다음과 같다.] bhoti ayye. bhoti kaññe. bhoti Kharādiye.

- ayyā+si → ayyā+e[KV114] → ayy+e[KV83] → ayye (호격 단수)
- kaññā+si → kaññā+e[KV114] → kaññ+e[KV83] → kaññe (호격 단수)

‖ *na ammâdito* ‖ 115 ‖ [77]

단어 'ammā−어머니' 등등의 뒤에 Ga(호격 단수 격어미 si)는 모음 e가 되지 않는다.

[그 예는 다음과 같다.] bhoti ammā. bhoti annā. bhoti ambā. bhoti tātā.

- ammā+si → ammā+e(×)/si(O)[KV115] → ammā+~~si~~[KV220] → ammā

무슨 목적으로 'ammā 등등의 뒤에'가 [명시되어 있는가]? [이 규칙에서 명시한 조건에 부합해야만 이 규칙의 기능이 적용된다는 것을 보여 주기 위해서이다. 다음과 같은 예에서는 이 규칙의 기능이 적용되지 않는데, 이것은 'ammā 등등의 뒤에'라는 조건에 부합하지 않기 때문이다.] bhoti kaññe. [이 예는 ammā 등등의 단어가 아니다.]

‖ *akatarassā lato yvālapanassa ve vo* ‖ 116 ‖

짧아진 것이 아니라 원래 짧은 La(끝음 u) 뒤에 호격 [복수 격어미] yo

---

77 KV115는 KV114의 기능에 대한 예외를 보여 준다.

는 ve와 vo로 대체된다.

[그 예는 다음과 같다.] bhikkhave · bhikkhavo. hetave · hetavo.

- bhikkhu̱+yo → bhikkhu̱+ve[KV116] → bhikkha+ve[KV97] → bhikkhave

- bhikkhu̱+yo → bhikkhu̱+vo[KV116] → bhikkha+vo[KV97] → bhikkhavo

무슨 목적으로 '짧아진 것이 아니라 원래 짧은'이 [명시되어 있는가]? [이 규칙에서 명시한 조건에 부합해야만 이 규칙의 기능이 적용된다는 것을 보여 주기 위해서이다. 다음과 같은 예에서는 이 규칙의 기능이 적용되지 않는데, 이것은 '짧아진 것이 아니라 원래 짧은'이라는 조건에 부합하지 않기 때문이다.] sayambhuvo. [이 예는 원래 짧은 모음이 아니라 KV84에 의해 ī가 짧아진 단어이다.]

무슨 목적으로 'La 뒤에'가 [명시되어 있는가]? [이 규칙에서 명시한 조건에 부합해야만 이 규칙의 기능이 적용된다는 것을 보여 주기 위해서이다. 다음과 같은 예에서는 이 규칙의 기능이 적용되지 않는데, 이것은 'La 뒤에'라는 조건에 부합하지 않기 때문이다.] nāgiyo. dhenuyo. yāguyo. [이 예는 La(남성·중성 명사의 끝음 u, ū)가 아니라 Pa(여성 명사의 끝음 i ,ī, u, ū)가 있는 단어이다.]

무슨 목적으로 '호격'이 [명시되어 있는가]? [이 규칙에서 명시한 조건에 부합해야만 이 규칙의 기능이 적용된다는 것을 보여 주기 위해서이다. 다음과 같은 예에서는 이 규칙의 기능이 적용되지 않는데, 이것은 '호격'이라는 조건에 부합하지 않기 때문이다.] te hetavo. te bhikkhavo. [이 예는 호격이 아니라, 주격 어미가 붙은 단어이다.]

Jha(끝음 i, ī)와 La(끝음 u, ū)[78] 뒤에 격어미 sa는 선택에 따라 no로 대체된다.

[그 예는 다음과 같다.] aggino · aggissa. sakhino · sakhissa. daṇḍino · daṇḍissa. bhikkhuno · bhikkhussa. sayambhuno · sayambhussa.

- aggi+sa → aggi+no[KV117] → aggino. *aggissa
- daṇḍī+sa → daṇḍī+no[KV117] → daṇḍi+no[KV84] → daṇḍino. *daṇḍissa
- bhikkhu+sa → bhikkhu+no[KV117] → bhikkhuno. *bhikkhussa
- sayambhū+sa → sayambhū+no[KV117] → sayambhu+no[KV84] → sayambhuno. *sayambhussa

무슨 목적으로 '격어미 sa'가 [명시되어 있는가]? [이 규칙에서 명시한 조건에 부합해야만 이 규칙의 기능이 적용된다는 것을 보여 주기 위해서이다. 다음과 같은 예에서는 이 규칙의 기능이 적용되지 않는데, 이것은 '격어미 sa'라는 조건에 부합하지 않기 때문이다.] isinā. bhikkhunā. [이 예는 격어미 sa가 아니라 격어미 nā가 붙은 단어이다.]

무슨 목적으로 'Jha와 La 뒤에'가 [명시되어 있는가]? [이 규칙에서 명시한 조건에 부합해야만 이 규칙의 기능이 적용된다는 것을 보여 주

78 Jha는 i, ī로 끝나는 남성 · 중성 명사의 끝음 i, ī이고 La는 u, ū로 끝나는 남성 · 중성 명사의 끝음 u, ū를 의미한다.

기 위해서이다. 다음과 같은 예에서는 이 규칙의 기능이 적용되지 않는데, 이것은 'Jha와 La 뒤에'라는 조건에 부합하지 않기 때문이다.]
purisassa. [이 예는 Jha나 La가 아니라 a로 끝나는 단어이다.]

|| *ghapato ca yonaṃ lopo* || **118** ||[79]

Gha, Pa, Jha, La(끝음 ā, i, ī, u, ū–모든 성)[80] 뒤에 격어미 yo[81]는 선택에 따라 탈락한다.

[여성 명사의 예] kaññā · kaññāyo. rattī · rattiyo. itthī · itthiyo. vadhū · vadhuyo. yāgū · yāguyo. [남성 명사의 예] aggī · aggayo. bhikkhū · bhikkhavo. sayambhū · sayambhuvo. [중성 명사의 예] aṭṭhī · aṭṭhīni. āyū · āyūni.

- [Gha의 예] kaññā+yo → kaññā+~~yo~~[KV118] → kaññā. *kaññāyo
- [Pa의 예] ratti+yo → ratti+~~yo~~[KV118] → rattī[KV88] → rattī. *rattiyo
- [Jha의 예] aggi+yo → aggi+~~yo~~[KV118] → aggī[KV88] → aggī.

---

79 이 규칙의 ca는 이전 규칙의 단어를 끌어와 문맥을 맞추는 용도로, KV117의 jhalato를 의미한다.

80 Gha는 ā로 끝나는 여성 명사의 끝모음 ā를 의미하고, Pa는 i, ī, u, ū로 끝나는 여성 명사의 끝모음 i, ī, u, ū를 의미한다. Jha는 i, ī로 끝나는 남성·중성 명사의 끝음 i, ī를 의미하고, La는 u, ū로 끝나는 남성·중성 명사의 끝음 u, ū를 의미한다. Gha, Pa, Jha, La는 끝음 a 이외의 모든 끝음을 다 지칭한다.

81 이 격어미 yo는 주격, 호격, 대격 복수 격어미 yo 모두를 의미한다.

*aggayo

• [La의 예] bhikkhu+yo → bhikkhu+~~yo~~[KV118] → bhikkhū[KV88] → bhikkhū. *bhikkhavo

‖ *lato vokāro ca* ‖ 119 ‖ [82]

La(끝음 u, ū) 뒤에 격어미 yo는 선택에 따라 음절 vo가 된다.

[그 예는 다음과 같다.] bhikkhavo · bhikkhū. sayambhuvo · sayambhū.

• bhikkhu+yo → bhikkhu+vo[KV119] → bhikkha+vo[KV97] → bhikkhavo. *bhikkhū

• sayambhū+yo → sayambhū+vo[KV119] → sayambhu+vo[KV84] → sayambhuvo. *sayambhū

무슨 목적으로 '음절(kāra)'이 [명시되어 있는가]? 격어미 yo는 no로도 대체된다.[83] [그 예는 다음과 같다.] jantuno.

• jantu+yo → jantu+no → jantuno

[규칙에] 단어 ca가 있는 것은 [다음의 예와 같은 단어에 규칙의 기능이 제한됨을] 강조하기 위해서이다. amū purisā tiṭṭhanti 그 남자들이

82 이 규칙의 ca는 해설, 예시, 문답 다음에 제시된, 규칙 기능의 적용 범위에 관한 내용을 가리킨다.

83 이 기능과 KV119의 기본 기능은 차이가 있는데도 같은 규칙 안에 제시될 수 있는 것은 '음절(kāra)'이라는 공통 요소가 있기 때문이다. 규칙에서 '음절'만 떼 와서 '음절'은 고정해 놓고 그 외의 조건이나 기능을 다시 설정한 것이다. 그래서

서 있다. amū purise passatha [당신은] 그 남자들을 본다.

- amu+yo → amu+vo(×)/yo(O)[KV119-ca] → amu+~~yo~~[KV118] → amū[KV88] → amū

여기까지 명사의 장의 첫 번째 부분이다.

여기서는 격어미 yo는 음절 vo로 대체되는 것이 아니라 음절 no로 대체된다고 새로 설정되었다.

II.2

제2장의 두 번째 부분[84]

|| *amhassa mamaṃ savibhattissa se* || 120 ||[85]

'amha-나' 단어 전체는 격어미 sa가 뒤에 올 때 격어미와 함께 mamaṃ으로 대체된다.

[그 예는 다음과 같다.] mamaṃ dīyate 나에게 주어진다. mamaṃ pariggaho 나의 소유물.[86]

- amha+sa → mamaṃ[KV120] → mamaṃ

84 제2장의 두 번째 부분은 총 41개의 규칙(KV120-160)으로 구성된다. 이 부분에서 다루는 것은 격어미에 따른 대명사(amha, tumha, ima, amu)의 어형 변화, 격어미에 따른 접미사 ntu의 어형 변화, 수 형용사의 어형 변화, 격어미에 따른 특정 단어(rāja, puma, kamma)의 어형 변화 등이다.

85 KV120-130은 "~ 전체는 … 격어미와 함께 [대체된다]"의 문장이 반복되는데, "sabbass' eva ~ savibhattissa …"를 옮긴 것이다.

86 mamaṃ dīyate의 mamaṃ은 제4 단수 격어미 sa가 붙은 단어이고, mamaṃ pariggaho의 mamaṃ은 제6 단수 격어미 sa가 붙은 단어이다.

amha 단어 전체는 제1 격어미 yo가 뒤에 올 때 격어미와 함께 mayaṃ으로 대체된다.

[그 예는 다음과 같다.] mayaṃ gacchāma 우리는 간다. mayaṃ dema 우리는 준다.

• amha+yo → mayaṃ[KV121] → mayaṃ (주격 복수)

무슨 목적으로 '단어 amha'가 [명시되어 있는가]? [이 규칙에서 명시한 조건에 부합해야만 이 규칙의 기능이 적용된다는 것을 보여 주기 위해서이다. 다음과 같은 예에서는 이 규칙의 기능이 적용되지 않는데, 이것은 '단어 amha'라는 조건에 부합하지 않기 때문이다.] purisā tiṭṭhanti 남자들이 서 있다. [이 예는 단어 amha가 아니다.]

무슨 목적으로 '격어미 yo가 뒤에 올 때'가 [명시되어 있는가]? [이 규칙에서 명시한 조건에 부합해야만 이 규칙의 기능이 적용된다는 것을 보여 주기 위해서이다. 다음과 같은 예에서는 이 규칙의 기능이 적용되지 않는데, 이것은 '격어미 yo가 뒤에 올 때'라는 조건에 부합하지 않기 때문이다.] ahaṃ gacchāmi 나는 간다. [이 예는 격어미 yo가 붙은 단어가 아니다.]

무슨 목적으로 '제1 격어미'가 [명시되어 있는가]? [이 규칙에서 명시한 조건에 부합해야만 이 규칙의 기능이 적용된다는 것을 보여 주기 위해서이다. 다음과 같은 예에서는 이 규칙의 기능이 적용되지 않는데, 이것은 '제1 격어미'라는 조건에 부합하지 않기 때문이다.] amhākaṃ passasi [당신은] 우리를 본다. [이 예는 주격을 나타내는 제

1 복수 격어미 yo가 아니라 대격을 나타내는 제2 복수 격어미 yo가 붙은 단어이다.]

‖ *ntussa nto* ‖ 122 ‖ [87]

접미사 ntu 전체는 제1 격어미 yo가 뒤에 올 때 격어미와 함께 nto로 대체된다.

[그 예는 다음과 같다.] guṇavanto tiṭṭhanti 덕 있는 자들이 서 있다.

- guṇavantu+yo → guṇava+nto[KV122] → guṇavanto (주격 복수)

무슨 목적으로 '접미사 ntu'가 [명시되어 있는가]? [이 규칙에서 명시한 조건에 부합해야만 이 규칙의 기능이 적용된다는 것을 보여 주기 위해서이다. 다음과 같은 예에서는 이 규칙의 기능이 적용되지 않는데, 이것은 '접미사 ntu'라는 조건에 부합하지 않기 때문이다.] sabbe sattā gacchanti 모든 존재들은 간다. [이 예에 접미사 ntu가 붙은 단어가 없다.]

무슨 목적으로 '제1 격어미'가 [명시되어 있는가]? [이 규칙에서 명시한 조건에 부합해야만 이 규칙의 기능이 적용된다는 것을 보여 주기 위해서이다. 다음과 같은 예에서는 이 규칙의 기능이 적용되지 않는데, 이것은 '제1 격어미'라는 조건에 부합하지 않기 때문이다.] guṇavante passatha [당신들은] 덕 있는 자들을 본다. [이 예는 주격을

87 KV122의 ntussa는 KV128까지 이어진다. KV122–128은 접미사 ntu에 관한 규칙으로, 격어미에 따른 접미사 ntu의 어형 변화를 보여 준다.

나타내는 제1 복수 격어미 yo가 아니라 대격을 나타내는 제2 복수 격어미 yo가 붙은 단어이다.]

‖ *ntassa se vā* ‖ **123** ‖

접미사 ntu 전체는 격어미 sa가 뒤에 올 때 격어미와 함께 선택에 따라 ntassa로 대체된다.

[그 예는 다음과 같다.] sīlavantassa jhāyino · sīlavato jhāyino.

• sīlavantu+sa → sīlava+ntassa[KV123] → sīlavantassa. *sīlavato

무슨 목적으로 '격어미 sa가 뒤에 올 때'가 [명시되어 있는가]? [이 규칙에서 명시한 조건에 부합해야만 이 규칙의 기능이 적용된다는 것을 보여 주기 위해서이다. 다음과 같은 예에서는 이 규칙의 기능이 적용되지 않는데, 이것은 '격어미 sa가 뒤에 올 때'라는 조건에 부합하지 않기 때문이다.] sīlavā tiṭṭhati 계를 지닌 자가 서 있다. [이 예는 격어미 sa가 아니라 격어미 si가 사용되었다.]

• sīlavantu+si → sīlava+ā[KV124] → sīlav+ā[KV83] → sīlavā

‖ *ā simhi* ‖ **124** ‖

접미사 ntu 전체는 격어미 si가 뒤에 올 때 격어미와 함께 ā로 대체된다.

[그 예는 다음과 같다.] guṇavā. paññavā. balavā. sīlavā. satimā. matimā.[88]

• guṇavantu+si → guṇava+ā[KV124] → guṇav+ā[KV83] → guṇavā
• silavantu+si → silava+ā[KV124] → silav+ā[KV83] → silavā
• satimantu+si → satima+ā[KV124] → satim+ā[KV83] → satimā

무슨 목적으로 '접미사 ntu'가 [명시되어 있는가]? [이 규칙에서 명시한 조건에 부합해야만 이 규칙의 기능이 적용된다는 것을 보여 주기 위해서이다. 다음과 같은 예에서는 이 규칙의 기능이 적용되지 않는데, 이것은 '접미사 ntu'라는 조건에 부합하지 않기 때문이다.] puriso tiṭṭhati 남자가 서 있다. [이 예는 접미사 ntu가 붙은 단어가 아니다.]

무슨 목적으로 '격어미 si가 뒤에 올 때'가 [명시되어 있는가]? [이 규칙에서 명시한 조건에 부합해야만 이 규칙의 기능이 적용된다는 것을 보여 주기 위해서이다. 다음과 같은 예에서는 이 규칙의 기능이 적용되지 않는데, 이것은 '격어미 si가 뒤에 올 때'라는 조건에 부합하지 않기 때문이다.] sīlavanto tiṭṭhanti 계를 지닌 자들이 서 있다. [이 예는 격어미 si가 아니라 격어미 yo가 사용되었다.]

‖ ***aṃ napuṃsake*** ‖ **125** ‖

중성에서 접미사 ntu 전체는 격어미 si가 뒤에 올 때 격어미와 함께 aṃ이 된다.

[그 예는 다음과 같다.] guṇavaṃ cittaṃ tiṭṭhati 덕 있는 마음이 머문

88 이 예시들에 적용된 접미사 vantu와 mantu는 KV370−371에 제시된다.

다. rucimaṃ pupphaṃ virocati 화사한 꽃이 빛난다.[89]

- guṇavantu+si → guṇava+aṃ[KV125] → guṇav+aṃ[KV83] → guṇavaṃ
- rucimantu+si → rucima+aṃ[KV125] → rucim+aṃ[KV83] → rucimaṃ

무슨 목적으로 '격어미 si가 뒤에 올 때'가 [명시되어 있는가]? [이 규칙에서 명시한 조건에 부합해야만 이 규칙의 기능이 적용된다는 것을 보여 주기 위해서이다. 다음과 같은 예에서는 이 규칙의 기능이 적용되지 않는데, 이것은 '격어미 si가 뒤에 올 때'라는 조건에 부합하지 않기 때문이다.] vaṇṇavantaṃ agandhakaṃ pupphaṃ passasi.[90] [당신은] 빛깔 곱고 향기는 없는 꽃을 본다. [이 예는 격어미 si가 아니라 제2 격어미 aṃ이 사용되었다.]

‖ *avaṇṇā ca ge* ‖ **126** ‖[91]

접미사 ntu 전체는 Ga(호격 단수 격어미 si)가 뒤에 올 때 격어미와 함께

89 중성 명사 cittaṃ을 수식하는 guṇavaṃ도 중성이고, 중성 명사 pupphaṃ을 수식하는 rucimaṃ도 중성이다.

90 vaṇṇavantaṃ agandhakaṃ만으로는 이 단어들이 어떤 성을 가진 명사를 수식하고 있는지, 어떤 격(주격/대격)으로 사용되었는지 알 수 없어서 이 부분을 설명하는 예로 부족함이 있다. 다른 텍스트에는 vaṇṇavantaṃ agandhakaṃ 뒤에 pupphaṃ passasi가 덧붙여져 있는데 이 부분을 설명하기에 적절하므로 참고하여 덧붙여 넣었다.

91 이 규칙의 ca는 이전 규칙의 단어를 끌어와 문맥을 맞추는 용도로, KV125의

aṃ, a, ā로 대체된다.

[그 예는 다음과 같다.] bho guṇavaṃ · bho guṇava · bho guṇavā.

- guṇavantu+si → guṇava+aṃ[KV126] → guṇav+aṃ[KV83] → guṇavaṃ
- guṇavantu+si → guṇava+a[KV126] → guṇav+a[KV83] → guṇava
- guṇavantu+si → guṇava+ā[KV126] → guṇav+ā[KV83] → guṇavā

‖ *totitā sasmiṃnāsu* ‖ 127 ‖

접미사 ntu 전체는 격어미 sa, smiṃ, nā가 뒤에 올 때 격어미와 함께 각각 to, ti, tā로 선택에 따라 대체된다.

[그 예는 다음과 같다.] guṇavato · guṇavantassa. guṇavati · guṇavantasmiṃ. guṇavatā · guṇavantena. satimato · satimantassa. satimati · satimantasmiṃ. satimatā · satimantena.

- guṇavantu+sa → guṇava+to[KV127] → guṇavato. *guṇavantassa
- guṇavantu+smiṃ → guṇava+ti[KV127] → guṇavati. *guṇavantasmiṃ
- guṇavantu+nā → guṇava+tā[KV127] → guṇavatā. *guṇavantena

---

aṃ을 의미한다.

‖ *naṃmhi taṃ vā* ‖ 128 ‖

접미사 ntu 전체는 격어미 naṃ이 뒤에 올 때 격어미와 함께 taṃ으로 선택에 따라 대체된다.

[그 예는 다음과 같다.] guṇavataṃ · guṇavantānaṃ. satimataṃ · satimantānaṃ.

- guṇavantu+naṃ → guṇava+taṃ[KV128] → guṇavataṃ. *guṇavantānaṃ
- satimantu+naṃ → satima+taṃ[KV128] → satimataṃ. *satimantānaṃ

무슨 목적으로 '격어미 naṃ이 뒤에 올 때'가 [명시되어 있는가]? [이 규칙에서 명시한 조건에 부합해야만 이 규칙의 기능이 적용된다는 것을 보여 주기 위해서이다. 다음과 같은 예에서는 이 규칙의 기능이 적용되지 않는데, 이것은 '격어미 naṃ이 뒤에 올 때'라는 조건에 부합하지 않기 때문이다.] guṇavanto tiṭṭhanti 덕 있는 자들이 서 있다. satimanto tiṭṭhanti 알아차림이 있는 자들이 서 있다. [이 예는 격어미 naṃ이 아니라, 격어미 yo가 사용되었다.]

- guṇavantu+yo → guṇava+nto[KV122] → guṇavanto

‖ *imass' idaṃ aṃsisu napuṃsake* ‖ 129 ‖

중성에서 ima 전체는 격어미 aṃ과 si가 뒤에 올 때 격어미와 함께 선택에 따라 idaṃ이 된다.

[그 예는 다음과 같다.] idaṃ cittaṃ passasi [당신은] 이 마음을 본다. idaṃ cittaṃ tiṭṭhati 이 마음이 머문다.

- ima+aṃ → idaṃ[KV129] → idaṃ[92] (대격 단수)
- ima+si → idaṃ[KV129] → idaṃ[93] (주격 단수)

무슨 목적으로 '선택에 따라(vā)'가 [명시되어 있는가]? ['선택에 따라'에 내포된 바와 같이 이 규칙의 기능이 모든 곳에 다 적용되는 것은 아님을 보여 주기 위해서이다. 다음과 같은 예에서는 이 규칙의 기능이 적용되지 않는데, 이것은 '선택에 따라'라는 조건에 의한 것이다.] imaṃ cittaṃ tiṭṭhati 이 마음이 머문다.

무슨 목적으로 '중성'이 [명시되어 있는가]? [이 규칙에서 명시한 조건에 부합해야만 이 규칙의 기능이 적용된다는 것을 보여 주기 위해서이다. 다음과 같은 예에서는 이 규칙의 기능이 적용되지 않는데, 이것은 '중성'이라는 조건에 부합하지 않기 때문이다.] imaṃ purisaṃ passasi [당신은] 이 남자를 본다. ayaṃ puriso tiṭṭhati 이 남자가 서 있다. [이 예는 중성이 아니라 남성이다.]

‖ *amuss'âduṃ* ‖ 130 ‖

중성에서 amu 전체는 격어미 aṃ과 si가 뒤에 올 때 격어미와 함께 aduṃ으로 대체된다.

92 이 idaṃ은 예문 "idaṃ cittaṃ passasi."의 idaṃ으로, 격어미 aṃ이 붙은 것이다.

93 이 idaṃ은 예문 "idaṃ cittaṃ tiṭṭhati."의 idaṃ으로, 격어미 si가 붙은 것이다.

[그 예는 다음과 같다.] adum puppham passasi [당신은] 그 꽃을 본다. adum puppham virocati 그 꽃은 빛난다.

- amu+aṃ → aduṃ[KV130] → aduṃ[94] (대격 단수)
- amu+si → aduṃ[KV130] → aduṃ[95] (주격 단수)

무슨 목적으로 '중성'이 [명시되어 있는가]? [이 규칙에서 명시한 조건에 부합해야만 이 규칙의 기능이 적용된다는 것을 보여 주기 위해서이다. 다음과 같은 예에서는 이 규칙의 기능이 적용되지 않는데, 이것은 '중성'이라는 조건에 부합하지 않기 때문이다.] amuṃ rājānaṃ passasi [당신은] 그 왕을 본다. asu rājā tiṭṭhati 그 왕이 서 있다. [이 예는 중성이 아니라 남성이다.]

‖ *itthipumanapuṃsakasaṅkhyaṃ* ‖ 131 ‖[96]

[이 규칙] "itthipumanapuṃsakasaṅkhyaṃ(여성 · 남성 · 중성의 수/기수)"은 단원 또는 특정 부분의 제목으로 이해해야 한다.

---

94 이 aduṃ은 예문 "aduṃ pupphaṃ passasi."의 aduṃ으로, 격어미 aṃ이 붙은 것이다.

95 이 aduṃ은 예문 "aduṃ pupphaṃ virocati."의 aduṃ으로, 격어미 si가 붙은 것이다.

96 이 규칙은 수를 다루는 규칙 KV132–134의 주제(adhikāra)를 제시하고 있다.

‖ *yosu dvinnaṃ dve ca* ‖ 132 ‖ [97]

여성·남성·중성의 기수 dvi(둘)는 격어미 yo가 뒤에 올 때 격어미와 함께 dve가 된다.

[여성의 예] dve itthiyo 두 여인. [남성의 예] dve dhammā 두 가지 법. [중성의 예] dve rūpāni 두 형태.

- dvi+yo → dve[KV132] → dve

무슨 목적으로 '격어미 yo가 뒤에 올 때'가 [명시되어 있는가]? [이 규칙에서 명시한 조건에 부합해야만 이 규칙의 기능이 적용된다는 것을 보여 주기 위해서이다. 다음과 같은 예에서는 이 규칙의 기능이 적용되지 않는데, 이것은 '격어미 yo가 뒤에 올 때'라는 조건에 부합하지 않기 때문이다.] dvīsu. [이 예는 격어미 yo가 아니라 격어미 su가 사용되었다.]

[규칙에 있는] 단어 'ca(또한)'를 취함으로써, 격어미 yo, nā, aṃ, naṃ가 뒤에 올 때 단어 dvi는 duve, dvaya, ubha, ubhaya, duvi로 대체된다. [그 예는 다음과 같다.] duve samaṇā. duve brāhmaṇā. duve janā. dvayena. dvayaṃ. ubhinnaṃ. ubhayesaṃ. duvinnaṃ.

- dvi+yo → duve+yo[KV132−ca] → duve+~~yo~~[KV118] → duve
- dvi+nā → dvaya+nā[KV132−ca] → dvaya+ena[KV103] → dvay

---

97 이 규칙의 ca는 해설, 예시, 문답 다음에 제시된, 추가 정보를 가리킨다. 추가 정보는 국문 번역에 "규칙에 있는 단어 ca를 취함으로써"의 뒤에 이어진 내용으로, 기존 규칙의 기능에 형태학적 변화의 예를 더 보탠 것이다.

+ena[KV83] → dvayena

- dvi+aṃ → dvaya+aṃ[KV132-ca] → dvay+aṃ[KV83] → dvayaṃ
- dvi+naṃ → ubha+naṃ[KV132-ca] → ubha+innaṃ[KV86] → ubh+innaṃ[KV83] → ubhinnaṃ
- dvi+naṃ → ubhaya+naṃ[KV132-ca] → ubhaya+saṃ[KV168] → ubhaye+saṃ[KV102] → ubhayesaṃ
- dvi+naṃ → duvi+naṃ[KV132-ca] → duvi+innaṃ[KV86] → duv +innaṃ[KV83] → duvinnaṃ

‖ *ticatunnaṃ tisso catasso tayo cattāro tīṇi cattāri* ‖ **133** ‖

여성·남성·중성의 기수 ti(3)와 catu(4)는 격어미 yo가 뒤에 올 때 격어미와 함께 각각 [여성에는] tisso와 catasso, [남성에는] tayo와 cattāro, [중성에는] tīṇi와 cattāri로 대체된다.

[그 예는 다음과 같다.] tisso vedanā 세 가지 느낌. catasso disā 네 가지 방향. tayo janā 세 사람. cattāro purisā 네 남자. tīṇi āyatanāni 세 가지 감각장소. cattāri ariyasaccāni 네 가지 성스러운 진리.

- ti+yo → tisso[KV133] → tisso (여성)
- catu+yo → catasso[KV133] → catasso (여성)
- ti+yo → tayo[KV133] → tayo (남성)
- catu+yo → cattāro[KV133] → cattāro (남성)
- ti+yo → tīṇi[KV133] → tīṇi (중성)
- catu+yo → cattāri[KV133] → cattāri (중성)

무슨 목적으로 '격어미 yo가 뒤에 올 때'가 [명시되어 있는가]? [이 규칙에서 명시한 조건에 부합해야만 이 규칙의 기능이 적용된다는 것을 보여 주기 위해서이다. 다음과 같은 예에서는 이 규칙의 기능이 적용되지 않는데, 이것은 '격어미 yo가 뒤에 올 때'라는 조건에 부합하지 않기 때문이다.] tīsu. catūsu. [이 예는 격어미 yo가 아니라 격어미 su가 사용되었다.]

‖ *pañcâdīnaṃ akāro* ‖ 134 ‖

여성·남성·중성의 기수 pañca(5) 등등의 끝모음은 격어미 yo가 뒤에 올 때 격어미와 함께 모음 a가 된다.

[그 예는 다음과 같다.] pañca. pañca. cha. cha. satta. satta. aṭṭha. aṭṭha. nava. nava. dasa. dasa.[98]

- pañca+yo → pañc+a[KV134] → pañca
- cha+yo → ch+a[KV134] → cha
- satta+yo → satt+a[KV134] → satta
- aṭṭha+yo → aṭṭh+a[KV134] → aṭṭha
- nava+yo → nav+a[KV134] → nava
- dasa+yo → das+a[KV134] → dasa

98 예에서 같은 단어가 두 개씩 있는데, 하나는 제1 복수 격어미 yo가 붙은 것이고, 다른 하나는 제2 복수 격어미 yo가 붙은 것이다.

‖ *rājassa rañño rājino se* ‖ 135 ‖[99]

'rāja－왕' 단어 전체는 격어미 sa가 뒤에 올 때 격어미와 함께 rañño와 rājino로 대체된다.

[그 예는 다음과 같다.] rañño · rājino.

- rāja+sa → rañño[KV135] → rañño
- rāja+sa → rājino[KV135] → rājino

‖ *raññaṃ naṃmhi vā* ‖ 136 ‖

rāja 단어 전체는 격어미 naṃ이 뒤에 올 때 격어미와 함께 raññaṃ으로 선택에 따라 대체된다.

[그 예는 다음과 같다.] raññaṃ · rājūnaṃ.

- rāja+naṃ → raññaṃ[KV136] → raññaṃ. *rājūnaṃ

‖ *nāmhi raññā vā* ‖ 137 ‖

rāja 단어 전체는 격어미 nā가 뒤에 올 때 격어미와 함께 raññā로 선택에 따라 대체된다.

[그 예는 다음과 같다.] raññā kataṃ 왕에 의해 행해진 것. rājena vā.

---

99 KV135－138은 단어 rāja에 관한 규칙으로, 격어미에 따른 단어 rāja의 어형 변화를 보여 준다.

• rāja+nā → raññā[KV137] → raññā. *rājena

무슨 목적으로 '격어미 nā가 뒤에 올 때'가 [명시되어 있는가]? [이 규칙에서 명시한 조건에 부합해야만 이 규칙의 기능이 적용된다는 것을 보여 주기 위해서이다. 다음과 같은 예에서는 이 규칙의 기능이 적용되지 않는데, 이것은 '격어미 nā가 뒤에 올 때'라는 조건에 부합하지 않기 때문이다.] rañño santakaṃ 왕의 소유물. [이 예는 격어미 nā가 아니라 격어미 sa가 사용되었다.]

‖ *smiṃmhi raññe rājini* ‖ **138** ‖

rāja 단어 전체는 격어미 smiṃ이 뒤에 올 때 격어미와 함께 raññe와 rājini로 대체된다.

[그 예는 다음과 같다.] raññe · rājini.

• rāja+smiṃ → raññe[KV138] → raññe

• rāja+smiṃ → rājini[KV138] → rājini

‖ *tumhâmhānaṃ tayi mayi* ‖ **139** ‖ [100]

'tumha-당신'과 'amha-나' 단어 전체는 격어미 smiṃ이 뒤에 올 때 격어미와 함께 각각 tayi와 mayi로 대체된다.

100 KV139-151은 단어 tumha와 amha에 관한 규칙으로, 격어미에 따른 단어 tumha와 amha의 어형 변화를 보여 준다.

[그 예는 다음과 같다.] tayi. mayi.

• tumha+smiṃ → tayi[KV139] → tayi

• amha+smiṃ → mayi[KV139] → mayi

무슨 목적으로 '격어미 smiṃ이 뒤에 올 때'가 [명시되어 있는가]? [이 규칙에서 명시한 조건에 부합해야만 이 규칙의 기능이 적용된다는 것을 보여 주기 위해서이다. 다음과 같은 예에서는 이 규칙의 기능이 적용되지 않는데, 이것은 '격어미 smiṃ이 뒤에 올 때'라는 조건에 부합하지 않기 때문이다.] tvaṃ. ahaṃ [이 예는 격어미 smiṃ이 아니라 격어미 si가 사용되었다.]

‖ *tvaṃ ahaṃ simhi ca* ‖ **140** ‖ [101]

tumha와 amha 단어 전체는 격어미 si가 뒤에 올 때 격어미와 함께 각각 tvaṃ과 ahaṃ으로 대체된다.

[그 예는 다음과 같다.] tvaṃ. ahaṃ.

• tumha+si → tvaṃ[KV140] → tvaṃ

• amha+si → ahaṃ[KV140] → ahaṃ

[규칙에 있는] 단어 'ca(또한)'를 취함으로써, [격어미 si가 뒤에 올 때 단어 tumha는 격어미와 함께] tuvaṃ으로도 대체된다. [그 예는 다음

101 이 규칙의 ca는 해설, 예시 다음에 제시된, 추가 정보를 가리킨다. 추가 정보는 국문 번역에 "규칙에 있는 단어 ca를 취함으로써"의 뒤에 이어진 내용으로, 기존 규칙의 기능에 형태학적 변화의 예를 더 보탠 것이다.

과 같다.] tuvaṃ satthā 당신은 스승입니다.

• tumha+si → tuvaṃ[KV140−ca]

‖ *tava mama se* ‖ 141 ‖

tumha와 amha 단어 전체는 격어미 sa가 뒤에 올 때 격어미와 함께 각각 tava와 mama로 대체된다.

[그 예는 다음과 같다.] tava. mama.

• tumha+sa → tava[KV141] → tava

• amha+sa → mama[KV141] → mama

무슨 목적으로 '격어미 sa가 뒤에 올 때'가 [명시되어 있는가]? [이 규칙에서 명시한 조건에 부합해야만 이 규칙의 기능이 적용된다는 것을 보여 주기 위해서이다. 다음과 같은 예에서는 이 규칙의 기능이 적용되지 않는데, 이것은 '격어미 sa가 뒤에 올 때'라는 조건에 부합하지 않기 때문이다.] tayi. mayi. [이 예는 격어미 sa가 아니라 격어미 smiṃ이 사용되었다.]

‖ *tuyhaṃ mayhaṃ ca* ‖ 142 ‖[102]

tumha와 amha 단어 전체는 격어미 sa가 뒤에 올 때 격어미와 함께 각

102 이 규칙의 ca는 이전 규칙의 단어를 끌어와 문맥을 맞추는 용도로, KV141의 se를 의미한다.

각 tuyhaṃ과 mayhaṃ으로 대체된다.
[그 예는 다음과 같다.] tuyhaṃ. mayhaṃ.

- tumha+sa → tuyhaṃ[KV142] → tuyhaṃ
- amha+sa → mayhaṃ[KV142] → mayhaṃ

무슨 목적으로 '격어미 sa가 뒤에 올 때'가 [명시되어 있는가]? [이 규칙에서 명시한 조건에 부합해야만 이 규칙의 기능이 적용된다는 것을 보여 주기 위해서이다. 다음과 같은 예에서는 이 규칙의 기능이 적용되지 않는데, 이것은 '격어미 sa가 뒤에 올 때'라는 조건에 부합하지 않기 때문이다.] tayā. mayā. [이 예는 격어미 sa가 아니라 격어미 nā가 사용되었다.]

‖ *taṃ maṃ aṃmhi* ‖ 143 ‖

tumha와 amha 단어 전체는 격어미 aṃ이 뒤에 올 때 격어미와 함께 각각 taṃ과 maṃ으로 대체된다.
[그 예는 다음과 같다.] taṃ. maṃ.

- tumha+aṃ → taṃ[KV143] → taṃ
- amha+aṃ → maṃ[KV143] → maṃ

무슨 목적으로 '격어미 aṃ이 뒤에 올 때'가 [명시되어 있는가]? [이 규칙에서 명시한 조건에 부합해야만 이 규칙의 기능이 적용된다는 것을 보여 주기 위해서이다. 다음과 같은 예에서는 이 규칙의 기능이 적용되지 않는데, 이것은 '격어미 aṃ이 뒤에 올 때'라는 조건에 부합하지 않기 때문이다.] tayā. mayā. [이 예는 격어미 aṃ이 아니라, 격어미

nā가 사용되었다.]

‖ *tavaṃ mamaṃ ca na vā* ‖ 144 ‖ [103]

tumha와 amha 단어 전체는 격어미 aṃ이 뒤에 올 때 격어미와 함께 각각 tavaṃ과 mamaṃ으로 대체되는데, 선택에 따라 안 되기도 한다.

[그 예는 다음과 같다.] tavaṃ. mamaṃ.

- tumha+aṃ → tavaṃ[KV144] → tavaṃ
- amha+aṃ → mamaṃ[KV144] → mamaṃ

무슨 목적으로 '선택에 따라 아니기도 하다(na vā)'가 [명시되어 있는가]? ['선택에 따라 아니기도 하다'에 내포된 바와 같이 이 규칙의 기능이 모든 곳에 다 적용되는 것은 아님을 보여 주기 위해서이다. 다음과 같은 예에서는 이 규칙의 기능이 적용되지 않는데, 이것은 '선택에 따라 아니기도 하다'라는 조건에 의한 것이다.] taṃ. maṃ.

‖ *nāmhi tayā mayā* ‖ 145 ‖

tumha와 amha 단어 전체는 격어미 nā가 뒤에 올 때 격어미와 함께 각각 tayā와 mayā로 대체된다.

[그 예는 다음과 같다.] tayā. mayā.

---

103 이 규칙의 ca는 이전 규칙의 단어를 끌어와 문맥을 맞추는 용도로, KV143의 aṃmhi를 의미한다.

• tumha+nā → tayā[KV145] → tayā

• amha+nā → mayā[KV145] → mayā

무슨 목적으로 '격어미 nā가 뒤에 올 때'가 [명시되어 있는가]? [이 규칙에서 명시한 조건에 부합해야만 이 규칙의 기능이 적용된다는 것을 보여 주기 위해서이다. 다음과 같은 예에서는 이 규칙의 기능이 적용되지 않는데, 이것은 '격어미 nā가 뒤에 올 때'라는 조건에 부합하지 않기 때문이다.] tumhehi. amhehi. [이 예는 격어미 nā가 아니라 격어미 hi가 사용되었다.]

‖ *tumhassa tuvaṃ tvaṃ aṃmhi* ‖ **146** ‖

tumha 단어 전체는 격어미 aṃ이 뒤에 올 때 격어미와 함께 tuvaṃ이나 tvaṃ으로 대체된다.

[그 예는 다음과 같다.] kaliṅgarassa tuvaṃ maññe 나는 당신을 왕겨처럼 [하찮게] 여긴다. kaṭṭhassa tvaṃ maññe 나는 당신을 나무토막처럼 [하찮게] 여긴다.

• tumha+aṃ → tuvaṃ[KV146] → tuvaṃ

• tumha+aṃ → tvaṃ[KV146] → tvaṃ

‖ *padato dutiyācatutthīchaṭṭhīsu vo no* ‖ **147** ‖

[문장 안에서 어떤] 단어 다음에 오는 단어[104] tumha와 amha 전체는 제2 [복수 격어미 yo], 제4 · 제6 [복수 격어미 naṃ]이 뒤에 올 때 격어

미와 함께 각각 vo와 no로 대체되는데, 선택에 따라 안 되기도 한다. [제2 복수 격어미 yo 관련 예] pahāya vo gamissāmi 그대들을 떠나서 [나는] 갈 것이다. mā no ajja vikantiṃsu 오늘 우리를 베지 마십시오. [제4 복수 격어미 naṃ 관련 예] dhammaṃ vo bhikkhave desissāmi 비구들이여, [나는] 그대들에게 법을 설하겠다. saṃvibhajetha no rajjena 우리에게 왕국을 나눠 주시오. [제6 복수 격어미 naṃ 관련 예] tuṭṭho 'smi vo pakatiyā [나는] 그대들에게 있는 그대로 만족한다. satthā no Bhagavā anuppatto 우리의 스승이신 세존께서 오셨다.

- tumha+yo → vo[KV147] → vo[105]
- amha+yo → no[KV147] → no[106]
- tumha+naṃ → vo[KV147] → vo[107]
- amha+naṃ → no[KV147] → no[108]

무슨 목적으로 '선택에 따라 아니기도 하다(na vā)'가 [명시되어 있는

104 문장의 첫 단어가 아니며, 문장 안에서 문맥적으로 앞 단어와 연결된 단어를 의미한다.

105 이 vo는 예문 "pahāya vo gamissāmi."의 vo로, tumha에 제2 복수 격어미 yo가 붙은 것이다.

106 이 no는 예문 "mā no ajja vikantiṃsu."의 no로, amha에 제2 복수 격어미 yo가 붙은 것이다.

107 이 vo는 예문 "dhammaṃ vo bhikkhave desissāmi."와 "tuṭṭho 'smi vo pakatiyā."의 vo로, tumha에 각각 제4 복수 격어미와 제6 복수 격어미 naṃ이 붙은 것이다.

108 이 no는 예문 "saṃvibhajetha no rajjena."와 "satthā no Bhagavā anuppatto."의 no로, amha에 각각 제4 복수 격어미와 제6 복수 격어미 naṃ이 붙은 것이다.

가]? [‘선택에 따라 아니기도 하다’에 내포된 바와 같이 이 규칙의 기능이 모든 곳에 다 적용되는 것은 아님을 보여 주기 위해서이다. 다음과 같은 예에서는 이 규칙의 기능이 적용되지 않는데, 이것은 ‘선택에 따라 아니기도 하다’라는 조건에 의한 것이다.] eso amhākaṃ satthā 이 분은 우리의 스승이시다.

무슨 목적으로 ‘단어 tumha와 amha’가 [명시되어 있는가]? [이 규칙에서 명시한 조건에 부합해야만 이 규칙의 기능이 적용된다는 것을 보여 주기 위해서이다. 다음과 같은 예에서는 이 규칙의 기능이 적용되지 않는데, 이것은 ‘단어 tumha와 amha’라는 조건에 부합하지 않기 때문이다.] ete isayo passasi [당신은] 이 성자들을 본다. [이 예는 tumha나 amha가 아니다.]

무슨 목적으로 ‘[문장 안에서 어떤] 단어 다음에 오는’이 [명시되어 있는가]? [이 규칙에서 명시한 조건에 부합해야만 이 규칙의 기능이 적용된다는 것을 보여 주기 위해서이다. 다음과 같은 예에서는 이 규칙의 기능이 적용되지 않는데, 이것은 ‘[문장 안에서 어떤] 단어 다음에 오는’이라는 조건에 부합하지 않기 때문이다.] tumhākaṃ satthā 당신들의 스승. [이 예는 문장 안에서 문맥적으로 앞 단어와 연결된 단어가 아니라 독립된 단어이다.]

무슨 목적으로 etesu가 [명시되어 있는가]? [이 규칙에서 명시한 조건에 부합해야만 이 규칙의 기능이 적용된다는 것을 보여 주기 위해서이다. 다음과 같은 예에서는 이 규칙의 기능이 적용되지 않는데, 이것은 etesu라는 조건에 부합하지 않기 때문이다.] gacchatha tumhe 당신들은 가시오. [이 예는 제2 복수 격어미 yo나 제4 · 제6 복수 격어미

naṃ이 아니라, 제1 복수 격어미 yo가 사용되었다.]

‖ *tem'ekavacane* ‖ 148 ‖

[문장 안에서 어떤] 단어 다음에 오는 tumha와 amha 단어 전체는 제4·제6 단수 [격어미 sa가] 뒤에 올 때 격어미와 함께 각각 te와 me로 대체된다.

[그 예는 다음과 같다.] dadāmi te gāmavarāni pañca [나는] 그대에게 다섯 개의 마을을 보상으로 준다. dadāhi me gāmavaraṃ 나에게 마을을 보상으로 주십시오. idaṃ te raṭṭhaṃ 이것은 당신의 나라입니다. ayaṃ me putto 이 자는 나의 아들입니다.

- tumha+sa → te[KV148] → te[109]
- amha+sa → me[KV148] → me[110]

무슨 목적으로 '[문장 안에서 어떤] 단어 다음에 오는'이 [명시되어 있는가]? [이 규칙에서 명시한 조건에 부합해야만 이 규칙의 기능이 적용된다는 것을 보여 주기 위해서이다. 다음과 같은 예에서는 이 규칙의 기능이 적용되지 않는데, 이것은 '[문장 안에서 어떤] 단어 다음에 오는'이라는 조건에 부합하지 않기 때문이다.] tava ñāti 당신의 친척. mama ñāti 나의 친척. [이 예는 문장 안에서 문맥적으로 앞 단어와 연

109 이 te는 예문 "dadāmi te gāmavarāni pañca."와 "idaṃ te raṭṭhaṃ."의 te로, tumha에 각각 제4 단수 격어미와 제6 단수 격어미 sa가 붙은 것이다.

110 이 me는 예문 "dadāhi me gāmavaraṃ."와 "ayaṃ me putto."의 me로, amha에 각각 제4 단수 격어미와 제6 단수 격어미 sa가 붙은 것이다.

결된 단어가 아니다.]

‖ *nâṃmhi* ‖ 149 ‖

[문장 안에서 어떤] 단어 다음에 오는 tumha와 amha 단어 전체는 격어미 aṃ이 뒤에 올 때 격어미와 함께 각각 te와 me로 대체되지 않는다.

[그 예는 다음과 같다.] passeyya tam vassasataṃ arogaṃ [그는] 당신이 백년동안 건강한 것을 보고 싶어 한다. so maṃ abruvi 그는 나에게 말했다.

- tumha+aṃ → te(×)[KV149] → taṃ[KV143] → taṃ
- amha+aṃ → me(×)[KV149] → maṃ[KV143] → maṃ

‖ *vā tatiye ca* ‖ 150 ‖[111]

[문장 안에서 어떤] 단어 다음에 오는 tumha와 amha 단어 전체는 제3단수 [격어미 nā가] 뒤에 올 때 격어미와 함께 각각 te와 me로 선택에 따라 대체된다.

[그 예는 다음과 같다.] kataṃ te pāpaṃ · kataṃ tayā pāpaṃ 악은 당신에 의해 행해졌다. kataṃ me pāpaṃ · kataṃ mayā pāpaṃ 악은 나

111 이 규칙의 ca는 이전 규칙의 단어를 끌어와 문맥을 맞추는 용도로, KV148의 te, me를 의미한다.

에 의해 행해졌다.

- tumha+nā → te[KV150] → te. *tayā
- amha+nā → me[KV150] → me. *mayā

무슨 목적으로 '[문장 안에서 어떤] 단어 다음에 오는'이 [명시되어 있는가]? [이 규칙에서 명시한 조건에 부합해야만 이 규칙의 기능이 적용된다는 것을 보여 주기 위해서이다. 다음과 같은 예에서는 이 규칙의 기능이 적용되지 않는데, 이것은 '[문장 안에서 어떤] 단어 다음에 오는'이라는 조건에 부합하지 않기 때문이다.] tayā kataṃ 당신에 의해 행해졌다. mayā kataṃ 나에 의해 행해졌다. [이 예는 문장 안에서 문맥적으로 앞 단어와 연결된 단어가 아니다.]

‖ *bahuvacanesu vo no* ‖ 151 ‖

[문장 안에서 어떤] 단어 다음에 오는 tumha와 amha 단어 전체는 제3 복수 [격어미 hi가] 뒤에 올 때 격어미와 함께 각각 vo와 no로 대체된다.

[그 예는 다음과 같다.] kataṃ vo kammaṃ 행위는 당신들에 의해 행해졌다. kataṃ no kammaṃ 행위는 우리에 의해 행해졌다.

- tumha+hi → vo[KV151] → vo
- amha+hi → no[KV151] → no

무슨 목적으로 '[문장 안에서 어떤] 단어 다음에 오는'이 [명시되어 있는가]? [이 규칙에서 명시한 조건에 부합해야만 이 규칙의 기능이 적용된다는 것을 보여 주기 위해서이다. 다음과 같은 예에서는 이 규칙의 기능이 적용되지 않는데, 이것은 '[문장 안에서 어떤] 단어 다음에 오는'이라는 조건에 부합하지 않기 때문이다.] tumhehi kataṃ 당신들에 의해 행해졌다. amhehi kataṃ 우리에 의해 행해졌다. [이 예는 문장 안에서 문맥적으로 앞 단어와 연결된 단어가 아니다.]

[규칙에 있는] bahuvacana(복수)[라는 단어를] 취함으로써, 제1 [복수 격어미] yo가 뒤에 올 때, [문장 안에서 어떤 단어 다음에 오는 tumha와 amha 단어 전체는 격어미와 함께 각각] vo와 no로 대체된다. [그 예는 다음과 같다.] gāmaṃ vo gaccheyyātha 당신들은 마을에 가야 한다. gāmaṃ no gaccheyyāma 우리는 마을에 가야 한다.

- tumha+yo → vo[KV151-bahuvacana] → vo
- amha+yo → no[KV151-bahuvacana] → no

‖ *pumantass'ā simhi* ‖ 152 ‖ [112]

'puma-남자'의 모음은 [제1 단수] 격어미 si가 뒤에 올 때 격어미와 함께 ā로 대체된다.

[그 예는 다음과 같다.] pumā tiṭṭhati 남자가 서 있다.

- puma+si → pum+ā[KV152] → pumā

무슨 목적으로 '격어미 si가 뒤에 올 때'가 [명시되어 있는가]? [이 규칙에서 명시한 조건에 부합해야만 이 규칙의 기능이 적용된다는 것을

112 KV152-159는 단어 puma(남성, 남자)에 관한 규칙으로, 격어미에 따른 단어 puma의 어형 변화를 보여 준다.

보여 주기 위해서이다. 다음과 같은 예에서는 이 규칙의 기능이 적용되지 않는데, 이것은 '격어미 si가 뒤에 올 때'라는 조건에 부합하지 않기 때문이다.] pumāno tiṭṭhanti 남자들이 서 있다. [이 예는 제1 단수 격어미 si가 아니라 제1 복수 격어미 yo가 사용되었다.]

[규칙에 있는] anta(끝)[라는 단어를] 취함으로써, [제1 단수 격어미 si가 뒤에 올 때,] maghava와 yuva 등등의 끝음은 격어미와 함께 ā로 대체된다. [그 예는 다음과 같다.] maghavā. yuvā.

- maghava+si → maghav+ā[KV152–anta] → maghavā
- yuva+si → yuv+ā[KV152–anta] → yuvā

‖ *aṃ ālapanekavacane* ‖ **153** ‖

puma의 끝음은 호격 단수 [격어미 si가] 뒤에 올 때 격어미와 함께 aṃ이 된다.

[그 예는 다음과 같다.] he pumaṃ 여보시오, 남자여!

- puma+si → pum+aṃ[KV153] → pumaṃ

무슨 목적으로 '호격'이 [명시되어 있는가]? [이 규칙에서 명시한 조건에 부합해야만 이 규칙의 기능이 적용된다는 것을 보여 주기 위해서이다. 다음과 같은 예에서는 이 규칙의 기능이 적용되지 않는데, 이것은 '호격'이라는 조건에 부합하지 않기 때문이다.] pumā tiṭṭhati 남자가 서 있다. [이 예는 호격이 아니라 주격이다.]

무슨 목적으로 '단수'가 [명시되어 있는가]? [이 규칙에서 명시한 조건에 부합해야만 이 규칙의 기능이 적용된다는 것을 보여 주기 위해서이다. 다음과 같은 예에서는 이 규칙의 기능이 적용되지 않는데, 이것은 '단수'라는 조건에 부합하지 않기 때문이다.] he pumāno 여보시오, 남자들이여! [이 예는 호격 단수 격어미 si가 아니라 호격 복수 격어미 yo가 사용되었다.]

|| *samāse ca vibhāsā* || 154 || [113]

puma의 끝음은 복합어에서 선택에 따라 aṃ으로 대체된다.

[그 예는 다음과 같다.] itthī ca pumā ca napuṃsakañ ca 여성과 남성과 중성. itthīpunnapuṃsakānaṃ samūho 여성·남성·중성의 그룹. itthīpumannapuṃsakasamūho 여성·남성·중성의 그룹.

- itthī+puma+napuṃsaka+samūho → itthī+pumaṃ+napuṃsaka+samūho[KV154] → itthī+puman+napuṃsaka+samūho[KV31] → itthīpumannapuṃsakasamūho

'선택에 따라(vibhāsā)'라는 표현은 왜 [이 규칙에 있는가]? ['선택에 따라'에 내포된 바와 같이 이 규칙의 기능이 모든 곳에 다 적용되는 것은 아님을 보여 주기 위해서이다. 다음과 같은 예에서는 이 규칙의 기능이 적용되지 않는데, 이것은 '선택에 따라'라는 조건에 의한 것이다.] itthīpumanapuṃsakāni.

113 이 규칙의 ca는 이전 규칙의 단어를 끌어와 문맥을 맞추는 용도로, KV153의 aṃ을 의미한다.

‖ *yosv āno* ‖ 155 ‖

puma의 끝음은 격어미 yo가 뒤에 올 때 격어미와 함께 āno로 대체된다.

[그 예는 다음과 같다.] pumāno 남자들은. he pumāno 여보시오, 남자들이여!

- puma+yo → pum+āno[KV155] → pumāno

‖ *āne smiṃmhi vā* ‖ 156 ‖

puma의 끝음은 격어미 smiṃ이 뒤에 올 때 격어미와 함께 āne로 선택에 따라 대체된다.

[그 예는 다음과 같다.] pumāne. pume vā.

- puma+smiṃ → pum+āne[KV156] → pumāne
- puma+smiṃ → puma+e[KV108] → pum+e[KV83] → *pume

‖ *hivibhattimhi ca* ‖ 157 ‖[114]

puma의 끝음은 격어미 hi가 뒤에 올 때 āne로 대체된다.

---

114 이 규칙의 ca는 해설, 예시, 문답 다음에 제시된, 추가 정보를 가리킨다. 추가 정보는 국문 번역에 "규칙에 있는 단어 ca를 취함으로써"의 뒤에 이어진 내용으로, 기존 규칙의 기능에 형태학적 변화의 예를 더 보탠 것이다.

[그 예는 다음과 같다.] pumānehi · pumānebhi.

- puma+hi → pumāne+hi[KV157] → pumānehi
- puma+hi → pumāne+hi[KV157] → pumāne+bhi[KV99] → pumānebhi

무슨 목적으로 '격어미(vibhatti)'[라는 단어를] 다시 제시하는가? [앞 규칙들에서 이어져 오던] '격어미와 함께(savibhatti)'[라는 규칙의 기능이 이 규칙에 이어지는 것을] 막기 위해서이다.

[규칙에 있는] 단어 'ca(또한)'를 취함으로써, 격어미 si, yo, aṃ, yo가 뒤에 올 때 maghava, yuva 등등의 끝음은 āna로 대체된다. 격어미 sa와 smā가 뒤에 올 때, puma, kamma, thāma의 [끝음은] 모음 u로 대체된다. [그 예는 다음과 같다.] yuvāno. yuvānā. yuvānaṃ. yuvāne. maghavāno. maghavānā. maghavānaṃ. maghavāne. pumuno. pumunā. kammuno. kammunā. thāmuno. thāmunā.

- maghava+si → maghavāna+si[KV157-ca] → maghavāna+o[KV104] → maghavān+o[KV83] → maghavāno (주격 단수)
- maghava+yo → maghavāna+yo[KV157-ca] → maghavāna+ā[KV107] → maghavān+ā[KV83] → maghavānā (주격 복수)
- maghava+aṃ → maghavāna+aṃ[KV157-ca] → maghavān+aṃ[KV83] → maghavānaṃ (대격 단수)
- maghava+yo → maghavāna+yo[KV157-ca] → maghavāna+e[KV107] → maghavān+e[KV83] → maghavāne (대격 복수)
- puma+sa → pumu+sa[KV157-ca] → pumu+no[KV117] → pumuno (여격 · 속격 단수)

• puma+smā → pumu+smā[KV157-ca] → pumu+nā[KV215] → pumunā (탈격 단수)

|| *susmiṃ ā vā* || 158 ||

puma의 끝음은 격어미 su가 뒤에 올 때 선택에 따라 ā로 대체된다. [그 예는 다음과 같다.] pumāsu · pumesu.

• puma+su → pumā+su[KV158] → pumāsu.

• puma+su → pume+su[KV101] → *pumesu

|| *u nāmhi ca* || 159 || [115]

puma의 끝음은 격어미 nā가 뒤에 올 때 ā나 u로 선택에 따라 대체된다. [그 예는 다음과 같다.] pumānā · pumunā · pumena.

• puma+nā → pumā+nā[KV159] → pumānā

• puma+nā → pumu+nā[KV159] → pumunā

• puma+nā → puma+ena[KV103] → pum+ena[KV83] → *pumena

115 이 규칙의 ca는 이전 규칙의 단어를 끌어와 문맥을 맞추는 용도로, KV158의 ā를 의미한다.

|| *a kammantassa ca* || 160 ||[116]

kamma의 끝음은 격어미 nā가 뒤에 올 때 a나 u로 선택에 따라 대체된다.

[그 예는 다음과 같다.] kammanā · kammunā · kammena.

- kamma+nā → kamma+nā[KV160] → kammanā
- kamma+nā → kammu+nā[KV160] → kammunā
- kamma+nā → kamma+ena[KV103] → kamm+ena[KV83] → *kammena

[규칙에 있는] 단어 'ca(또한)'를 취함으로써, 격어미 nā와 su가 뒤에 올 때, maghava, yuva 등등의 끝음은 때때로 ā로 대체된다. [그 예는 다음과 같다.] maghavānā, maghavāsu, maghavena vā, yuvānā, yuvāsu, yuvena vā.

- maghava+nā → maghavā+nā[KV160−ca] → maghavānā
- maghava+su → maghavā+su[KV160−ca] → maghavāsu

여기까지 명사의 장의 두 번째 부분이다.

---

116 이 규칙의 ca는 해설, 예시 다음에 제시된, 추가 정보를 가리킨다. 추가 정보는 국문 번역에 "규칙에 있는 단어 ca를 취함으로써"의 뒤에 이어진 내용으로, 기존 규칙의 기능에 형태학적 변화의 예를 더 보탠 것이다.

II.3

제2장의 세 번째 부분[117]

|| *tumhâmhehi naṃ ākaṃ* || 161 || [118]

tumha와 amha 뒤에 격어미 naṃ은 ākaṃ이 된다.

[그 예는 다음과 같다.] tumhākaṃ. amhākaṃ.

- tumha+naṃ → tumha+ākaṃ[KV161] → tumh+ākaṃ[KV83] → tumhākaṃ
- amha+naṃ → amha+ākaṃ[KV161] → amh+ākaṃ[KV83] → amhākaṃ

무슨 목적으로 '격어미 naṃ'이 [명시되어 있는가]? [이 규칙에서 명시한 조건에 부합해야만 이 규칙의 기능이 적용된다는 것을 보여 주

117 제2장의 세 번째 부분은 총 50개의 규칙(KV161–210)으로 구성된다. 이 부분에서 다루는 것은 격어미에 따른 대명사의 어형 변화와 격어미의 변화, 격어미에 따른 현재분사의 어형 변화, 격어미에 따른 특정 단어(mana 등등; brahma, atta, sakha, rāja 등등; satthu, pitu 등등)의 어형 변화와 격어미의 변화 등이다.

118 KV161–180의 대부분의 규칙은 격어미에 따른 대명사의 어형 변화와 격어미의 변화를 다룬 규칙이다.

기 위해서이다. 다음과 같은 예에서는 이 규칙의 기능이 적용되지 않는데, 이것은 '격어미 naṃ'이라는 조건에 부합하지 않기 때문이다.] tumhehi. amhehi. [이 예는 격어미 naṃ이 아니라 격어미 hi가 사용되었다.]

‖ *vā yvappaṭhamo* ‖ 162 ‖

tumha와 amha 뒤에 제1 격어미가 아닌 [제2 격어미] yo는 선택에 따라 ākaṃ이 된다.
[그 예는 다음과 같다.] tumhākaṃ passasi · tumhe passasi [당신은] 당신들을 본다. amhākaṃ passasi · amhe passasi [당신은] 우리를 본다.

- tumha+yo → tumha+ākaṃ[KV162] → tumh+ākaṃ[KV83] → tumhākaṃ
- tumha+yo → tumha+e[KV107] → tumh+e[KV83] → *tumhe
- amha+yo → amha+ākaṃ[KV162] → amh+ākaṃ[KV83] → amhākaṃ
- amha+yo → amha+e[KV107] → amh+e[KV83] → *amhe

무슨 목적으로 '격어미 yo'가 [명시되어 있는가]? [이 규칙에서 명시한 조건에 부합해야만 이 규칙의 기능이 적용된다는 것을 보여 주기 위해서이다. 다음과 같은 예에서는 이 규칙의 기능이 적용되지 않는데, 이것은 '격어미 yo'라는 조건에 부합하지 않기 때문이다.] tumhehi. amhehi. [이 예는 격어미 yo가 아니라 격어미 hi가 사용되었다.]

무슨 목적으로 '제1 격어미가 아닌'이 [명시되어 있는가]? [이 규칙에서 명시한 조건에 부합해야만 이 규칙의 기능이 적용된다는 것을 보여 주기 위해서이다. 다음과 같은 예에서는 이 규칙의 기능이 적용되지 않는데, 이것은 '제1 격어미가 아닌'이라는 조건에 부합하지 않기 때문이다.] gacchatha tumhe 당신들은 간다. gacchāma mayaṃ 우리는 간다. [이 예는 제2 복수 격어미 yo가 아니라 제1 복수 격어미 yo가 사용되었다.]

‖ *sass'aṃ* ‖ 163 ‖

tumha와 amha 뒤에 격어미 sa는 선택에 따라 aṃ으로 대체된다.

[그 예는 다음과 같다.] tumhaṃ dīyate · tava dīyate 당신에게 주어진다.[119] tumhaṃ pariggaho · tava pariggaho 당신의 소유물.[120] amhaṃ dīyate · mama dīyate 나에게 주어진다.[121] amhaṃ pariggaho · mama pariggaho 나의 소유물.[122] mayhaṃ dīyate · mama dīyate. mayhaṃ

119 tumhaṃ dīyate의 tumhaṃ은 제4 단수 격어미 sa가 붙은 단어이고, tava dīyate의 tava는 앞의 tumhaṃ에 대한 선택적 대안(vā)의 예이다.

120 tumhaṃ pariggaho의 tumhaṃ은 제6 단수 격어미 sa가 붙은 단어이고, tava pariggaho의 tava는 앞의 tumhaṃ에 대한 선택적 대안(vā)의 예이다.

121 amhaṃ dīyate의 amhaṃ은 제4 단수 격어미 sa가 붙은 단어이고, mama dīyate의 mama는 앞의 amhaṃ에 대한 선택적 대안(vā)의 예이다.

122 amhaṃ pariggaho의 amhaṃ은 제6 단수 격어미 sa가 붙은 단어이고, mama pariggaho의 mama는 앞의 amhaṃ에 대한 선택적 대안(vā)의 예이다.

pariggaho · mama pariggaho.[123]

- tumha+sa → tumha+aṃ[KV163] → tumh+aṃ[KV83] → tumhaṃ
- tumha+sa → tava[KV141] → *tava
- amha+sa → amha+aṃ[KV163] → amh+aṃ[KV83] → amhaṃ
- amha+sa → mama[KV141] → *mama
- amha+sa → mayhaṃ[KV142] → *mayhaṃ

무슨 목적으로 '격어미 sa'가 [명시되어 있는가]? [이 규칙에서 명시한 조건에 부합해야만 이 규칙의 기능이 적용된다는 것을 보여 주기 위해서이다. 다음과 같은 예에서는 이 규칙의 기능이 적용되지 않는데, 이것은 '격어미 sa'라는 조건에 부합하지 않기 때문이다.] tumhesu. amhesu. [이 예는 격어미 sa가 아니라 격어미 su가 사용되었다.]

‖ *sabbanāmâkārat' e paṭhamo* ‖ 164 ‖

모든 대명사의 [끝]모음 a 뒤에 제1 격어미 yo는 e로 된다.
[그 예는 다음과 같다.] sabbe. ye. te. ke. tumhe. amhe. ime.

- sabba+yo → sabba+e[KV164] → sabb+e[KV83] → sabbe
- ta+yo → ta+e[KV164] → t+e[KV83] → te
- tumha+yo → tumha+e[KV164] → tumh+e[KV83] → tumhe

무슨 목적으로 '대명사'가 [명시되어 있는가]? [이 규칙에서 명시한 조

123 "mayhaṃ dīyate, mama dīyate, mayhaṃ pariggaho, mama pariggaho." 이 예문들에서 mayhaṃ과 mama는 모두 이 규칙에서 선택적 대안(vā)의 예이다.

건에 부합해야만 이 규칙의 기능이 적용된다는 것을 보여 주기 위해서이다. 다음과 같은 예에서는 이 규칙의 기능이 적용되지 않는데, 이것은 '대명사'라는 조건에 부합하지 않기 때문이다.] devā 천신. asurā 아수라. nāgā 용. gandhabbā 간답바. [이 예는 대명사가 아니다.]

무슨 목적으로 '모음 a 뒤에'가 [명시되어 있는가]? [이 규칙에서 명시한 조건에 부합해야만 이 규칙의 기능이 적용된다는 것을 보여 주기 위해서이다. 다음과 같은 예에서는 이 규칙의 기능이 적용되지 않는데, 이것은 '모음 a 뒤에'라는 조건에 부합하지 않기 때문이다.] amū purisā 그 남자들은. [이 예는 모음 a가 아니라 ū로 끝나는 대명사이다.]

무슨 목적으로 '격어미 yo'가 [명시되어 있는가]? [이 규칙에서 명시한 조건에 부합해야만 이 규칙의 기능이 적용된다는 것을 보여 주기 위해서이다. 다음과 같은 예에서는 이 규칙의 기능이 적용되지 않는데, 이것은 '격어미 yo'라는 조건에 부합하지 않기 때문이다.] sabbo. yo. so. ko. ayaṃ. [이 예는 제1 복수 격어미 yo가 아니라 제1 단수 격어미 si가 사용되었다.]

[규칙에] paṭhama(제1 격어미)가 있는 것은 다음 규칙까지 이어지게 하기 위한 것이다.

‖ *dvandaṭṭhā vā* ‖ 165 ‖

dvanda 복합어[124]에서 대명사의 [끝]모음 a 뒤에 제1 격어미 yo는 선택에 따라 e로 된다.

[그 예는 다음과 같다.] katarakatame · katarakatamā.

- katarakatama+yo → katarakatama+e[KV165] → katarakatam+e [KV83] → katarakatame
- katarakatama+yo → katarakatama+ā[KV107] → katarakatam+ā [KV83] → *katarakatamā

무슨 목적으로 '대명사'가 [명시되어 있는가]? [이 규칙에서 명시한 조건에 부합해야만 이 규칙의 기능이 적용된다는 것을 보여 주기 위해서이다. 다음과 같은 예에서는 이 규칙의 기능이 적용되지 않는데, 이것은 '대명사'라는 조건에 부합하지 않기 때문이다.] devâsuranâgagandhabbamanussā. [이 예는 대명사가 아니다.]

무슨 목적으로 'dvanda 복합어'가 [명시되어 있는가]? [이 규칙에서 명시한 조건에 부합해야만 이 규칙의 기능이 적용된다는 것을 보여 주기 위해서이다. 다음과 같은 예에서는 이 규칙의 기능이 적용되지 않는데, 이것은 'dvanda 복합어'라는 조건에 부합하지 않기 때문이다.] te sabbe. [이 예는 dvanda 복합어가 아니다.]

‖ *n' âññaṃ sabbanāmikaṃ* ‖ 166 ‖

dvanda 복합어에서 [제1 복수 격어미 yo가 e가 되는 앞 규칙 KV165의 기능] 외에 대명사와 관련된 변화는 적용되지 않는다.[125]

---

124 dvanda 복합어의 정의는 KV331에 제시된다.

125 이 규칙은 KV168의 기능(격어미 naṃ이 saṃ, sānaṃ으로 대체되는 것)이 제한됨을 보여

[그 예는 다음과 같다.] pubbāparānaṃ 앞과 뒤/전과 후. pubbottarānaṃ 앞과 위/동과 북. adharottarānaṃ 아래와 위.

- pubbāpara+naṃ → pubbāpara+saṃ · sānaṃ(×)/naṃ(O)[KV166] → pubbāparā+naṃ[KV89] → pubbāparānaṃ

‖ *bahubbīhimhi ca* ‖ 167 ‖[126]

bahubbīhi 복합어[127]에서 [제1 복수 격어미 yo가 e가 되는 KV165] 외에 대명사와 관련된 변화는 적용되지 않는다.[128]

[그 예는 다음과 같다.] piyapubbāya. piyapubbānaṃ. piyapubbe. piyapubbassa.

- piyapubbā+sa → piyapubbā+sā(×)/sa(O)[KV167] → piyapubbā+āya[KV111] → piyapubb+āya[KV83] → piyapubbāya
- piyapubbā+naṃ → piyapubbā+saṃ/sānaṃ(×)/naṃ(O)[KV167] → piyapubbānaṃ

무슨 목적으로 ca가 [명시되어 있는가]? 대명사와 관련되는 과정이 [bahubbīhi 복합어에서] 적용되는 경우도 있음을 [보여 주기 위해서이다. 그 예는 다음과 같다.] dakkhiṇapubbassaṃ. dakkhiṇapubbassā.

준다.

126 이 규칙의 ca는 해설, 예시 다음에 문답으로 제시된, 추가 정보를 가리킨다.

127 bahubbīhi 복합어의 정의는 KV330에 제시된다.

128 이 규칙은 KV179의 기능(격어미 smiṃ과 sa가 각각 saṃ과 sā로 대체되는 것)과 KV168의 기능(격어미 naṃ이 saṃ, sānaṃ으로 대체되는 것)이 제한됨을 보여 준다.

uttarapubbassaṃ. uttarapubbassā.

- dakkhiṇapubba+smiṃ → dakkhiṇapubba+saṃ[KV179] → dakkhiṇapubba+ssaṃ[KV62] → dakkhiṇapubbassaṃ

‖ *sabbato naṃ saṃsānaṃ* ‖ 168 ‖

모든 대명사 뒤에 격어미 naṃ은 saṃ이나 sānaṃ으로 대체된다.

[그 예는 다음과 같다.] sabbesaṃ · sabbesānaṃ. sabbāsaṃ · sabbāsānaṃ. yesaṃ · yesānaṃ. yāsaṃ · yāsānaṃ. tesaṃ · tesānaṃ. tāsaṃ · tāsānaṃ. kesaṃ · kesānaṃ. kāsaṃ · kāsānaṃ. imesaṃ · imesānaṃ. imāsaṃ · imāsānaṃ. amūsaṃ · amūsānaṃ.

- sabba+naṃ → sabbe+naṃ[KV102] → sabbe+saṃ[KV168] → sabbesaṃ (남성 · 중성)
- sabba+naṃ → sabbe+naṃ[KV102] → sabbe+sānaṃ[KV168] → sabbesānaṃ (남성 · 중성)
- sabbā[129]+naṃ → sabbā+saṃ[KV168] → sabbāsaṃ (여성)
- sabbā+naṃ → sabbā+sānaṃ[KV168] → sabbāsānaṃ (여성)

무슨 목적으로 '격어미 naṃ'이 [명시되어 있는가]? [이 규칙에서 명시한 조건에 부합해야만 이 규칙의 기능이 적용된다는 것을 보여 주기 위해서이다. 다음과 같은 예에서는 이 규칙의 기능이 적용되지 않는데, 이것은 '격어미 naṃ'이라는 조건에 부합하지 않기 때문이다.]

---

129 여성을 나타내는 접미사 ā는 KV237에 제시된다.

sabbassa. yassa. tassa. [이 예는 격어미 naṃ이 아니라 격어미 sa가 사용되었다.] [대명사의] 모든 경우는 이와 같다.

‖ *rājassa rāju sunaṃhisu ca* ‖ 169 ‖ [130]

rāja 단어 전체는 격어미 su, naṃ, hi가 뒤에 올 때 rāju로 대체된다. [그 예는 다음과 같다.] rājūsu. rājūnaṃ. rājūhi · rājūbhi.

- rāja+su → rāju+su[KV169] → rājū+su[KV89] → rājūsu
- rāja+naṃ → rāju+naṃ[KV169] → rājū+naṃ[KV89] → rājūnaṃ
- rāja+hi → rāju+hi[KV169] → rājū+hi[KV89] → rājūhi
- rāja+hi → rāju+hi[KV169] → rājū+hi[KV89] → rājū+bhi[KV99] → rājūbhi

무슨 목적으로 '격어미 su, naṃ, hi가 뒤에 올 때'가 [명시되어 있는가]? [이 규칙에서 명시한 조건에 부합해야만 이 규칙의 기능이 적용된다는 것을 보여 주기 위해서이다. 다음과 같은 예에서는 이 규칙의 기능이 적용되지 않는데, 이것은 '격어미 su, naṃ, hi가 뒤에 올 때'라는 조건에 부합하지 않기 때문이다.] rājā. [이 예는 격어미 su, naṃ, hi가 아니라 격어미 si가 사용되었다.]

[규칙에] 단어 ca가 있는 것은 [다음의 예와 같은 단어에 규칙의 기능이 제한됨을] 강조하기 위해서이다. rājesu. rājānaṃ. rājehi. rājebhi.

---

130 이 규칙의 ca는 해설, 예시, 문답 다음에 제시된, 규칙 기능의 적용 범위에 관한 내용을 가리킨다.

• rāja+su → rāju(×)+su[KV169-ca] → rāje+su[KV101] → rājesu

• rāja+naṃ → rāju(×)+naṃ[KV169-ca] → rājā+naṃ[KV89] → rājānaṃ

‖ *sabbass'imass'e vā* ‖ 170 ‖

ima 단어 전체는 격어미 su, naṃ, hi가 뒤에 올 때 선택에 따라 모음 e가 된다.

[그 예는 다음과 같다.] esu · imesu. esaṃ imesaṃ. ehi · imehi.

• ima+su → e+su[KV170] → esu. *imesu

• ima+naṃ → e+naṃ[KV170] → e+saṃ[KV168] → esaṃ. *imesaṃ

• ima+hi → e+hi[KV170] → ehi. *imehi

무슨 목적으로 '단어 ima'가 [명시되어 있는가]? [이 규칙에서 명시한 조건에 부합해야만 이 규칙의 기능이 적용된다는 것을 보여 주기 위해서이다. 다음과 같은 예에서는 이 규칙의 기능이 적용되지 않는데, 이것은 '단어 ima'라는 조건에 부합하지 않기 때문이다.] etesu. etesaṃ. etehi. [이 예는 ima가 아니라 eta이다.]

‖ *an'-imi nāmhi ca* ‖ 171 ‖[131]

ima 단어 전체는 격어미 nā가 뒤에 올 때 ana나 imi로 대체된다.

131 이 규칙의 ca는 이전 규칙의 단어를 끌어와 문맥을 맞추는 용도로, KV170의

[그 예는 다음과 같다.] anena. iminā.

- ima+nā → ana+nā[KV171] → ana+ena[KV103] → an+ena[KV83] → anena
- ima+nā → imi+nā[KV171] → iminā

무슨 목적으로 '격어미 nā가 뒤에 올 때'가 [명시되어 있는가]? [이 규칙에서 명시한 조건에 부합해야만 이 규칙의 기능이 적용된다는 것을 보여 주기 위해서이다. 다음과 같은 예에서는 이 규칙의 기능이 적용되지 않는데, 이것은 '격어미 nā가 뒤에 올 때'라는 조건에 부합하지 않기 때문이다.] imesu. imesaṃ. imehi. [이 예는 격어미 nā가 아니라 격어미 su, naṃ, hi가 사용되었다.]

‖ *anapuṃsakassâyaṃ simhi* ‖ **172** ‖

중성이 아닌 ima 단어 전체는 격어미 si가 뒤에 올 때 ayaṃ으로 대체된다.

[그 예는 다음과 같다.] ayaṃ puriso 이 남자. ayaṃ itthī 이 여자.[132]

- ima+si → ayaṃ+si[KV172] → ayaṃ+~~si~~[KV220] → ayaṃ

무슨 목적으로 '중성이 아닌'이 [명시되어 있는가]? [이 규칙에서 명시한 조건에 부합해야만 이 규칙의 기능이 적용된다는 것을 보여 주

---

imassa를 의미한다.

132 ayaṃ puriso의 ayaṃ은 남성명사인 puriso와 성이 일치하고, ayaṃ itthī의 ayaṃ은 여성명사인 itthī와 성이 일치한다.

기 위해서이다. 다음과 같은 예에서는 이 규칙의 기능이 적용되지 않는데, 이것은 '중성이 아닌'이라는 조건에 부합하지 않기 때문이다.] idaṃ cittaṃ 이 마음.[133] [이 예는 여성이나 남성이 아니라 중성이다.] 무슨 목적으로 '격어미 si가 뒤에 올 때'가 [명시되어 있는가]? [이 규칙에서 명시한 조건에 부합해야만 이 규칙의 기능이 적용된다는 것을 보여 주기 위해서이다. 다음과 같은 예에서는 이 규칙의 기능이 적용되지 않는데, 이것은 '격어미 si가 뒤에 올 때'라는 조건에 부합하지 않기 때문이다.] imaṃ purisaṃ passasi [당신은] 이 남자를 본다. [이 예는 격어미 si가 아니라 제2 단수 격어미 aṃ이 사용되었다.]

‖ *amussa mo saṃ* ‖ **173** ‖

중성이 아닌 단어 amu의 자음 m은 격어미 si가 뒤에 올 때 선택에 따라 자음 s로 된다.

[그 예는 다음과 같다.] asu rājā · amuko rājā 그 왕. asu itthī · amukā itthī 그 여자.[134]

- amu+si → asu+si[KV173] → asu+~~si~~[KV220] → asu
- amu+si → amu+k+si[KV178] → amu+k+o[KV104] → *amuko

무슨 목적으로 '중성이 아닌'이 [명시되어 있는가]? [이 규칙에서 명

---

133 idaṃ cittaṃ의 idaṃ은 중성명사인 cittaṃ과 성이 일치한다.

134 asu rājā의 asu는 남성이고, amuko는 이 asu의 선택적 대안(vā)의 예이다. asu itthī의 asu는 여성이고, amukā는 이 asu의 선택적 대안(vā)의 예이다.

시한 조건에 부합해야만 이 규칙의 기능이 적용된다는 것을 보여 주기 위해서이다. 다음과 같은 예에서는 이 규칙의 기능이 적용되지 않는데, 이것은 '중성이 아닌'이라는 조건에 부합하지 않기 때문이다.] aduṃ pupphaṃ virocati 그 꽃은 아름답다. [이 예는 여성이나 남성이 아니라 중성이다.]

무슨 목적으로 '단어 amu'가 [명시되어 있는가]? [이 규칙에서 명시한 조건에 부합해야만 이 규칙의 기능이 적용된다는 것을 보여 주기 위해서이다. 다음과 같은 예에서는 이 규칙의 기능이 적용되지 않는데, 이것은 '단어 amu'라는 조건에 부합하지 않기 때문이다.] ayaṃ puriso tiṭṭhati 이 남자는 서 있다. [이 예는 amu가 아니라 ima이다.]

무슨 목적으로 '격어미 si가 뒤에 올 때'가 [명시되어 있는가]? [이 규칙에서 명시한 조건에 부합해야만 이 규칙의 기능이 적용된다는 것을 보여 주기 위해서이다. 다음과 같은 예에서는 이 규칙의 기능이 적용되지 않는데, 이것은 '격어미 si가 뒤에 올 때'라는 조건에 부합하지 않기 때문이다.] amuṃ purisaṃ passasi [당신은] 그 남자를 본다. [이 예는 격어미 si가 아니라 제2 단수 격어미 aṃ이 사용되었다.]

‖ *etatesaṃ to* ‖ **174** ‖

중성이 아닌 eta와 ta의 자음 t는 격어미 si가 뒤에 올 때 자음 s로 된다.

[그 예는 다음과 같다.] eso puriso 그 남자. esā itthī 그 여자. so puriso 그 남자. sā itthī 그 여자.

• eta+si → esa+si[KV174] → esa+o[KV104] → es+o[KV83] → eso (남성)

• etā+si → esā+si[KV174] → esā+~~si~~[KV220] → esā (여성)

• ta+si → sa+si[KV174] → sa+o[KV104] → s+o[KV83] → so (남성)

• tā+si → sā+si[KV174] → sā+~~si~~[KV220] → sā (여성)

무슨 목적으로 'eta와 ta'가 [명시되어 있는가]? [이 규칙에서 명시한 조건에 부합해야만 이 규칙의 기능이 적용된다는 것을 보여 주기 위해서이다. 다음과 같은 예에서는 이 규칙의 기능이 적용되지 않는데, 이것은 'eta와 ta'라는 조건에 부합하지 않기 때문이다.] itaro puriso 다른 남자. itarā itthī 다른 여자. [이 예는 eta나 ta가 아니라 itara이다.]
무슨 목적으로 '중성이 아닌'이 [명시되어 있는가]? [이 규칙에서 명시한 조건에 부합해야만 이 규칙의 기능이 적용된다는 것을 보여 주기 위해서이다. 다음과 같은 예에서는 이 규칙의 기능이 적용되지 않는데, 이것은 '중성이 아닌'이라는 조건에 부합하지 않기 때문이다.] etaṃ cittaṃ · taṃ cittaṃ 그 마음. etaṃ rūpaṃ · taṃ rūpaṃ 그 형태. [이 예는 여성이나 남성이 아니라 중성이다.]

‖ *tassa vā nattaṃ sabbattha* ‖ 175 ‖

대명사 ta의 자음 t는 모든 성에서 선택에 따라 n가 된다.
[그 예는 다음과 같다.] nāya · tāya. naṃ · taṃ. ne · te. nesu · tesu. namhi · tamhi. nāhi · tāhi.

• ta+nā → na+nā[KV175] → na+ā+nā[KV237] → n+ā+nā[KV83]

→ nā+āya[KV111] → n+āya[KV83] → nāya. *tāya (여성)

- ta+aṃ → na+aṃ[KV175] → n+aṃ[KV83] → naṃ. *taṃ (남성 · 중성)
- ta+yo → ta+e[KV164] → na+e[KV175] → n+e[KV83] → ne. *te (남성 · 중성)

|| *sasmāsmiṃsaṃsāsv attaṃ* || 176 ||

대명사 ta의 음절 ta 전체는 이 격어미 sa, smā, smiṃ, saṃ(smiṃ의 대체어), sā(sa의 대체어)가 뒤에 올 때 모든 성에서 선택에 따라 a가 된다. [그 예는 다음과 같다.] assa · tassa. asmā · tasmā. asmiṃ · tasmiṃ. assaṃ · tassaṃ. assā · tassā.

- ta+sa → a+sa[KV176] → a+ssa[KV62] → assa. *tassa (남성 · 중성)
- ta+smā → a+smā[KV176] → asmā. *tasmā (남성 · 중성)
- ta+smiṃ → a+smiṃ[KV176] → asmiṃ. *tasmiṃ (남성 · 중성)
- tā+smiṃ → tā+saṃ[KV179] → tā+ssaṃ[KV62] → ta+ssaṃ[KV66] → a+ssaṃ[KV176] → assaṃ. *tassaṃ (여성)
- tā+sa → tā+sā[KV179] → tā+ssā[KV62] → ta+ssā[KV66] → a+ssā[KV176] → assā. *tassā (여성)

무슨 목적으로 '음절 ta'가 [명시되어 있는가]? [이 규칙에서 명시한 조건에 부합해야만 이 규칙의 기능이 적용된다는 것을 보여 주기 위해서이다. 다음과 같은 예에서는 이 규칙의 기능이 적용되지 않는데, 이것은 '음절 ta'라는 조건에 부합하지 않기 때문이다.] amussaṃ. amussā. [이 예는 ta가 아니라 amu라서 음절 ta가 없다.]

무슨 목적으로 '이 격어미들이 뒤에 올 때'가 [명시되어 있는가]? [이 규칙에서 명시한 조건에 부합해야만 이 규칙의 기능이 적용된다는 것을 보여 주기 위해서이다. 다음과 같은 예에서는 이 규칙의 기능이 적용되지 않는데, 이것은 '이 격어미들이 뒤에 올 때'라는 조건에 부합하지 않기 때문이다.] tesu · nesu. [이 예는 이 격어미들 즉 격어미 sa, smā, smiṃ이 아니라, 격어미 su가 사용되었다.]

‖ *imasaddassa* ‖ 177 ‖

ima 단어 전체는 격어미 sa, smā, smiṃ, saṃ(smiṃ의 대체어), sā(sa의 대체어)가 뒤에 올 때 모든 성에서 선택에 따라 a가 된다.

[그 예는 다음과 같다.] assa · imassa. asmā · imasmā. asmiṃ · imasmiṃ. assaṃ · imissaṃ. assā · imissā.

- ima+sa → a+sa[KV177] → a+ssa[KV62] → assa. *imassa (남성 · 중성)
- ima+smā → a+smā[KV177] → asmā. *imasmā (남성 · 중성)
- ima+smiṃ → a+smiṃ[KV177] → asmiṃ. *imasmiṃ (남성 · 중성)
- imā+smiṃ → imā+saṃ[KV179] → imā+ssaṃ[KV62] → ima+ssaṃ[KV66] → a+ssaṃ[KV177] → assaṃ. *imissaṃ (여성)
- imā+sa → imā+sā[KV179] → imā+ssā[KV62] → ima+ssā[KV66] → a+ssā[KV177] → assā. *imissā

무슨 목적으로 '단어 ima'가 [명시되어 있는가]? [이 규칙에서 명시한 조건에 부합해야만 이 규칙의 기능이 적용된다는 것을 보여 주기 위해서이다. 다음과 같은 예에서는 이 규칙의 기능이 적용되지 않는데, 이것은 '단어 ima'라는 조건에 부합하지 않기 때문이다.] etissaṃ. etissā. [이 예는 ima가 아니라 eta이다.]

‖ *sabbato ko* ‖ 178 ‖

모든 대명사 뒤에 자음 k가 선택에 따라 삽입된다.

[그 예는 다음과 같다.] sabbako. yako. sako. amuko. asuko.

- sabba+si → sabba+k+si[KV178] → sabba+k+o[KV104] → sabbako
- ya+si → ya+k+si[KV178] → ya+k+o[KV104] → yako

무슨 목적으로 '선택에 따라(vā)'가 [명시되어 있는가]? ['선택에 따라'에 내포된 바와 같이 이 규칙의 기능이 모든 곳에 다 적용되는 것은 아님을 보여 주기 위해서이다. 다음과 같은 예에서는 이 규칙의 기능이 적용되지 않는데, 이것은 '선택에 따라'라는 조건에 의한 것이다.] sabbo. yo. so. ko.

- sabba+si → sabba+o[KV104] → sabb+o[KV83] → sabbo
- ya+si → ya+o[KV104] → y+o[KV83] → yo

무슨 목적으로 '대명사 뒤에'가 [명시되어 있는가]? [이 규칙에서 명시한 조건에 부합해야만 이 규칙의 기능이 적용된다는 것을 보여 주기 위해서이다. 다음과 같은 예에서는 이 규칙의 기능이 적용되지 않는데, 이것은 '대명사 뒤에'라는 조건에 부합하지 않기 때문이다.] puriso. [이 예는 대명사가 아니다.]

다시 'sabbato(모든)'를 취함으로써, [대명사가 아닌 일반명사와 같은] 다른 곳에서도 자음 k가 삽입된다. [그 예는 다음과 같다.] hīnako 비열한 자. potako 동물의 어린 것.

- hīna+si → hīna+k+si[KV178−sabbato] → hīna+k+o[KV104] → hīnako
- pota+si → pota+k+si[KV178−sabbato] → pota+k+o[KV104] → potako

‖ *ghapato smiṃsānaṃ saṃsā* ‖ 179 ‖

Gha와 Pa(끝음 ā, i, ī, u, ū−여성)[135][를 가진] 모든 대명사 뒤에 격어미 smiṃ과 sa는 각각 saṃ과 sā로 선택에 따라 대체된다.

[그 예는 다음과 같다.] sabbassaṃ · sabbāyaṃ. sabbassā · sabbāya. imissaṃ · imāyaṃ. imissā · imāya. amussaṃ · amuyaṃ. amussā · amuyā.

- sabbā+smiṃ → sabbā+saṃ[KV179] → sabbā+ssaṃ[KV62] → sabba+ssaṃ[KV66] → sabbassaṃ. *sabbāyaṃ
- sabbā+sa → sabbā+sā[KV179] → sabbā+ssā[KV62] → sabba+ssā[KV66] → sabbassā. *sabbāya
- imā+smiṃ → imā+saṃ[KV179] → imā+ssaṃ[KV62] → imi+

135 Gha는 ā로 끝나는 여성 명사의 끝모음 ā를 의미하고, Pa는 i, ī, u, ū로 끝나는 여성 명사의 끝모음 i, ī, u, ū를 의미한다.

ssaṃ[KV63] → imissaṃ. *imāyaṃ

• imā+sa → imā+sā[KV179] → imā+ssā[KV62] → imi+ssā[KV63] → imissā. *imāya

무슨 목적으로 '대명사 뒤에'가 [명시되어 있는가]? [이 규칙에서 명시한 조건에 부합해야만 이 규칙의 기능이 적용된다는 것을 보여 주기 위해서이다. 다음과 같은 예에서는 이 규칙의 기능이 적용되지 않는데, 이것은 '대명사 뒤에'라는 조건에 부합하지 않기 때문이다.] itthiyaṃ. itthiyā. [이 예는 대명사가 아니다.]

무슨 목적으로 '격어미 smiṃ과 sa'가 [명시되어 있는가]? [이 규칙에서 명시한 조건에 부합해야만 이 규칙의 기능이 적용된다는 것을 보여 주기 위해서이다. 다음과 같은 예에서는 이 규칙의 기능이 적용되지 않는데, 이것은 '격어미 smiṃ과 sa'라는 조건에 부합하지 않기 때문이다.] amuyo. [이 예는 격어미 smiṃ이나 sa가 아니라 격어미 yo가 사용되었다.]

‖ *n' etāhi smiṃ āyayā* ‖ **180** ‖

Gha와 Pa(끝음 ā, i, ī, u, ū-여성)[를 가진] 이 대명사 뒤에 격어미 smiṃ은 āya와 yā로 대체되지 않는다.

[그 예는 다음과 같다.] etissaṃ · etāyaṃ. imissaṃ · imāyaṃ. amussaṃ · amuyaṃ.

• etā+smiṃ → etā+āya(×), yā(×)[KV180], saṃ[KV179] → etā+ssaṃ[KV62] → eti+ssaṃ[KV63] → etissaṃ.

• etā+smiṃ → etā+āya(×), yā(×)[KV180], yaṃ[KV216] → etāyaṃ
• amu+smiṃ →amu+āya(×), yā(×)[KV180], saṃ[KV179] → amu+ssaṃ[KV62] → amussaṃ
• amu+smiṃ → amu+āya(×), yā(×)[KV180], yaṃ[KV216] → amuyaṃ

무슨 목적으로 '격어미 smiṃ'이 [명시되어 있는가]? [이 규칙에서 명시한 조건에 부합해야만 이 규칙의 기능이 적용된다는 것을 보여 주기 위해서이다. 다음과 같은 예에서는 이 규칙의 기능이 적용되지 않는데, 이것은 '격어미 smiṃ'이라는 조건에 부합하지 않기 때문이다.] tāya itthiyā mukhaṃ 그 여자의 얼굴. [이 예는 격어미 smiṃ이 아니라, 격어미 sa가 사용되었다.]

무슨 목적으로 '이 대명사 뒤에'가 [명시되어 있는가]? [이 규칙에서 명시한 조건에 부합해야만 이 규칙의 기능이 적용된다는 것을 보여 주기 위해서이다. 다음과 같은 예에서는 이 규칙의 기능이 적용되지 않는데, 이것은 '이 대명사 뒤에'이라는 조건에 부합하지 않기 때문이다.] kiññāya. Gaṅgāya. vīṇāya. saddhāya. [이 예는 이 대명사, 즉 Gha나 Pa를 가진 대명사가 아니다.]

‖ *manogaṇâdito smiṃnānaṃ i ā* ‖ **181** ‖ [136]

mano 무리(gaṇa)[137] 중 mano 등등의 뒤에 격어미 smiṃ과 nā는 각각

136 KV181−184는 s가 삽입되는 명사 mano 등등의 무리에 관한 규칙으로, 격어미

모음 i와 ā로 선택에 따라 대체된다.

[그 예는 다음과 같다.] manasi · manasmiṃ. sirasi · sirasmiṃ. manasā · manena. vacasā · vacena. sirasā · sirena. sarasā · sarena. tapasā · tapena. vayasā · vayena. yasasā · yasena. tejasā · tejena. urasā · urena. tamasā · tamena.

- mana+smiṃ → mana+i[KV181] → mana+s+i[KV184] → manasi. *manasmiṃ
- sira+smiṃ → sira+i[KV181] → sira+s+i[KV184] → sirasi. *sirasmiṃ
- mana+nā → mana+ā[KV181] → mana+s+ā[KV184] → manasā. *manena
- sira+nā → sira+ā[KV181] → sira+s+ā[KV184] → sirasā. *sirena

무슨 목적으로 '격어미 smiṃ과 nā'가 [명시되어 있는가]? [이 규칙에서 명시한 조건에 부합해야만 이 규칙의 기능이 적용된다는 것을 보여 주기 위해서이다. 다음과 같은 예에서는 이 규칙의 기능이 적용되지 않는데, 이것은 '격어미 smiṃ과 nā'라는 조건에 부합하지 않기 때문이다.] mano. siro. tapo. tamo. tejo. [이 예는 격어미 smiṃ이나 nā가 아니라 격어미 si가 사용되었다.]

[규칙에 있는] 'ādi(등등)'를 취함으로써, [mano 등등이 아닌] 다른 곳에

에 따른 명사 mano 등등의 어형 변화와 격어미의 변화를 보여 준다.

137 'mano 무리(gaṇa)'는 mana(마음, mano)처럼 어형 변화를 하는 명사들을 가리킨다. 그런 명사들은 sira(머리), vaca(말), sara(호수), tapa(고행, 금욕), vaya(나이), yasa(명예), teja(열, 불꽃), ura(가슴), tama(어둠, 무지) 등이다.

서도 격어미 smiṃ과 nā는 [각각] 모음 i와 ā로 대체된다. [그 예는 다음과 같다.] bilasi. bilasā. padasi. padasā.

- bila+smiṃ → bila+i[KV181–ādi] → bila+s+i[KV184] → bilasi
- bila+nā → bila+ā[KV181–ādi] → bila+s+ā[KV184] → bilasā
- pada+smiṃ → pada+i[KV181–ādi] → pada+s+i[KV184] → padasi
- pada+nā → pada+ā[KV181–ādi] → pada+s+ā[KV184] → padasā

‖ *sassa c'o* ‖ 182 ‖ [138]

mano 무리 중 mano 등등의 뒤에 격어미 sa는 모음 o가 된다.
[그 예는 다음과 같다.] manaso. tapaso. thāmaso.

- mana+sa → mana+o[KV182] → mana+s+o[KV184] → manaso
- tapa+sa → tapa+o[KV182] → tapa+s+o[KV184] → tapaso

‖ *etesaṃ o lope* ‖ 183 ‖

mano 무리 중 mano 등등의 끝음은 격어미 탈락이 행해질 때 o로 된다.
[그 예는 다음과 같다.] manomayaṃ 마음으로 이루어진. ayomayaṃ 쇠로 만든. tejosamena 불꽃처럼. tapoguṇena 고행의 덕. siroruho 머

138 이 규칙의 ca는 이전 규칙의 단어를 끌어와 문맥을 맞추는 용도로, KV181의 manogaṇādito를 의미한다.

리의 털.

• mana+격어미+maya → mana+격어미탈락+maya[KV319] → mano+maya[KV183] → manomaya+si(→aṃ)[KV219] → manomay+aṃ[KV83] → manomayaṃ

• teja+격어미+sama → teja+격어미탈락+sama[KV319] → tejo+sama[KV183] → tejosama+nā(→ena)[KV103] → tejosam+ena[KV83] → tejosamena

무슨 목적으로 '~등등(ādi)'이 [명시되어 있는가]? [다음의 예와 같이] 다른 [단어의] 끝음도 o로 된다는 것을[보여 주기 위해서이다.] āposamena. vāyosamena.

무슨 목적으로 '탈락이 행해질 때'가 [명시되어 있는가]? [이 규칙에서 명시한 조건에 부합해야만 이 규칙의 기능이 적용된다는 것을 보여 주기 위해서이다. 다음과 같은 예에서는 이 규칙의 기능이 적용되지 않는데, 이것은 '탈락이 행해질 때'라는 조건에 부합하지 않기 때문이다.] padasā. tapasā. yasasā. vacasā. manasā. [이 예는 격어미 탈락이 행해진 단어가 아니다.] 이처럼 다른 예에서도 적용되어야 한다.

‖ *sa sare vâgamo* ‖ 184 ‖

격어미(nā와 smiṃ)의 대체 모음(ā와 i)이 뒤에 올 때, mano 무리 중 mano 등등의 뒤에 선택에 따라 자음 s가 삽입된다.

[그 예는 다음과 같다.] manasā. manasi. vacasā. vacasi.

• mana+nā → mana+ā[KV181] → mana+s+ā[KV184] → manasā

• mana+smiṃ → mana+i[KV181] → mana+s+i[KV184] → manasi
• vaca+nā → vaca+ā[KV181] → vaca+s+ā[KV184] → vacasā
• vaca+smiṃ → vaca+i[KV181] → vaca+s+i[KV184] → vacasi

무슨 목적으로 '선택에 따라(vā)'가 [명시되어 있는가]? ['선택에 따라'에 내포된 바와 같이 이 규칙의 기능이 모든 곳에 다 적용되는 것은 아님을 보여 주기 위해서이다. 다음과 같은 예에서는 이 규칙의 기능이 적용되지 않는데, 이것은 '선택에 따라'라는 조건에 의한 것이다.] manena. tejena. yasena.

• mana+nā → mana+ena[KV103] → man+ena[KV83] → manena

무슨 목적으로 '모음이 뒤에 올 때'가 [명시되어 있는가]? [이 규칙에서 명시한 조건에 부합해야만 이 규칙의 기능이 적용된다는 것을 보여 주기 위해서이다. 다음과 같은 예에서는 이 규칙의 기능이 적용되지 않는데, 이것은 '모음이 뒤에 올 때'라는 조건에 부합하지 않기 때문이다. mano. tejo. yaso. [이 예는 모음(격어미의 대체 모음 ā와 i)이 뒤에 오는 단어가 아니다.]

다시 [해설에 있는] '~등등(ādi)'을 취함으로써, 다른 [접미사가 뒤에 올 때도 그 접미사 앞에] 자음 s가 삽입된다. [그 예는 다음과 같다.] mānasikaṃ. vācasikaṃ.

• mana+ṇika+aṃ → māna+ṇika+aṃ[KV402] → māna+s+ṇika+aṃ[KV184–ādi] → māna+s+ika+aṃ[KV398] → māna+s+ik+aṃ[KV83] → manāsika 'santa-선한 자, 성자' 단어 전체는 자음 bh가 뒤에 올 때 음절 sa로 대체되고, [sa] 끝에 자음 b가 삽입된다.

[그 예는 다음과 같다.] sabbhir eva samāsetha 선한 사람들과 어울려야 한다. sabbhūto. sabbhāvo.

- santa+hi → santa+bhi[KV99] → sa+b+bhi[KV185] → sabbhi
- santa+bhūta → sa+b+bhūta[KV185] → sabbhūta[KV603] → sabbhūta+si(→o)[KV104] → sabbhūt+o[KV83] → sabbhūto
- santa+bhāva → sa+b+bhāva[KV185] → sabbhāva[KV603] → sabbhāva+si(→o)[KV104] → sabbhāv+o[KV83] → sabbhāvo

무슨 목적으로 '자음 bh가 뒤에 올 때'가 [명시되어 있는가]? [이 규칙에서 명시한 조건에 부합해야만 이 규칙의 기능이 적용된다는 것을 보여 주기 위해서이다. 다음과 같은 예에서는 이 규칙의 기능이 적용되지 않는데, 이것은 '자음 bh가 뒤에 올 때'라는 조건에 부합하지 않기 때문이다.] santehi. [이 예는 자음 bh가 있는 bhi가 아니라 hi가 사용되었다.]

[규칙에] 단어 ca가 있는 것은 [다음의 예와 같은 단어에도 santa의] 음절 sa로의 [대체가] 때때로 되게 하기 위해서이다. sakkāro 선한 사

139 이 규칙의 ca는 해설, 예시, 문답 다음에 제시된, 추가 정보를 가리킨다. 추가 정보는 국문 번역에 "규칙에 있는 단어 ca를 취함으로써"의 뒤에 이어진 내용으로, 기존 규칙의 기능에 형태학적 변화의 예를 더 보탠 것이다.

람의 행위. sakkato 선한 사람에 의해 행해진 것.

- santa+kāra → sa+kāra[KV185-ca] → sa+kkāra[KV28] → sakkāra [KV603] → sakkāra+si(→o)[KV104] → sakkār+o[KV83] → sakkāro
- santa+kata → sa+kata[KV185-ca] → sa+kkata[KV28] → sakkata [KV603] → sakkata+si(→o)[KV104] → sakkat+o[KV83] → sakkato

‖ *simhi gacchantâdīnaṃ antasaddo aṃ* ‖ 186 ‖

격어미 si가 뒤에 올 때, gacchanta 등등의 단어의 일부인 nta[140]는 선택에 따라 aṃ이 된다.

[그 예는 다음과 같다.] gacchaṃ · gacchanto 가는 자/가면서. mahaṃ · mahanto 위대한 자. caraṃ · caranto 걷는 자/걸으면서. tiṭṭhaṃ · tiṭṭhanto 서 있는 자/서 있으면서. khādaṃ · khādanto 씹는 자/씹으면서.

- gacchanta+si → gaccha+aṃ+si[KV186] → gacch+aṃ+si[KV83] → gacchaṃ+~~si~~[KV220] → gacchaṃ. *gacchanto
- mahanta+si → maha+aṃ+si[KV186] → mah+aṃ+si[KV83] →

140 '단어의 일부인 nta'는 antasadda를 옮긴 것으로, 단어 gacchanta 등등의 끝부분인 nta를 의미한다. 이 nta는 KV567에 제시되는, 현재의 시간에 진행되는 일을 나타내는 접미사이다.

mahaṃ+~~si~~[KV220] → mahaṃ. *mahanto

• caranta+si → cara+aṃ+si[KV186] → car+aṃ+si[KV83] → car+aṃ+~~si~~[KV220] → caraṃ. *caranto

무슨 목적으로 'gacchanta 등등'이 [명시되어 있는가]? [이 규칙에서 명시한 조건에 부합해야만 이 규칙의 기능이 적용된다는 것을 보여주기 위해서이다. 다음과 같은 예에서는 이 규칙의 기능이 적용되지 않는데, 이것은 'gacchanta 등등'이라는 조건에 부합하지 않기 때문이다.] anto. danto. vanto. santo. [이 예는 접미사 nta가 붙은 gacchanta 등등의 단어가 아니라 kita 접미사인 ta[141]가 붙은 단어이다.]

‖ *sesesu ntu va* ‖ 187 ‖

[앞 규칙의 격어미 si를 제외한] 나머지 격어미와 접미사들이 뒤에 올 때, gacchanta 등등의 단어의 일부인 nta는 접미사 ntu처럼 간주되어야 한다.[142]

[그 예는 다음과 같다.] gacchato. mahato. gacchati. mahati. gacchatā. mahatā.

• gacchanta+sa → gaccha+to[KV187, KV127] → gacchato

• gacchanta+smiṃ → gaccha+ti[KV187, KV127] → gacchati

141 접미사 ta가 nta로 되는 기능은 KV586에 제시된다.

142 nta를 접미사 ntu와 같게 간주하는 이유는 KV127(격어미 sa, smiṃ, nā가 뒤에 올 때, 접미사 ntu 전체는 격어미와 함께 각각 to, ti, tā로 선택에 따라 대체되는 것)과 같은 규칙기능을 반복하여 제시하지 않고도 적용할 수 있기 때문이다.

• gacchanta+nā → gaccha+tā[KV187, KV127] → gacchatā
무슨 목적으로 '나머지가 뒤에 올 때'가 [명시되어 있는가]? [이 규칙에서 명시한 조건에 부합해야만 이 규칙의 기능이 적용된다는 것을 보여 주기 위해서이다. 다음과 같은 예에서는 이 규칙의 기능이 적용되지 않는데, 이것은 '나머지가 뒤에 올 때'라는 조건에 부합하지 않기 때문이다.] gacchaṃ. mahaṃ. khādaṃ. [이 예는 격어미 si를 제외한 나머지 격어미가 아닌, 격어미 si가 사용되었다.]

|| *brahmaattasakharājâdito aṃ ānaṃ* || 188 ||[143]

'brahma–브라흐마', 'atta–자기', 'sakha–친구', 'rāja–왕' 등등의 뒤에 격어미 aṃ은 선택에 따라 ānaṃ으로 대체된다.
[그 예는 다음과 같다.] brahmānaṃ · brahmaṃ. attānaṃ · attaṃ. sakhānaṃ · sakhaṃ. rājānaṃ · rājaṃ.

• brahma+aṃ → brahma+ānaṃ[KV188] → brahm+ānaṃ[KV83] → brahmānaṃ. *brahmaṃ
• atta+aṃ → atta+ānaṃ[KV188] → att+ānaṃ[KV83] → attānaṃ. *attaṃ
• sakha+aṃ → sakha+ānaṃ[KV188] → sakh+ānaṃ[KV83] → sakhānaṃ. sakhaṃ

143 KV188–198은 단어 brahma(브라흐마), atta(자기), sakha(친구), rāja(왕)에 관한 규칙으로, 격어미에 따른 이 단어들의 어형 변화와 격어미의 변화를 보여 준다.

• rāja+aṃ → rāja+ānaṃ[KV188] → rāj+ānaṃ[KV83] → rājānaṃ.
 *rājaṃ

무슨 목적으로 '격어미 aṃ'이 [명시되어 있는가]? [이 규칙에서 명시한 조건에 부합해야만 이 규칙의 기능이 적용된다는 것을 보여 주기 위해서이다. 다음과 같은 예에서는 이 규칙의 기능이 적용되지 않는데, 이것은 '격어미 aṃ'이라는 조건에 부합하지 않기 때문이다.] rājā. [이 예는 격어미 aṃ이 아니라 격어미 si가 사용되었다.]

‖ *sy ā ca* ‖ **189** ‖ [144]

brahma, atta, sakha, rāja 등등의 뒤에 격어미 si는 ā가 된다.

[그 예는 다음과 같다.] brahmā. attā. sakhā. rājā. ātumā.

• brahma+si → brahma+ā[KV189] → brahm+ā[KV83] → brahmā
• atta+si → atta+ā[KV189] → att+ā[KV83] → attā

‖ *yonaṃ āno* ‖ **190** ‖

brahma, atta, sakha, rāja 등등의 뒤에 격어미 yo는 āno로 대체된다.

[그 예는 다음과 같다.] brahmāno. attāno. sakhāno. rājāno. ātumāno.

144 이 규칙의 ca는 이전 규칙의 단어를 끌어와 문맥을 맞추는 용도로, KV188의 brahmaattasakharājādito를 의미한다.

• brahma+yo → brahma+āno[KV190] → brahm+āno[KV83] → brahmāno

• atta+yo → atta+āno[KV190] → att+āno[KV83] → attāno

‖ *sakhāto c'âyono* ‖ 191 ‖[145]

sakha의 뒤에 격어미 yo는 āyo와 no로 대체된다.

[그 예는 다음과 같다.] sakhāyo, sakhino.

• sakha+yo → sakha+āyo[KV191] → sakh+āyo[KV83] → sakhāyo

• sakha+yo → sakha+no[KV191] → sakhi+no[KV194] → sakhino

무슨 목적으로 '격어미 yo'가 [명시되어 있는가]? [이 규칙에서 명시한 조건에 부합해야만 이 규칙의 기능이 적용된다는 것을 보여 주기 위해서이다. 다음과 같은 예에서는 이 규칙의 기능이 적용되지 않는데, 이것은 '격어미 yo'라는 조건에 부합하지 않기 때문이다.] sakhā. [이 예는 격어미 yo가 아니라 격어미 si가 사용되었다.]

‖ *smiṃ e* ‖ 192 ‖

sakha의 뒤에 격어미 smiṃ는 모음 e가 된다.

[그 예는 다음과 같다.] sakhe.

---

145 이 규칙의 ca는 이전 규칙의 단어를 끌어와 문맥을 맞추는 용도로, KV190의 yonaṃ을 의미한다.

• sakha+smiṃ → sakha+e[KV192] → sakh+e[KV83] → sakhe

‖ *brahmāto gassa ca* ‖ 193 ‖[146]

brahma의 뒤에 Ga(호격 단수 격어미 si)[147]는 모음 e가 된다.

[그 예는 다음과 같다.] he brahme.

• brahma+si → brahma+e[KV193] → brahm+e[KV83] → brahme

‖ *sakhântass'i nonānaṃsesu* ‖ 194 ‖

sakha의 끝음은 이 격어미들 no(yo의 대체어), nā, naṃ, sa가 뒤에 올 때 모음 i로 대체된다.

[그 예는 다음과 같다.] sakhino. sakhinā. sakhīnaṃ. sakhissa.

• sakha+yo → sakha+no[KV191] → sakhi+no[KV194] → sakhino

• sakha+nā → sakhi+nā[KV194] → sakhinā

• sakha+naṃ → sakhi+naṃ[KV194] → sakhī+naṃ[KV89] → sakhīnaṃ

• sakha+sa → sakhi+sa[KV194] → sakhi+ssa[KV62] → sakhissa

무슨 목적으로 '이 격어미들이 뒤에 올 때'가 [명시되어 있는가]? [이

146 이 규칙의 ca는 이전 규칙의 단어를 끌어와 문맥을 맞추는 용도로, KV192의 e를 의미한다.

147 Ga는 KV57에서 제시된 전문용어로, 호격 단수 격어미 si를 의미한다.

규칙에서 명시한 조건에 부합해야만 이 규칙의 기능이 적용된다는 것을 보여 주기 위해서이다. 다음과 같은 예에서는 이 규칙의 기능이 적용되지 않는데, 이것은 '이 격어미들이 뒤에 올 때'라는 조건에 부합하지 않기 때문이다.] sakhārehi · sakhehi. [이 예는 이 격어미들, 즉 no(yo의 대체어), nā, naṃ, sa가 아니라 격어미 hi가 사용되었다.]

|| *āro himhi vā* || **195** ||

sakha의 끝음은 격어미 hi가 뒤에 올 때 선택에 따라 āra가 된다.
[그 예는 다음과 같다.] sakhārehi · sakhehi.

- sakha+hi → sakhāra+hi[KV195] → sakhāre+hi[KV101] → sakhārehi. *sakhehi

|| *sunamaṃsu vā* || **196** ||

sakha의 끝음은 격어미 su, naṃ, aṃ이 뒤에 올 때 선택에 따라 āra가 된다.
[그 예는 다음과 같다.] sakhāresu · sakhesu. sakhārānaṃ · sakhīnaṃ. sakhāraṃ · sakhaṃ.

- sakha+su → sakhāra+su[KV196] → sakhāre+su[KV101] → sakhāresu. *sakhesu
- sakha+naṃ → sakhāra+naṃ[KV196] → sakhārā+naṃ[KV89] → sakhārānaṃ. *sakhīnaṃ

• sakha+aṃ → sakhāra+aṃ[KV196] → sakhār+aṃ[KV83] → sakhāraṃ. *sakhaṃ

‖ *brahmāto tu smiṃ ni* ‖ 197 ‖ [148]

brahma 뒤에 격어미 smiṃ은 ni로 대체된다.

[그 예는 다음과 같다.] brahmani.

• brahma+smiṃ → brahma+ni[KV197] → brahmani

[규칙에 있는] 단어 tu를 취함으로써, brahma가 아닌 단어들 뒤에서도 격어미 smiṃ은 ni가 된다. [그 예는 다음과 같다.] kammani. cammani. muddhani.

• kamma+smiṃ → kamma+ni → kammani

‖ *uttaṃ sanāsu* ‖ 198 ‖

brahma 단어의 끝음은 격어미 sa, nā가 뒤에 올 때 u로 된다.

[그 예는 다음과 같다.] brahmuno. brahmunā.

• brahma+sa → brahmu+sa[KV198] → brahmu+no[KV117] → brahmuno

• brahma+nā → brahmu+nā[KV198] → brahmunā

무슨 목적으로 '격어미 sa, nā가 뒤에 올 때'가 [명시되어 있는가]? [이

148 이 규칙의 tu는 해설, 예시 다음에 제시된, 추가 정보를 가리킨다.

규칙에서 명시한 조건에 부합해야만 이 규칙의 기능이 적용된다는 것을 보여 주기 위해서이다. 다음과 같은 예에서는 이 규칙의 기능이 적용되지 않는데, 이것은 '격어미 sa, nā가 뒤에 올 때'라는 조건에 부합하지 않기 때문이다.] brahmā. [이 예는 격어미 sa나 nā가 아니라 격어미 si가 사용되었다.]

‖ *satthupitâdīnaṃ ā sismiṃ silopo ca* ‖ 199 ‖ [149]

'satthu-스승', 'pitu-아버지' 등등의 끝음은 격어미 si가 뒤에 올 때 ā로 된다. 그리고 si는 탈락한다.

[그 예는 다음과 같다.] satthā 스승. pitā 아버지. mātā 어머니. bhātā 남자 형제. kattā 행위자.

- satthu̠+si̤ → satthā̠+s̶i̶[KV199] → satthā
- pitu̠+si̤ → pitā̠+s̶i̶[KV199] → pitā
- mātu̠+si̤ → mātā̠+s̶i̶[KV199] → mātā
- bhātu̠+si̤ → bhātā̠+s̶i̶[KV199] → bhātā
- kattu̠+si̤ → kattā̠+s̶i̶[KV199] → kattā

무슨 목적으로 '격어미 si가 뒤에 올 때'가 [명시되어 있는가]? [이 규칙에서 명시한 조건에 부합해야만 이 규칙의 기능이 적용된다는 것을

---

[149] KV199-209는 단어 satthu(스승), pitu(아버지) 등등에 관한 규칙으로, 격어미에 따른 이 단어들의 어형 변화와 격어미의 변화를 보여 준다. 이 규칙의 ca는 다음 문장을 이어 주는 '그리고'의 의미이므로, 해설에 두 가지 문법 기능이 제시된다.

보여 주기 위해서이다. 다음과 같은 예에서는 이 규칙의 기능이 적용되지 않는데, 이것은 '격어미 si가 뒤에 올 때'라는 조건에 부합하지 않기 때문이다.] satthussa. pitussa. bhātussa. kattussa. [이 예는 격어미 si가 아니라 격어미 sa가 사용되었다.]

‖ *aññesv ārattaṃ* ‖ 200 ‖

satthu, pitu 등등의 끝음은 격어미 si를 제외한 다른 격어미가 뒤에 올 때, āra로 된다.

[그 예는 다음과 같다.] satthāraṃ. pitaraṃ. mātaraṃ. bhātaraṃ. satthārehi. pitarehi. mātarehi. bhātarehi.

- satthu+aṃ → satthāra+aṃ[KV200] → satthār+aṃ[KV83] → satthāraṃ
- pitu+aṃ → pitāra+aṃ[KV200] → pitara+aṃ[KV209] → pitar+aṃ[KV83] → pitaraṃ
- satthu+hi → satthāra+hi[KV200] → satthāre+hi[KV101] → satthārehi
- pitu+hi → pitāra+hi[KV200] → pitara+hi[KV209] → pitare+hi[KV101] → pitarehi

무슨 목적으로 '격어미 si를 제외한 다른'이 [명시되어 있는가]? [이 규칙에서 명시한 조건에 부합해야만 이 규칙의 기능이 적용된다는 것을 보여 주기 위해서이다. 다음과 같은 예에서는 이 규칙의 기능이 적용되지 않는데, 이것은 '격어미 si를 제외한 다른'이라는 조건에 부합하지 않기 때문이다.] satthā. pitā. mātā. bhātā. [이 예는 격어미 si를 제외한 다른 격어미가 아니라 격어미 si가 사용되었다.]

‖ *vā naṃmhi* ‖ 201 ‖

satthu, pitu 등등의 끝음은 격어미 naṃ이 뒤에 올 때 선택에 따라 āra로 된다.

[그 예는 다음과 같다.] satthārānaṃ. pitarānaṃ. mātarānaṃ. bhātarānaṃ.

- satthu+naṃ → satthāra+naṃ[KV201] → satthārā+naṃ[KV89] → satthārānaṃ
- pitu+naṃ → pitāra+naṃ[KV201] → pitara+naṃ[KV209] → pitarā+naṃ[KV89] → pitarānaṃ

무슨 목적으로 '선택에 따라(vā)'가 [명시되어 있는가]? ['선택에 따라'에 내포된 바와 같이 이 규칙의 기능이 모든 곳에 다 적용되는 것은 아님을 보여 주기 위해서이다. 다음과 같은 예에서는 이 규칙의 기능이 적용되지 않는데, 이것은 '선택에 따라'라는 조건에 의한 것이다.] satthānaṃ. pitūnaṃ. mātūnaṃ. bhātūnaṃ.

‖ *satthun' âttañ ca* ‖ 202 ‖ [150]

---

150 이 규칙의 ca는 이전 규칙의 단어를 끌어와 문맥을 맞추는 용도로, KV201의 naṃmhi를 의미한다.

satthu의 [끝음은] 격어미 naṃ이 뒤에 올 때 선택에 따라 a가 된다.
[그 예는 다음과 같다.] satthānaṃ. pitānaṃ. mātānaṃ. bhātānaṃ. dhītānaṃ. kattānaṃ.

- satthu+naṃ → sattha+naṃ[KV202] → satthā+naṃ[KV89] → satthānaṃ
- pitu+naṃ → pita+naṃ[KV202] → pitā+naṃ[KV89] → pitānaṃ

무슨 목적으로 '선택에 따라(vā)'가 [명시되어 있는가]? ['선택에 따라'에 내포된 바와 같이 이 규칙의 기능이 모든 곳에 다 적용되는 것은 아님을 보여 주기 위해서이다. 다음과 같은 예에서는 이 규칙의 기능이 적용되지 않는데, 이것은 '선택에 따라'라는 조건에 의한 것이다.] satthārānaṃ. pitarānaṃ. mātarānaṃ. bhātarānaṃ. dhītarānaṃ.

‖ *u sasmiṃ salopo ca* ‖ 203 ‖ [151]

satthu, pitu 등등의 끝음은 격어미 sa가 뒤에 올 때 선택에 따라 u가 된다. 그리고 격어미 sa는 탈락한다.
[그 예는 다음과 같다.] satthu · satthussa · satthuno dīyate pariggaho vā.[152] pitu · pitussa · pituno dīyate pariggaho vā.

151 이 규칙의 ca는 다음 문장을 이어 주는 '그리고'의 의미이므로, 해설에 두 가지 문법 기능이 제시된다.

152 격어미 sa가 뒤에 올 때, satthu, satthussa, satthuno 이 세 가지 형태가 가능하다. 이 단어들이 dīyate와 함께 사용되면 "스승에게 주어진다"라는 의미로 여격임을 알 수 있고, pariggaho와 함께 사용되면 "스승의 소유"라는 의미로 속격임

bhātu · bhātussa · bhātuno dīyate pariggaho vā.

- satthu+sa → satthu+~~sa~~[KV203] → satthu. *satthussa, *satthuno
- pitu+sa → pitu+~~sa~~[KV203] → pitu. *pitussa, *pituno
- bhātu+sa → bhātu+~~sa~~[KV203] → bhātu. *bhātussa, *bhātuno

‖ *Sakkamandhātâdīnañ ca* ‖ 204 ‖ [153]

'sakkamandhātu–삭까만다뚜[라는 왕의 이름]' 등등의 끝음은 격어미 sa가 뒤에 올 때 u로 된다. 그리고 격어미 sa는 탈락한다.

[그 예는 다음과 같다.] Sakkamandhātu iva assa rājino vibhavo.

- sakkamandhātu+sa → sakkamandhātu+~~sa~~[KV204] → sakkamandhātu

이처럼 kattu, gantu, dhātu 등등에 [적용된다.]

- kattu+sa → kattu+~~sa~~[KV204] → kattu
- gantu+sa → gantu+~~sa~~[KV204] → gantu
- dātu+sa → dātu+~~sa~~[KV204] → dātu

을 알 수 있다.

153 이 규칙의 ca는 이전 규칙의 단어를 끌어와 문맥을 맞추는 용도로, KV203의 u sasmiṃ salopo를 의미한다.

|| *tato yonaṃ o tu* || 205 ||[154]

[satthu, pitu 등등의 끝음의] 대체어 āra 뒤에 모든 격어미 yo는 모음 o로 대체된다.

[그 예는 다음과 같다.] sattharo. pitaro. mātaro. bhātaro. kattāro. vattāro.

- satthu+yo → satthāra+yo[KV200] → satthāra+o[KV205] → satthār+o[KV83] → satthāro
- pitu+yo → pitāra+yo[KV200] → pitāra+o[KV205] → pitara+o [KV209] → pitar+o[KV83] → pitaro

[규칙에 있는] 단어 tu를 취함으로써, 다른 [대체어] 뒤에서도 격어미 yo는 모음 o로 대체된다. [그 예는 다음과 같다.] caturo janā 네 사람. gāvo 소. ubho purisā 두 남자.

- catu+yo → catura+yo[KV78-ca] → catura+o[KV205-tu] → catur+o[KV83] → caturo
- go+yo → gāva+yo[KV74] → gāva+o[KV205-tu] → gāv+o [KV83] → gāvo

154 이 규칙에서 tato가 지시하는 것은 KV200에서 제시하는 āra이다. 이 규칙의 tu는 해설, 예시 다음에 제시된, 추가 정보를 가리킨다.

‖ *tato smiṃ i* ‖ 206 ‖[155]

[satthu, pitu 등등의 끝음의] 대체어 āra 뒤에 격어미 smiṃ은 모음 i로 대체된다.

[그 예는 다음과 같다.] satthari. pitari. mātari. bhātari. dhītari. kattari. vattari.

- satthu+smiṃ → satthāra+smiṃ[KV200] → satthāra+i[KV206] → satthara+i[KV208] → satthar+i[KV83] → satthari
- pitu+smiṃ → pitāra+smiṃ[KV200] → pitāra+i[KV206] → pitara+i[KV208] → pitar+i[KV83] → pitari

다시 [규칙에 있는] tato를 취함으로써, 다른 [대체어] 뒤에서도 격어미 smiṃ은 모음 i로 대체된다. [그 예는 다음과 같다.] bhuvi.

- bhū+smiṃ → bhuva+smiṃ[KV78-ca] → bhuva+i[KV206-tato] → bhuv+i[KV83] → bhuvi

‖ *nā ā* ‖ 207 ‖

[satthu, pitu 등등의 끝음의] 대체어 āra 뒤에 격어미 nā는 모음 ā로 대체된다.

[그 예는 다음과 같다.] satthārā. pitarā. mātarā. bhātarā. dhītarā. kattarā. vattarā.

---

155 이 규칙에서 tato가 지시하는 것은 KV200에서 제시하는 āra이다.

• satthu+nā → satthāra+nā[KV200] → satthāra+ā[KV207] → satthār+ā[KV83] → satthārā
• pitu+nā → pitāra+nā[KV200] → pitāra+ā[KV207] → pitara+ā[KV209] → pitar+ā[KV83] → pitarā

‖ *āro rassaṃ ikāre* ‖ 208 ‖

[satthu, pitu 등등의 끝음의] 대체어 āra는 모음 i(smiṃ의 대체어)가 뒤에 올 때 짧아진다.

[그 예는 다음과 같다.] satthari. pitari. mātari. bhātari. dhītari. kattari. vattari.

• satthu+smiṃ → satthāra+smiṃ[KV200] → satthāra+i[KV206] → satthara+i[KV208] → satthar+i[KV83] → satthari
• pitu+smiṃ → pitāra+smiṃ[KV200] → pitāra+i[KV206] → pitara+i[KV208] → pitar+i[KV83] → pitari

‖ *pitâdīnaṃ asimhi* ‖ 209 ‖

pitu 등등의 [끝음의] 대체어 āra는 si를 제외한 격어미가 뒤에 올 때 짧아진다.

[그 예는 다음과 같다.] pitarā. mātarā. bhātarā. dhītarā. pitaro. mātaro. bhātaro. dhītaro.

• pitu+nā → pitāra+nā[KV200] → pitara+nā[KV209] → pitara+ā

[KV207] → pitar+ā[KV83] → pitarā

- pitu+yo → pit<u>ā</u>ra+y<u>o</u>[KV200] → pit<u>a</u>ra+<u>yo</u>[KV209] → pitara+o

  [KV205] → pitar+o[KV83] → pitaro

[규칙에] ‘asimhi(si를 제외한 격어미가 뒤에 올 때)’가 있는 것은, [격어미 si
가 아닌] to[156]가 뒤에 올 때 [단어의 끝음이] i로 대체되는 것을 알
리기 위해서이다. [그 예는 다음과 같다.] mātito … pitito. bhātito.
duhitito.

- māt<u>u</u>+t<u>o</u> → māt<u>i</u>+to[KV209−asimhi] → mātito

- pit<u>u</u>+t<u>o</u> → pit<u>i</u>+to[KV209−asimhi] → pitito

---

‖ ***tayātayinaṃ takāro tvattaṃ vā*** ‖ 210 ‖

이 ayā(단어 tumha 전체와 격어미 nā의 대체어)와 tayi(단어 tumha 전체와 격어미
smiṃ의 대체어)의 음절 ta는 선택에 따라 tva로 된다.

[그 예는 다음과 같다.] tvayā · tayā. tvayi · tayi.

- tumha+nā → t<u>a</u>yā[KV145] → t<u>va</u>yā[KV210] → tvayā. *tayā

- tumha+smiṃ → t<u>a</u>yi[KV139] → t<u>va</u>yi[KV210] → tvayi. *tayi

무슨 목적으로 ‘이 [대체어들]’이 [명시되어 있는가]? [이 규칙에서 명
시한 조건에 부합해야만 이 규칙의 기능이 적용된다는 것을 보여 주
기 위해서이다. 다음과 같은 예에서는 이 규칙의 기능이 적용되지 않
는데, 이것은 ‘이 [대체어들]’이라는 조건에 부합하지 않기 때문이다.]

---

156 접미사 to에 대해서는 KV250을 참고하라.

tuvaṃ · tavaṃ. [이 예는 이 대체어들, 즉 구격 단수 tayā나 처격 단수 tayi가 아니고, 대격 단수 tuvaṃ과 tavaṃ이다.]

여기까지 명사의 장의 세 번째 부분이다.

II.4

제2장의 네 번째 부분[157]

|| *attanto hismiṃ anattaṃ* || 211 || [158]

'atta–자기'의 끝음은 격어미 hi가 뒤에 올 때 ana로 된다.

[그 예는 다음과 같다.] attanehi · attanebhi.

- atta+hi → attana+hi[KV211] → attane+hi[KV101] → attanehi
- atta+hi → attana+hi[KV211] → attane+hi[KV101] → attane+bhi [KV99] → attanebhi

무슨 목적으로 '단어 atta'가 [명시되어 있는가]? [이 규칙에서 명시한 조건에 부합해야만 이 규칙의 기능이 적용된다는 것을 보여 주기 위해서이다. 다음과 같은 예에서는 이 규칙의 기능이 적용되지 않는데, 이

---

157 제2장의 네 번째 부분은 총 38개의 규칙(KV211–248)으로 구성된다. 이 부분에서 다루는 것은 특정 단어(atta, bhavanta, bhadanta)의 어형 변화와 격어미의 변화, Gha · Pa · Jha · La를 가진 단어 뒤에 오는 격어미의 변화, 중성 단어 · 접두사 · 불변화사 뒤에 오는 격어미의 변화, 대명사에 접미사가 붙어서 만들어진 부사, 여성을 의미하는 접미사, Ga가 붙는 단어의 어형 변화 등이다.

158 KV211–214는 단어 atta(자기)에 관한 규칙으로, 격어미에 따른 단어 atta의 어형 변화와 격어미의 변화를 보여 준다.

것은 '단어 atta'라는 조건에 부합하지 않기 때문이다.] rājehi · rājebhi. [이 예는 단어 atta가 아니다.]

무슨 목적으로 '격어미 hi가 뒤에 올 때'가 [명시되어 있는가]? [이 규칙에서 명시한 조건에 부합해야만 이 규칙의 기능이 적용된다는 것을 보여 주기 위해서이다. 다음과 같은 예에서는 이 규칙의 기능이 적용되지 않는데, 이것은 '격어미 hi가 뒤에 올 때'라는 조건에 부합하지 않기 때문이다.] attanā. [이 예는 격어미 hi가 아니라 격어미 nā나 smā가 사용되었다.]

|| *tato smiṃ ni* || 212 || [159]

atta 뒤에 격어미 smiṃ은 ni가 된다.

[그 예는 다음과 같다.] attani.

- atta+smiṃ → atta+ni[KV212] → attani

|| *sassa no* || 213 ||

atta 뒤에 격어미 sa는 no가 된다.

[그 예는 다음과 같다.] attano.

- atta+sa → atta+no[KV213] → attano

159 이 규칙에서 tato가 지시하는 것은 KV211에서 제시된 atta이다.

‖ *smā nā* ‖ 214 ‖

atta 뒤에 격어미 smā는 nā가 된다.

[그 예는 다음과 같다.] attanā.

- atta+smā → atta+nā[KV214] → attanā

다시 [해설에 있는 tato(tato는 atta를 지시함)를] 취함으로써, 모든 격어미가 뒤에 올 때 atta의 자음 t는 자음 r가 된다. [그 예는 다음과 같다.] atrajo.[160] atrajaṃ.

- atta+ja+si → atra+ja+si[KV214–tato] → atra+ja+o[KV104] → atra+j+o[KV83] → atrajo

‖ *jhalato ca* ‖ 215 ‖[161]

Jha(끝음 i, ī)와 La(끝음 u, ū)[162] 뒤에 격어미 smā는 nā가 된다.

[그 예는 다음과 같다.] agginā. daṇḍinā. bhikkhunā. sayambhunā.

- aggi+smā → aggi+nā[KV215] → agginā
- daṇḍī+smā → daṇḍī+nā[KV215] → daṇḍi+nā[KV84] → daṇḍinā
- bhikkhu+smā → bhikkhu+nā[KV215] → bhikkhunā

---

160 이 단어는 KV20–suttavibhāga에서 tt가 tr로 대체되는 예로도 제시된다.

161 이 규칙의 ca는 이전 규칙의 단어를 끌어와 문맥을 맞추는 용도로, KV214의 smā와 nā를 의미한다.

162 Jha와 La는 KV58에서 제시된 전문용어로, Jha는 i, ī로 끝나는 남성·중성 명사의 끝음 i, ī이고 La는 u, ū로 끝나는 남성·중성 명사의 끝음 u, ū를 의미한다.

• sayambhū+smā → sayambhū+nā[KV215] → sayambhu+nā [KV84] → sayambhunā

무슨 목적으로 '격어미 smā'가 [명시되어 있는가]? [이 규칙에서 명시한 조건에 부합해야만 이 규칙의 기능이 적용된다는 것을 보여 주기 위해서이다. 다음과 같은 예에서는 이 규칙의 기능이 적용되지 않는데, 이것은 '격어미 smā'라는 조건에 부합하지 않기 때문이다.] aggayo. munayo. isayo. [이 예는 격어미 smā가 아니라 격어미 yo가 사용되었다.]

‖ *ghapato smiṃ yaṃ vā* ‖ 216 ‖

Gha와 Pa(끝음 ā, i, ī, u, ū-여성)[163] 뒤에 격어미 smiṃ은 선택에 따라 yaṃ이 된다.

[그 예는 다음과 같다.] kaññāyaṃ · kaññāya. rattiyaṃ · rattiyā. itthiyaṃ · itthiyā. vadhuyaṃ · vadhuyā. yāguyaṃ · yāguyā.

• kaññā+smiṃ → kaññā+yaṃ[KV216] → kaññāyaṃ

• kaññā+smiṃ → kaññā+āya[KV111] → kaññ+āya[KV83] → *kaññāya

• ratti+smiṃ → ratti+yaṃ[KV216] → rattiyaṃ

---

163 Gha는 KV60에서 제시된 전문용어로, ā로 끝나는 여성 명사의 끝모음 ā를 의미한다. Pa는 KV59에서 제시된 전문용어로, i, ī, u, ū로 끝나는 여성 명사의 끝모음 i, ī, u, ū를 의미한다.

- ratti+smiṃ → ratti+yā[KV112] → *rattiyā
- itthī+smiṃ → itthī+yaṃ[KV216] → itthi+yaṃ[KV84] → itthiyaṃ
- itthī+smiṃ → itthī+yā[KV112] → itthi+yā[KV84] → *itthiyā
- vadhū+smiṃ → vadhū+yaṃ[KV216] → vadhu+yaṃ[KV84] → vadhuyaṃ
- vadhū+smiṃ → vadhū+yā[KV112] → vadhu+yā[KV84] → *vadhuyā
- yāgu+smiṃ → yāgu+yaṃ[KV216] → yāguyaṃ
- yāgu+smiṃ → yāgu+yā[KV112] → *yāguyā

|| *yonaṃ ni napuṃsakehi* || 217 ||[164]

중성 [명사] 뒤에 모든 격어미 yo는 선택에 따라 ni가 된다.
[그 예는 다음과 같다.] aṭṭhīni · aṭṭhī. āyūni · āyū.

- aṭṭhi+yo → aṭṭhi+ni[KV217] → aṭṭhī+ni[KV88] → aṭṭhīni
- aṭṭhi+yo → aṭṭhi+~~yo~~[KV118] → aṭṭhī[KV88] → *aṭṭhī
- āyu+yo → āyu+ni[KV217] → āyū+ni[KV88] → āyūni
- āyu+yo → āyu+~~yo~~[KV118] → āyū[KV88] → *āyū

무슨 목적으로 '중성'이 [명시되어 있는가]? [이 규칙에서 명시한 조건에 부합해야만 이 규칙의 기능이 적용된다는 것을 보여 주기 위해서이다. 다음과 같은 예에서는 이 규칙의 기능이 적용되지 않는데, 이것

164 KV217–219는 중성 단어 뒤에 오는 격어미의 변화를 보여 준다.

은 '중성'이라는 조건에 부합하지 않기 때문이다.] itthiyo. [이 예는 중성이 아니라 여성이다.]

‖ *ato niccaṃ* ‖ **218** ‖

모음 a로 끝나는 중성 [명사] 뒤에 격어미 yo는 항상 ni가 된다.

[그 예는 다음과 같다.] sabbāni. yāni · yāni. tāni · tāni. kāni · kāni. bhayāni · bhayāni. rūpāni · rūpāni.[165]

- sabba+yo → sabba+ni[KV218] → sabbā+ni[KV88] → sabbāni
- ya+yo → ya+ni[KV218] → yā+ni[KV88] → yāni
- rūpa+yo → rūpa+ni[KV218] → rūpā+ni[KV88] → rūpāni

‖ *si 'ṃ* ‖ **219** ‖

모음 a로 끝나는 중성 [명사] 뒤에 격어미 si는 항상 aṃ이 된다.

[그 예는 다음과 같다.] sabbaṃ. yaṃ. taṃ. kaṃ. rūpaṃ.

- sabba+si → sabba+aṃ[KV219] → sabb+aṃ[KV83] → sabbaṃ
- ya+si → ya+aṃ[KV219] → y+aṃ[KV83] → yaṃ
- rūpa+si → rūpa+aṃ[KV219] → rūp+aṃ[KV83] → rūpaṃ

165 예에서 같은 단어가 두 개씩 있는데, 하나는 제1 복수 격어미 yo가 붙은 것이고, 다른 하나는 제2 복수 격어미 yo가 붙은 것이다.

|| *sesato lopaṃ gasi pi* || 220 ||

[KV104나 KV219 등의 규칙에서] 언급한 것을 제외한 나머지 [단어] 뒤에 Ga(호격 단수 격어미 si)[166]와 si(주격을 나타내는 제1 단수 격어미)는 탈락한다.

[그 예는 다음과 같다.]

bhoti itthi 여보시오, 여인이여! sā itthī 그 여인은.

bho daṇḍi 여보시오, 막대기를 쥔 자여! so daṇḍī 그 막대기 쥔 자는.

bho sattha 친애하는 스승님이시여! so satthā 그 스승은.

bho rāja 친애하는 왕이시여! so rājā 그 왕은.

- itthī+si → itthi+si[KV247] → itthi+~~si~~[KV220] → itthi (호격)
- itthī+si → itthī+si[KV85] → itthī+~~si~~[KV220] → itthī (주격)
- daṇḍī+si → daṇḍi+si[KV247] → daṇḍi+~~si~~[KV220] → daṇḍi (호격)
- daṇḍī+si → daṇḍī+si[KV85] → daṇḍī+~~si~~[KV220] → daṇḍī (주격)
- satthu+si → satthā+si[KV246] → sattha+si[KV248] → sattha+~~si~~[KV220] → sattha (호격)
- satthu+si → satthā+~~si~~[KV199] → satthā[167] (주격)
- rāja+si → rājā+si[KV246] → rāja+si[KV248] → rāja+~~si~~[KV220] → rāja (호격)

---

166 Ga는 KV57에서 제시된 전문용어이다.

167 이 예는 다른 규칙 기능(KV199)으로 격어미 si가 탈락하였지만 결과적으로 si가 없으므로 KV220의 예로 제시되었다.

• rāja+si → rāja+ā[KV189] → rāj+ā[KV83] → rājā[168] (주격)

무슨 목적으로 '[이전 규칙에서 언급한 것을 제외한] 나머지'가 [명시되어 있는가]? [이 규칙에서 명시한 조건에 부합해야만 이 규칙의 기능이 적용된다는 것을 보여 주기 위해서이다. 다음과 같은 예에서는 이 규칙의 기능이 적용되지 않는데, 이것은 '[이전 규칙에서 언급한 것을 제외한] 나머지'라는 조건에 부합하지 않기 때문이다.] puriso gacchati. [이 예는 a로 끝나는 단어로, 앞 규칙(KV104)에서 이미 언급한 것이다.]

무슨 목적으로 'Ga와 si'가 [명시되어 있는가]? [이 규칙에서 명시한 조건에 부합해야만 이 규칙의 기능이 적용된다는 것을 보여 주기 위해서이다. 다음과 같은 예에서는 이 규칙의 기능이 적용되지 않는데, 이것은 'Ga와 si'라는 조건에 부합하지 않기 때문이다.] itthiyā. satthussa. [이 예는 호격이나 주격 단수 격어미 si가 아니라 격어미 sa가 사용되었다.]

‖ ***sabbāsaṃ āvusoupasagganipātâdīhi ca*** ‖ **221** ‖ [169]

[부르는 말 불변화사] āvuso, 접두사, 불변화사 등등의 뒤에 모든 격어미, 즉 제1·제2·제3·제4·제5·제6·제7의 단수와 복수의 모든 격

168 이 예는 다른 규칙 기능(KV189)으로 격어미 si가 대체되었지만 결과적으로 si가 없으므로 KV220의 예로 제시되었다.

169 이 규칙의 ca는 이전 규칙의 단어를 끌어와 문맥을 맞추는 용도로, K220의 lopaṃ을 의미한다.

어미는 탈락한다.

[그 예는 다음과 같다.] tvaṃ panâvuso · tumhe panâvuso 벗/벗들이여! 당신/당신들은요? padaso dhammaṃ vāceyya [그는] 한 마디씩 법을 암송하게 해야 한다(가르쳐야 한다). vihāraṃ sve upagacchissati [그는] 내일 승원에 와야 한다.[170]

- āvuso+si → āvuso+~~si~~[KV221] → āvuso
- āvuso+yo → āvuso+~~yo~~[KV221] → āvuso

[접두사는 다음과 같다.] pa, parā, ni, nī, u, du, saṃ, vi, ava, anu, pari, adhi, abhi, pati, su, ā, ati, api, apa, upa.

[접두사가 동사 어근 앞에 붙어 새로운 단어를 만든 예는 다음과 같다.] pahāro. parābhavo. nihāro. nīhāro. uhāro. duhāro. saṃhāro. vihāro. avahāro. anuhāro. parihāro. adhihāro. abhihāro. patihāro. suhāro. āhāro. atihāro. apihāro. apahāro. upahāro. 이처럼 [pa, parā 등등의] 20개의 접두사 뒤에도 [이 규칙의 기능이 적용된다.]

[접속사, 감탄사, 부사와 같은 불변화사는 다음과 같다.] yathā, tathā, evaṃ, khalu, kho, yatra, tatra, atho, atha, hi, tu, ca, vā, vo, haṃ, ahaṃ, alaṃ, eva, bho, aho, he, ahe, re, are, hare 등등의 불변화사 뒤에도 [이 규칙의 기능이] 적용되어야 한다.

170 예문 가운데 본 규칙과 관련되는 단어는 pana, āvuso, sve, padaso이다. pada, āvuso, sve는 불변화사이고, padaso는 명사 pada에 붙은 격어미 nā가 탈락하고 so(KV105 참고)가 붙어 부사처럼 사용되는 단어이다.

‖ *pumassa liṅgâdīsu samāsesu* ‖ 222 ‖

복합어에서 liṅga 등등이 뒤에 오는 단어일 때, 'puma－남성'의 끝음은 탈락한다.

[그 예는 다음과 같다.] pulliṅgaṃ. pumbhāvo. puṅkokilo.

- puma+liṅgaṃ → pum~~a~~+liṅgaṃ[KV222] → puṃ+liṅgaṃ[KV82] → pul+liṅgaṃ[KV31－vā] → pulliṅgaṃ

무슨 목적으로 'puma'가 [명시되어 있는가]? [이 규칙에서 명시한 조건에 부합해야만 이 규칙의 기능이 적용된다는 것을 보여 주기 위해서이다. 다음과 같은 예에서는 이 규칙의 기능이 적용되지 않는데, 이것은 'puma'라는 조건에 부합하지 않기 때문이다.] itthīliṅgaṃ. napuṃsakaliṅgaṃ. [이 예는 단어 puma가 포함된 단어가 아니다.]

무슨 목적으로 'liṅga 등등이 뒤에 오는'이 [명시되어 있는가]? [이 규칙에서 명시한 조건에 부합해야만 이 규칙의 기능이 적용된다는 것을 보여 주기 위해서이다. 다음과 같은 예에서는 이 규칙의 기능이 적용되지 않는데, 이것은 'liṅga 등등이 뒤에 오는'이라는 조건에 부합하지 않기 때문이다.] pumitthī. [이 예는 단어 liṅga가 포함된 단어가 아니다.]

무슨 목적으로 '복합어에서'가 [명시되어 있는가]? [이 규칙에서 명시한 조건에 부합해야만 이 규칙의 기능이 적용된다는 것을 보여 주기 위해서이다. 다음과 같은 예에서는 이 규칙의 기능이 적용되지 않는데, 이것은 '복합어에서'라는 조건에 부합하지 않기 때문이다.] pumassa liṅgaṃ. [이 예는 복합어가 아니다.]

|| *aṃ yaṃ īto pasaññāto* || 223 ||

Pa(여성 명사 끝음 i, ī, u, ū)[171]의 ī 뒤에 격어미 aṃ은 선택에 따라 yaṃ이 된다.

[그 예는 다음과 같다.] itthiyaṃ · itthiṃ.

- itthī+aṃ → itthī+yaṃ[KV223] → itthi+yaṃ[KV84] → itthiyaṃ
- itthī+aṃ → itthi+aṃ[KV84] → itthi+ṃ[KV82] → *itthiṃ

무슨 목적으로 'Pa의'가 [명시되어 있는가]? [이 규칙에서 명시한 조건에 부합해야만 이 규칙의 기능이 적용된다는 것을 보여 주기 위해서이다. 다음과 같은 예에서는 이 규칙의 기능이 적용되지 않는데, 이것은 'Pa의'라는 조건에 부합하지 않기 때문이다.] daṇḍinaṃ. bhoginaṃ. [이 예는 Pa(여성 명사의 끝음 i, ī, u, ū)의 ī가 아니라 Jha(남성·중성 명사의 끝음 i, ī)의 ī가 있는 단어이다.]

무슨 목적으로 '격어미 aṃ'이 [명시되어 있는가]? [이 규칙에서 명시한 조건에 부합해야만 이 규칙의 기능이 적용된다는 것을 보여 주기 위해서이다. 다음과 같은 예에서는 이 규칙의 기능이 적용되지 않는데, 이것은 '격어미 aṃ'이라는 조건에 부합하지 않기 때문이다.] itthīhi. [이 예는 격어미 aṃ이 붙은 단어가 아니다.]

---

171 Pa는 KV59에서 제시된 전문용어로, i, ī, u, ū로 끝나는 여성 명사의 끝모음 i, ī, u, ū를 의미한다.

|| *naṃ jhato katarassā* || 224 ||

Jha(끝음 i, ī)에서 짧아진[172] 모음 뒤에 격어미 aṃ은 naṃ이 된다.

[그 예는 다음과 같다.] daṇḍinaṃ. bhoginaṃ.

• daṇḍī+aṃ → daṇḍi+aṃ[KV84] → daṇḍi+naṃ[KV224] → daṇḍinaṃ

무슨 목적으로 'Jha 뒤에'가 [명시되어 있는가]? [이 규칙에서 명시한 조건에 부합해야만 이 규칙의 기능이 적용된다는 것을 보여 주기 위해서이다. 다음과 같은 예에서는 이 규칙의 기능이 적용되지 않는데, 이것은 'Jha 뒤에'라는 조건에 부합하지 않기 때문이다.] Vessabhuṃ. [이 예는 Jha(남성·중성 명사의 끝음 i, ī)의 ī가 아니라 La(남성·중성 명사의 끝음 u, ū)의 ū가 있는 단어이다.]

무슨 목적으로 '짧아진 모음'이 [명시되어 있는가]? [이 규칙에서 명시한 조건에 부합해야만 이 규칙의 기능이 적용된다는 것을 보여 주기 위해서이다. 다음과 같은 예에서는 이 규칙의 기능이 적용되지 않는데, 이것은 '짧아진 모음'이라는 조건에 부합하지 않기 때문이다.] kucchiṃ. [이 예는 긴 모음이었다가 짧아진 모음 i가 아니라 원래 짧은 모음 i가 있는 단어이다.]

---

172 '짧아진'은 katarassa를 옮긴 것으로, 긴 모음이었다가 KV84에 의해 짧아진 모음을 가리킨다.

‖ *yonaṃ no* ‖ 225 ‖

Jha(끝음 i, ī)에서 짧아진 모음 뒤에 모든 격어미 yo는 no가 된다.

[그 예는 다음과 같다.] daṇḍino. bhogino. he daṇḍino. he bhogino.

• daṇḍī+yo → daṇḍi̤+yo[KV84] → daṇḍi̤+no[KV225] → daṇḍino

무슨 목적으로 '짧아진 모음'이 [명시되어 있는가]? [이 규칙에서 명시한 조건에 부합해야만 이 규칙의 기능이 적용된다는 것을 보여 주기 위해서이다. 다음과 같은 예에서는 이 규칙의 기능이 적용되지 않는데, 이것은 '짧아진 모음'이라는 조건에 부합하지 않기 때문이다.] aggayo. munayo. isayo. [이 예는 긴 모음이었다가 짧아진 모음 i가 아니라 원래 짧은 모음 i가 있는 단어이다.]

무슨 목적으로 'Jha 뒤에'가 [명시되어 있는가]? [이 규칙에서 명시한 조건에 부합해야만 이 규칙의 기능이 적용된다는 것을 보여 주기 위해서이다. 다음과 같은 예에서는 이 규칙의 기능이 적용되지 않는데, 이것은 'Jha 뒤에'라는 조건에 부합하지 않기 때문이다.] sayambhuvo. [이 예는 Jha(남성·중성 명사의 끝음 i, ī)의 ī가 아니라 La(남성·중성 명사의 끝음 u, ū)의 ū가 있는 단어이다.]

무슨 목적으로 '격어미 yo'가 [명시되어 있는가]? [이 규칙에서 명시한 조건에 부합해야만 이 규칙의 기능이 적용된다는 것을 보여 주기 위해서이다. 다음과 같은 예에서는 이 규칙의 기능이 적용되지 않는데, 이것은 '격어미 yo'라는 조건에 부합하지 않기 때문이다.] daṇḍinā. bhoginā. [이 예는 격어미 yo가 아니라 격어미 nā가 사용되었다.]

‖ *smiṃ ni* ‖ 226 ‖

Jha(끝음 i, ī)에서 짧아진 모음 뒤에 격어미 smiṃ은 ni가 된다.

[그 예는 다음과 같다.] daṇḍini. bhogini.

• daṇḍī+smiṃ → daṇḍi+smiṃ[KV84] → daṇḍi+ni[KV226] → daṇḍini

무슨 목적으로 '짧아진 모음'이 [명시되어 있는가]? [이 규칙에서 명시한 조건에 부합해야만 이 규칙의 기능이 적용된다는 것을 보여 주기 위해서이다. 다음과 같은 예에서는 이 규칙의 기능이 적용되지 않는데, 이것은 '짧아진 모음'이라는 조건에 부합하지 않기 때문이다.] byādhimhi. [이 예는 긴 모음이었다가 짧아진 모음 i가 아니라 원래 짧은 모음 i가 있는 단어이다.]

‖ *kissa ka ve ca* ‖ 227 ‖ [173]

의문대명사 kiṃ은 접미사 va가 뒤에 올 때 ka가 된다.

[그 예는 다음과 같다.] kva gato 'si tvaṃ Devānampiyatissa? 데와남삐야띳싸여, 당신은 어디에 갔었나요?

---

173 KV227–236은 대명사에 접미사가 붙어서 만들어진 부사에 관한 규칙이다. 이 접미사들은 va, hiṃ, haṃ, tra, to, tha, thaṃ, dāni, ha, to, dha, rahi이다. 이 접미사에 대해서는 KV249–262를 참고하라. 이 규칙의 ca는 해설, 예시 다음에 제시된, 추가 정보를 가리킨다. 추가 정보는 국문 번역에 "규칙에 있는 단어 ca를 취함으로써"의 뒤에 이어진 내용으로, 기존 규칙의 기능에 형태학적 변화의 예를 더 보탠 것이다.

• kiṃ+va → ka+va[KV227] → k+va[KV406] → kva

[규칙에 있는] 단어 'ca(또한)'를 취함으로써, va를 제외한 다른 접미사가 뒤에 올 때도 ka가 된다. [그 예는 다음과 같다.] ko taṃ ninditum arahati? 누가 그 사람을 비난할 수 있겠는가? kathaṃ bodhesi tvaṃ dhammaṃ? 당신은 어떻게 법을 알게 하나요?

• kiṃ+si → ka+si[KV227−ca] → ka+o[KV104] → k+o[KV83] → ko
• kiṃ+thaṃ → ka+thaṃ[KV227−ca] → kathaṃ

무슨 목적으로 '접미사 va가 [명시되어 있는가]? [이 규칙에서 명시한 조건에 부합해야만 이 규칙의 기능이 적용된다는 것을 보여 주기 위해서이다. 다음과 같은 예에서는 이 규칙의 기능이 적용되지 않는데, 이것은 '접미사 va'라는 조건에 부합하지 않기 때문이다.] kuto āgato 'si tvaṃ 당신은 어디서 왔나요? [이 예는 접미사 va가 뒤에 오는 단어가 아니다.]

|| *ku hiṃhaṃsu ca* || 228 || [174]

kiṃ은 접미사 hiṃ, haṃ, [hiñcanaṃ, dācanaṃ][175]이 뒤에 올 때 ku가 된다.

[그 예는 다음과 같다.] kuhiṃ gacchasi · kuhaṃ gacchasi [당신은] 어

---

174 이 규칙의 ca는 이전 규칙의 단어를 끌어와 문맥을 맞추는 용도로, KV227의 kissa를 의미한다.

175 hiñcanaṃ, dācanaṃ가 포함되어야만 KV254, 259의 설명이 가능하므로, 원문에는 없지만 임의로 국문 번역에 써넣었다.

디에 가나요?

• kiṃ+hiṃ → ku+hiṃ[KV228] → kuhiṃ

• kiṃ+haṃ → ku+haṃ[KV228] → kuhaṃ

‖ ***sesesu ca*** ‖ **229** ‖ [176]

kiṃ은 나머지 격어미와 접미사들이 뒤에 올 때 ka가 된다.

[그 예는 다음과 같다.] ko pakāro kathaṃ.[177] kaṃ pakāraṃ kathaṃ.

• kiṃ+thaṃ[KV401] → ka+thaṃ[KV229] → kathaṃ 어떤 방식으로? 어떻게?

‖ ***tratothesu ca*** ‖ **230** ‖ [178]

kiṃ은 접미사 tra, to, tha가 뒤에 올 때 ku가 된다.

[그 예는 다음과 같다.] kutra. kuto. kuttha.

• kiṃ+tra → ku+tra[KV230] → kutra

• kiṃ+to → ku+to[KV230] → kuto

---

176 이 규칙의 ca는 이전 규칙의 단어를 끌어와 문맥을 맞추는 용도로, KV227의 ka를 의미한다.

177 여기서 kathaṃ은 이 규칙이 적용된 예시 단어이고, ko pakāro(어떤 방식으로?)는 kathaṃ의 어원적 의미이다. 다음 예도 마찬가지이다.

178 이 규칙의 ca는 이전 규칙의 단어를 끌어와 문맥을 맞추는 용도로, KV228의 ku를 의미한다.

• kiṃ+tha → ku+tha[KV230] → ku+ttha[KV29] → kuttha

‖ ***sabbass'etass'akāro vā*** ‖ **231** ‖

eta 단어 전체는 접미사 to, tha가 뒤에 올 때 선택에 따라 모음 a가 된다.

[그 예는 다음과 같다.] ato, attha · etto, ettha.

• eta+to → a+to[KV231] → ato, *etto

• eta+tha → a+tha[KV231] → a+ttha[KV29] → attha, *ettha

‖ ***tre niccaṃ*** ‖ **232** ‖

eta 단어 전체는 접미사 tra가 뒤에 올 때 항상 모음 a가 된다.

[그 예는 다음과 같다.] atra.

• eta+tra → a+tra[KV232] → atra

‖ ***e tothesu vā*** ‖ **233** ‖

eta 단어 전체는 접미사 to, tha가 뒤에 올 때 선택에 따라 모음 e가 된다.

[그 예는 다음과 같다.] etto · ato, ettha · attha.

• eta+to → e+to[KV233] → e+tto[KV28] → etto, *ato

• eta+tha → e+tha[KV233] → e+ttha[KV29] → ettha, *attha

‖ *imass'itthaṃdānihatodhesu ca* ‖ 234 ‖

ima 단어 전체는 접미사 thaṃ, dāni, ha, to, dha가 뒤에 올 때 모음 i가 된다.

[그 예는 다음과 같다.] itthaṃ. idāni. iha. ito. idha.

• ima+thaṃ → i+thaṃ[KV234] → i+tthaṃ[KV29] → itthaṃ

‖ *a dhunāmhi ca* ‖ 235 ‖ [179]

ima 단어 전체는 접미사 dhunā가 뒤에 올 때 모음 a가 된다.

[그 예는 다음과 같다.] adhunā.

• ima+dhunā → a+dhunā[KV235] → adhunā

‖ *eta rahimhi* ‖ 236 ‖

ima 단어 전체는 접미사 rahi가 뒤에 올 때 eta로 대체된다.

[그 예는 다음과 같다.] etarahi.

• ima+rahi → eta+rahi[KV236] → etarahi

179 이 규칙의 ca는 이전 규칙의 단어를 끌어와 문맥을 맞추는 용도로, KV234의 imassa를 의미한다.

|| *itthiyaṃ ato āpaccayo* || 237 ||[180]

여성을 나타낼 때, 모음 a 뒤에 접미사 ā가 붙는다.

[그 예는 다음과 같다.] sabbā. sā. yā. kā. kaññā.

- sabba+si → sabba+ā+si[KV237] → sabba+ā+~~si~~[KV220] → sabb+ā[KV83] → sabbā
- sa+si → sa+ā+si[KV237] → sa+ā+~~si~~[KV220] → s+ā[KV83] → sā

|| *nadâdito vā ī* || 238 ||

여성을 나타낼 때, nada 등등의 단어나 nada 등등이 아닌 단어의 [끝] 모음 a 뒤에 접미사 ī가 붙는다.

[그 예는 다음과 같다.] nadī. mahī. kumārī. taruṇī. vāruṇī. sakhī. itthī.

- nada+si → nada+ī+si[KV238] → nada+ī+~~si~~[KV220] → nad+ī[KV83] → nadī
- maha+si → maha+ī+si[KV238] → maha+ī+~~si~~[KV220] → mah+ī[KV83] → mahī

---

180 KV237–240은 여성을 나타내는 접미사 ā, ī, inī에 관한 규칙이다.

|| *ṇavaṇikaṇeyyaṇantuhi* || 239 ||

여성을 나타낼 때, ṇava, ṇika, ṇeyya, ṇa,[181] ntu[로 끝나는 단어] 뒤에 접미사 ī가 붙는다.

[그 예는 다음과 같다.] mānavī. paṇḍavī. nāvikī. Veṇateyyī. Kunteyyī. Gotamī. guṇavatī. sāmavatī.

- mānava+si → mānava+ī+si[KV239] → mānava+ī+~~si~~[KV220] → mānav+ī[KV83] → mānavī
- nāvika+si → nāvika+ī+si[KV239] → nāvika+ī+~~si~~[KV220] → nāvik+ī[KV83] → nāvikī
- veṇateyya+si → veṇateyya+ī+si[KV239] → veṇateyya+ī+~~si~~[KV220] → veṇateyy+ī[KV83] → veṇateyyī
- gotama+si → gotama+ī+si[KV239] → gotama+ī+~~si~~[KV220] → gotam+ī[KV83] → gotamī
- guṇavantu+si → guṇavantu+ī+si[KV239] → guṇavat+ī+si[KV241] → guṇavat+ī+~~si~~[KV220] → guṇavatī

---

181 접미사 ṇava는 KV350에, ṇika는 KV352에, ṇeyya는 KV348에, ṇa는 KV346에 제시된다. 접미사 ṇava, ṇika, ṇeyya, ṇa의 ṇ는 탈락하고 실제로 붙는 접미사는 각각 ava, ika, eyya, a이다. ṇ의 탈락 기능은 KV398에 제시된다.

|| *patibhikkhurājîkārantehi inī* || 240 ||

여성을 나타낼 때, pati, bhikkhu, rāja, 그리고 모음 ī로 끝나는 [단어] 뒤에 접미사 inī가 붙는다.

[그 예는 다음과 같다.] gahapatānī. bhikkhunī. rājinī. hatthinī. daṇḍinī. medhāvinī. tapassinī.

- gahapati+si → gahapati+inī+si[KV240] → gahapata+inī+si [KV91] → gahapata+nī+si[KV13] → gahapatā+nī+si[KV16] → gahapatā+nī+~~si~~[KV220] → gahapatānī
- bhikkhu+si → bhikkhu+inī+si[KV240] → bhikkhu+nī+si[KV13] → bhikkhu+nī+~~si~~[KV220] → bhikkhnī
- rāja+si → rāja+inī+si[KV240] → rāj+inī+si[KV83] → rāj+inī +~~si~~[KV220] → rājinī
- hatthī+si → hatthī+inī+si[KV240] → hatth+inī+si[KV83] → hatth+inī+~~si~~[KV220] → hatthinī

|| *ntussa tam īkāre* || 241 ||

접미사 ntu 전체는 모음 ī가 뒤에 올 때 선택에 따라 자음 t가 된다.

[그 예는 다음과 같다.] guṇavatī · guṇavantī. kulavatī · kulavantī. satimatī · satimantī. mahatī · mahantī. gomatī · gomantī.

- guṇavantu+si → guṇavantu+ī+si[KV239] → guṇavat+ī+si [KV241] → guṇavat+ī+~~si~~[KV220] → guṇavatī. *guṇavantī

• satimantu+si → satiman<u>tu</u>+ï+si[KV239] → satima<u>t</u>+ï+si[KV241] → satimat+ī+~~si~~[KV220] → satimatī. *satimantī

‖ *bhavato bhoto* ‖ 242 ‖

bhavanta 단어 전체는 여성을 나타내는 모음 ī가 뒤에 올 때 bhota로 대체된다.

[그 예는 다음과 같다.] bhoti ayye 여주인님!/비구니 스님! bhoti kaññe 소녀여! bhoti Kharādiye 카라디야여!

• bhavanta+si → <u>bhavanta</u>+ï+si[KV239] → <u>bhota</u>+ï+si[KV242] → bhotī+si[KV83] → bhoti+si[KV247] → bhoti+~~si~~[KV220] → bhoti

‖ *bho ge tu* ‖ 243 ‖[182]

bhavanta 단어 전체는 Ga(호격 단수 격어미 si)[183]가 뒤에 올 때 bho가 된다.

[그 예는 다음과 같다.] bho purisa 남자여! bho aggi 불이여! bho rāja 왕이여! bho sattha 스승이여! bho daṇḍi 막대기를 쥔 자여! bho sayambhu 스스로 존재하는 이여!

---

182 이 규칙의 tu는 해설, 예시, 문답 다음에 제시된, 추가 정보를 가리킨다. 추가 정보는 국문 번역에 "규칙에서 tu를 취함으로써"의 뒤에 이어진 내용으로, 기존 규칙의 기능에 형태학적 변화의 예를 더 보탠 것이다.

183 Ga는 KV57에서 제시된 전문용어이다.

• bhavanta+si → bho+si[KV243] → bho+~~si~~[KV220] → bho

무슨 목적으로 'Ga가 뒤에 올 때'가 [명시되어 있는가]? [이 규칙에서 명시한 조건에 부합해야만 이 규칙의 기능이 적용된다는 것을 보여주기 위해서이다. 다음과 같은 예에서는 이 규칙의 기능이 적용되지 않는데, 이것은 'Ga가 뒤에 올 때'라는 조건에 부합하지 않기 때문이다.] bhavatā. bhavaṃ. [이 예는 Ga(호격 단수 격어미 si)가 아니라 각각 격어미 nā와 격어미 si(주격 단수)가 사용되었다.]

[규칙에 있는] 단어 tu를 취함으로써, 다른 격어미가 올 때도 bhavanta 단어 전체는 bhonta, bhante, bhonto, bhadde, bhotā, bhoto로 대체된다. [그 예는 다음과 같다.] bhonta. bhante. bhonto. bhadde. bhotā. bhoto.

|| *obhāvo kvaci yosu vakārassa* || 244 || [184]

bhavanta의 음절 va는 yo가 뒤에 올 때 때때로 o의 상태가 된다.

[그 예는 다음과 같다.] imaṃ bhonto nisāmetha 그대들은 이 [사람을] 보시오. bhavanto vā.

• bhavanta+yo → bhaonta+yo[KV244] → bha+onto[KV122] → bh+onto[KV83] → bhonto

184 PTS본은 KV244(obhāvo kvaci yosu vakārassa)와 245(bhadantassa bhaddanta bhante)가 있지만 이 규칙들이 없는 텍스트가 있어서 규칙 번호와 규칙 총수가 텍스트에 따라 다르다.

• bhavanta+yo → bhava+nto[KV122] → *bhavanto

‖ *bhadantassa bhaddanta bhante* ‖ 245 ‖

bhadanta 단어 전체는 Ga(호격 단수 격어미 si)나 격어미 yo가 뒤에 올 때 때때로 bhaddanta나 bhante로 대체된다.

[그 예는 다음과 같다.] he bhaddanta. bhante. bhadantā vā. 존자시여!/존자들이시여!

• bhadanta+si → bhaddanta+si[KV245] → bhaddanta+~~si~~[KV220] → bhaddanta

• bhadanta+yo → bhaddanta+yo[KV245] → bhaddanta+~~yo~~[KV393] → bhaddanta

• bhadanta+si → bhante+si[KV245] → bhante+~~si~~[KV220] → bhante

• bhadanta+yo → bhante+yo[KV245] → bhante+~~yo~~[KV393] → bhante

• bhadanta+yo → bhadanta+~~yo~~[KV393] → bhadantā[KV88] → *bhadantā

‖ *akārapitâdyantānaṃ ā* ‖ 246 ‖

[끝]음 a와 pitu 등등의 끝음은 Ga(호격 단수 격어미 si)가 뒤에 올 때 모음 ā로 된다.

[그 예는 다음과 같다.] bho purisā 남자여! bho rājā 왕이여! bho pitā 아버지여! bho mātā 어머니여! bho satthā 스승이여!

- purisa̲+s̲i̲ → purisā̲+si[KV246] → purisā+s̶i̶[KV220] → purisā
- pitu̲+s̲i̲ → pitā̲+si[KV246] → pitā+s̶i̶[KV220] → pitā

‖ *jhalapā rassaṃ* ‖ 247 ‖

Jha, La, Pa(끝음 i, ī, u, ū-모든 성)[185]는 Ga(호격 단수 격어미 si)가 뒤에 올 때 짧아진다.

[그 예는 다음과 같다.] bho daṇḍi 막대기를 쥔 자여! bho sayambhu 스스로 존재하는 이여! bhoti itthi 여인이여! bhoti vadhu 며느리여!

- daṇḍī̲+s̲i̲ → daṇḍi̲+si[KV247] → daṇḍi+s̶i̶[KV220] → daṇḍi
- sayambhū̲+s̲i̲ → sayambhu̲+si[KV247] → sayambhu+s̶i̶[KV220] → sayambhu

‖ *ākāro vā* ‖ 248 ‖

[대체] 모음 ā[186]는 Ga(호격 단수 격어미 si)가 뒤에 올 때 선택에 따라 짧

---

185 Jha는 i, ī로 끝나는 남성·중성 명사의 끝음 i, ī이고, La는 u, ū로 끝나는 남성·중성 명사의 끝음 u, ū이며, Pa는 i, ī, u, ū로 끝나는 여성 명사의 끝모음 i, ī, u, ū이다.

186 모음 ā는 a로 끝나는 단어의 끝음이나 pitu 등등의 끝음이 대체된 음으로, KV246에 제시된다.

아진다.

[그 예는 다음과 같다.] bho rāja · bho rājā 왕이여! bho atta · bho attā 자아여! bho sakha · bho sakhā 친구여! bho sattha · bho satthā 스승이여!

• rāja+si → rājā+si[KV246] → rāja+si[KV248] → rāja+~~si~~[KV220] → rāja. *rājā

• atta+si → attā+si[KV246] → atta+si[KV248] → atta+~~si~~[KV220] → atta. *attā

여기까지 명사의 장의 네 번째 부분이다.

II.5

제2장의 다섯 번째 부분[187]

‖ *tvādayo vibhattisaññāyo* ‖ 249 ‖ [188]

to 등등의 접미사는 tvādi(to+ādi. to 등등)라 한다. 이 접미사 tvādi는 격어미처럼 간주되어야 한다.[189]

[그 예는 다음과 같다.] sabbato 모든 면에서. yato 어디서부터. tato 거기서부터. kuto 어디서부터. ato 그것으로부터/그러므로. ito 여기서부터/그러므로. sabbadā 늘. yadā 언제. tadā 그때. idha 여기에. idāni 지금

• [접미사 to의 예] sabba+to → sabbato

187 제2장의 다섯 번째 부분은 총 24개의 규칙(KV249-272)으로 구성된다. 이 부분에서 다루는 것은 대명사에 붙는 접미사와 추상 명사와 비교 정도를 나타내는 접미사이다.

188 KV249-262는 격어미처럼 사용되는 접미사들이 대명사에 붙어서 어떤 의미를 나타내는지 보여 주는 규칙이므로, 필요에 따라 예의 국문 번역을 넣었다.

189 이 to 등등의 접미사는 격어미(vibhatti)가 하는 역할처럼 탈격, 처격 등의 의미로 사용되기 때문에 격어미와 같이 간주하는 것이다.

- [접미사 dā의 예] sabba+dā → sabbadā
- [접미사 dha의 예] ima+dha → i+dha[KV234] → idha
- [접미사 dāni의 예] ima+dāni → i+dāni[KV234] → idāni

‖ *kvaci to pañcamyatthe* ‖ 250 ‖

접미사 to는 때때로 제5 [격어미가 사용되는] 의미로 붙는다.

[그 예는 다음과 같다.] sabbato. yato. tato. kuto. ato. ito.

- sabba+to[KV250] → sabbato 모든 면에서
- ya+to[KV250] → yato 어디서부터
- ta+to[KV250] → tato 거기서부터

무슨 목적으로 '때때로(kvaci)'가 [명시되어 있는가]? ['때때로'에 내포된 바와 같이 이 규칙의 기능이 모든 곳에 다 적용되는 것은 아님을 보여 주기 위해서이다. 다음과 같은 예에서는 이 규칙의 기능이 적용되지 않는데, 이것은 '때때로'라는 조건에 의한 것이다.] sabbasmā. imasmā.

- sabba+smā → sabbasmā 모든 면에서

‖ *tra tha sattamiyā sabbanāmehi* ‖ 251 ‖

접미사 tra, tha는 제7 [격어미가 사용되는] 의미로 대명사 뒤에 붙는다.

[그 예는 다음과 같다.] sabbatra · sabbattha. yatra · yattha. tatra ·

tattha.

- sabba+tra[KV251] → sabbatra 모든 곳에, 어디에나
- sabba+tha[KV251] → sabba+ttha[KV29] → sabbattha 모든 곳에, 어디에나
- ya+tra[KV251] → yatra ~(장소)에
- ya+tha[KV251] → ya+ttha[KV29] → yattha ~(장소)에
- ta+tra[KV251] → tatra 거기에, 그곳에
- ta+tha[KV251] → ta+ttha[KV29] → tattha 거기에, 그곳에

‖ *sabbato dhi* ‖ 252 ‖

sabba 뒤에 접미사 dhi는 때때로 제7 [격어미가 사용되는] 의미로 붙는다.

[그 예는 다음과 같다.] sabbadhi · sabbasmiṃ.

- sabba+dhi[KV252] → sabbadhi 모든 곳에, 어디에나. *sabbasmiṃ

‖ *kismā vo* ‖ 253 ‖

kiṃ 뒤에 접미사 va는 제7 [격어미가 사용되는] 의미로 붙는다.

[그 예는 다음과 같다.] kva gato 'si tvaṃ Devānampiyatissa 데와남삐야띳싸여, 당신은 어디에 갔었나요?

- kiṃ+va[KV253] → ka+va[KV227] → k+va[KV406] → kva 어디에?

‖ *hiṃ haṃ hiñcanaṃ* ‖ 254 ‖

kiṃ 뒤에 접미사 hiṃ, haṃ, hiñcanaṃ은 제7 [격어미가 사용되는] 의미로 붙는다.

[그 예는 다음과 같다.] kuhiṃ. kuhaṃ. kuhiñcanaṃ.

- kiṃ+hiṃ[KV254] → ku+hiṃ[KV228] → kuhiṃ 어디에?
- kiṃ+haṃ[KV254] → ku+haṃ[KV228] → kuhaṃ 어디에?
- kiṃ+hiñcanaṃ[KV254]→ku+hiñcanaṃ[KV228]→kuhiñcanaṃ[190] 어디에?

‖ *tamhā ca* ‖ 255 ‖[191]

ta 뒤에 접미사 hiṃ, haṃ은 제7 [격어미가 사용되는] 의미로 붙는다.

[그 예는 다음과 같다.] tahiṃ · tahaṃ.

- ta+hiṃ[KV255] → tahiṃ 거기에, 그곳에서
- ta+haṃ[KV255] → tahaṃ 거기에, 그곳에서

‖ *imasmā hadhā ca* ‖ 256 ‖

190 KV228에 접미사 hiñcanaṃ에 대한 언급이 있다고 가정하고 규칙 번호를 제시하였다. KV228의 각주를 참고하라.

191 이 규칙의 ca는 이전 규칙의 단어를 끌어와 문맥을 맞추는 용도로, KV254의 hiṃ과 haṃ을 의미한다.

ima 뒤에 접미사 ha, dha는 제7 [격어미가 사용되는] 의미로 붙는다. [그 예는 다음과 같다.] iha, idha.

- ima+ha[KV256] → i+ha[KV234] → iha 여기에, 이곳에서
- ima+dha[KV256] → i+dha[KV234] → idha 여기에, 이곳에서

‖ *yato hiṃ* ‖ 257 ‖

ya 뒤에 접미사 hiṃ은 제7 [격어미가 사용되는] 의미로 붙는다. [그 예는 다음과 같다.] yahiṃ.

- ya+hiṃ[KV257] → yahiṃ 어디에

‖ *kāle* ‖ 258 ‖ [192]

"시간을 나타낼 때(kāle)", 이것은 단원 또는 특정 부분의 제목[193]으로 이해해야 한다.

‖ *kiṃsabbaññekayakuhi dādācanaṃ* ‖ 259 ‖

kiṃ, sabba, añña, eka, ya, ku 뒤에 접미사 dā, dācanaṃ은 제7 [격

192 이 규칙은 시간을 나타내는 접미사에 관한 규칙들인 KV259-261의 주제를 제시하고 있다.

193 '단원 또는 특정 부분의 제목'은 adhikāra를 옮긴 것이다. 이러한 규칙은 주제를 제시하는 규칙으로, 전후 규칙에 영향을 미친다.

어미가 사용되는] 의미로 시간을 나타낼 때 붙는다.

[그 예는 다음과 같다.] kadā. sabbadā. aññadā. ekadā. yadā. kudācanaṃ.

- kiṃ+dā[KV259] → ka+dā[KV227-ca] → kadā 언제?, 어느 때에?
- sabba+dā[KV259] → sabbadā 늘, 모든 때에
- añña+dā[KV259] → aññadā 다른 때에
- eka+dā[KV259] → ekadā 한 때에
- ya+dā[KV259] → yadā ~하는 때에
- kiṃ+dācanaṃ[KV259] → ku+dācanaṃ[KV228] → kudācanaṃ[194] 언제라도, 아무 때에

‖ *tamhā dāni ca* ‖ 260 ‖ [195]

ta 뒤에 접미사 dāni, dā는 제7 [격어미가 사용되는] 의미로 시간을 나타낼 때 붙는다.

[그 예는 다음과 같다.] tadāni. tadā.

- ta+dāni[KV260] → tadāni 그때
- ta+dā[KV260] → tadā 그때

---

194 KV228에 접미사 dācanaṃ에 대한 언급이 있다고 가정하고 규칙 번호를 제시하였다. KV228의 각주를 참고하라.

195 이 규칙의 ca는 이전 규칙의 단어를 끌어와 문맥을 맞추는 용도로, KV259의 dā를 의미한다.

‖ *imasmā rahi dhunā dāni ca* ‖ 261 ‖[196]

ima 뒤에 접미사 rahi, dhunā, dāni는 제7 [격어미가 사용되는] 의미로 시간을 나타낼 때 붙는다.

[그 예는 다음과 같다.] etarahi, adhunā, idāni.

- ima+rahi[KV261] → eta+rahi[KV236] → etarahi 지금
- ima+dhunā[KV261] → a+dhunā[KV235] → adhunā 지금
- ima+dāni[KV261] → i+dāni[KV234] → idāni 지금

‖ *sabbassa so dāmhi vā* ‖ 262 ‖

sabba는 접미사 dā가 뒤에 올 때 선택에 따라 음절 sa로 대체된다.

[그 예는 다음과 같다.] sadā · sabbadā.

- sabba+dā[KV259] → sa+dā[KV262] → sadā 늘, 모든 때에.
  *sabbadā

‖ *avaṇṇo ye lopañ ca* ‖ 263 ‖

모음 a와 ā는 접미사 ya[197]가 뒤에 올 때 탈락한다.

---

196 이 규칙의 ca는 이전 규칙의 단어를 끌어와 문맥을 맞추는 용도로, KV258의 kāle가 이 규칙까지만 이어짐을 의미한다.

197 접미사 ya는 KV362의 접미사 ṇya와 같은 것이다.

[그 예는 다음과 같다.] bāhussaccaṃ. paṇḍiccaṃ. vepullaṃ. nepuññaṃ. kāruññaṃ. kosallaṃ. sāmaññaṃ. sohajjaṃ.

- bāhussuta+ya[KV362, KV398] → bāhussuta+ya[KV263] → bāhussuca[KV271] → bāhussucca[KV28] → bāhussacca[KV406] → bāhussacca+si(→aṃ)[KV219] → bāhussacc+aṃ[KV83] → bāhussaccaṃ 학식이 풍부함
- paṇḍita+ya[KV362, KV398] → paṇḍita+ya[KV263] → paṇḍica [KV271] → paṇḍicca[KV28] → paṇḍicca+si(→aṃ)[KV219] → paṇḍicc+aṃ[KV83] → paṇḍiccaṃ 박식함, 영리함
- karuṇā+ya[KV362, KV398] → karuṇā+ya[KV263] → kārun+ya [KV402] → kāruña[KV271] → kāruñña[KV28] → kāruñña+si (→aṃ)[KV219] → kāruññ+aṃ[KV83] → kāruññaṃ 자비로움

‖ *vuddhassa jo iyiṭṭhesu* ‖ 264 ‖ [198]

vuddha 단어 전체는 접미사 iya, iṭṭha가 뒤에 올 때 j로 대체된다.

[그 예는 다음과 같다.] jeyyo. jeṭṭho.

- vuddha+iya → j+iya[KV264] → j+eya[KV14] → j+eyya[KV28] → jeyya+si(→o)[KV104] → jeyy+o[KV83] → jeyyo 더 나이 많은
- vuddha+iṭṭha → j+iṭṭha[KV264] → j+eṭṭha[KV14] → jeṭṭha+

198 KV264−270은 접미사 iya, iṭṭha 앞에 오는 단어의 대체 · 변화를 다룬다. 접미사 iya, iṭṭha에 대해서는 KV365를 참고하라.

si(→o)[KV104] → jeṭṭh+o[KV83] → jeṭṭho 가장 나이 많은

‖ ***pasaṭṭhassa so ca*** ‖ 265 ‖ [199]

pasaṭṭha 단어 전체는 접미사 iya, iṭṭha가 뒤에 올 때 s와 j로 대체된다. [그 예는 다음과 같다.] seyyo. seṭṭho. jeyyo. jeṭṭho.

- pasaṭṭha+iya → s+iya[KV265] → s+eya[KV14] → s+eyya[KV28] → seyya+si(→o)[KV104] → seyy+o[KV83] → seyyo 더 칭찬받는, 더 훌륭한
- pasaṭṭha+iṭṭha → s+iṭṭha[KV265] → s+eṭṭha[KV14] → seṭṭha+si(→o)[KV104] → seṭṭh+o[KV83] → seṭṭho 최고로 칭찬받는, 가장 훌륭한
- pasaṭṭha+iya → j+iya[KV265] → j+eya[KV14] → j+eyya[KV28] → jeyya+si(→o)[KV104] → jeyy+o[KV83] → jeyyo 더 칭찬받는, 더 훌륭한
- pasaṭṭha+iṭṭha → j+iṭṭha[KV265] → j+eṭṭha[KV14] → jeṭṭha+si(→o)[KV104] → jeṭṭh+o[KV83] → jeṭṭho 최고로 칭찬받는, 가장 훌륭한

---

199 이 규칙의 ca는 이전 규칙의 단어를 끌어와 문맥을 맞추는 용도로, KV264의 iyiṭṭhesu를 의미한다. 이 단어는 KV270까지 이어진다.

‖ *antikassa nedo* ‖ 266 ‖

antika 단어 전체는 접미사 iya, iṭṭha가 뒤에 올 때 ned로 대체된다. [그 예는 다음과 같다.] nediyo. nediṭṭho.

- antika+iya → ned+iya[KV266] → nediya+si(→o)[KV104] → nediy+o[KV83] → nediyo 더 가까운
- antika+iṭṭha → ned+iṭṭha[KV266] → nediṭṭha+si(→o)[KV104] → nediṭṭh+o[KV83] → nediṭṭho 가장 가까운

‖ *bāḷhassa sādho* ‖ 267 ‖

bāḷha 단어 전체는 접미사 iya, iṭṭha가 뒤에 올 때 sādh로 대체된다. [그 예는 다음과 같다.] sādhiyo. sādhiṭṭho.

- bāḷha+iya → sādh+iya[KV267] → sādhiya+si(→o)[KV104] → sādhiy+o[KV83] → sādhiyo 더 강한
- bāḷha+iṭṭha → sādh+iṭṭha[KV267] → sādhiṭṭha+si(→o)[KV104] → sādhiṭṭh+o[KV83] → sādhiṭṭho 가장 강한

‖ *appassa kaṇaṃ* ‖ 268 ‖

appa 단어 전체는 접미사 iya, iṭṭha가 뒤에 올 때 kaṇ으로 대체된다. [그 예는 다음과 같다.] kaṇiyo. kaṇiṭṭho.

- appa+iya → kaṇ+iya[KV268] → kaṇiya+si(→o)[KV104] → kaṇiy

+o[KV83] → kaṇiyo 더 적은

• appa+iṭṭha → kaṇ+iṭṭha[KV268] → kaṇiṭṭha+si(→o)[KV104] → kaṇiṭṭh+o[KV83] → kaṇiṭṭho 가장 적은

‖ *yuvānañ ca* ‖ 269 ‖ [200]

yuva 단어 전체는 접미사 iya, iṭṭha가 뒤에 올 때 kaṇ으로 대체된다. [그 예는 다음과 같다.] kaṇiyo. kaṇiṭṭho.

• yuva+iya → kaṇ+iya[KV269] → kaṇiya+si(→o)[KV104] → kaṇiy+o[KV83] → kaṇiyo 더 어린

• yuva+iṭṭha → kaṇ+iṭṭha[KV269] → kaṇiṭṭha+si(→o)[KV104] → kaṇiṭṭh+o[KV83] → kaṇiṭṭho 가장 어린

‖ *vantumantuvīnañ ca lopo* ‖ 270 ‖ [201]

접미사 vantu, mantu, vī는 접미사 iya, iṭṭha가 뒤에 올 때 탈락한다. [그 예는 다음과 같다.] guṇiyo. guṇiṭṭho. satiyo. satiṭṭho. medhiyo. medhiṭṭho.

• guṇavantu+iya → guṇa~~vantu~~+iya[KV270] → guṇ+iya[KV83] →

---

200 이 규칙의 ca는 이전 규칙의 단어를 끌어와 문맥을 맞추는 용도로, KV268의 kaṇaṃ을 의미한다.

201 이 규칙의 ca는 이전 규칙의 단어를 끌어와 문맥을 맞추는 용도로, KV264의 iyiṭṭhesu가 이 규칙까지만 이어짐을 의미한다.

guṇiya+si(→o)[KV104] → guṇiy+o[KV83] → guṇiyo 덕 높은

• guṇavantu+iṭṭha → guṇa~~vantu~~+iṭṭha[KV270] → guṇ+iṭṭha[KV83] → guṇiṭṭha+si(→o)[KV104] → guṇiṭṭh+o[KV83] → guṇiṭṭho 가장 덕 높은

• satimantu+iya → sati~~mantu~~+iya[KV270] → sat+iya[KV83] → satiya+si(→o)[KV104] → satiy+o[KV83] → satiyo 더 알아차리는

• satimantu+iṭṭha → sati~~mantu~~+iṭṭha[KV270] → sat+iṭṭha[KV83] → satiṭṭha+si(→o)[KV104] → satiṭṭh+o[KV83] → satiṭṭho 가장 알아차리는

• medhāvī+iya → medhā~~vī~~+iya[KV270] → medh+iya[KV83] → medhiya+si(→o)[KV104] → medhiy+o[KV83] → medhiyo 더 지혜로운

• medhāvī+iṭṭha → medhā~~vī~~+iṭṭha[KV270] → medh+iṭṭha[KV83] → medhiṭṭha+si(→o)[KV104] → medhiṭṭh+o[KV83] → medhiṭṭho 가장 지혜로운

‖ *yavataṃ talaṇadakārānaṃ byañjanāni calañajakārattaṃ* ‖ 271 ‖

ya를 가진 ta, la, ṇa, da의 자음은 각각 ca, la, ña, ja로 된다.[202]

202 이 해설의 내용을 정리하면, tya는 ca로, lya는 la로, ṇya는 ña로, dya는 ja가 된다는 것이다. 이 규칙에서 ya는 KV362의 ṇya로, 상태를 나타내는 접미사이다. KV398에 따라 ṇya의 ṇ는 탈락하여 실제로 사용되는 접미사는 ya이다.

[그 예는 다음과 같다.] bāhussaccaṃ. paṇḍiccaṃ. vepullaṃ. nepuññaṃ. kāruññaṃ. sāmaññaṃ. sohajjaṃ.

- paṇḍita+ya[KV362, KV398] → paṇḍit+ya[KV263] → paṇḍica [KV271] → paṇḍicca[KV28] → paṇḍicca+si(→aṃ)[KV219] → paṇḍicc+aṃ[KV83] → paṇḍiccaṃ
- vipula+ya[KV362, KV398] → vipul+ya[KV263] → vepul+ya [KV402] → vepula[KV271] → vepulla[KV28] → vepulla+si(→aṃ) [KV219] → vepull+aṃ[KV83] → vepullaṃ
- samaṇa+ya[KV362, KV398] → samaṇ+ya[KV263] → sāmaṇ +ya[KV402] → sāmaña[KV271] → sāmañña[KV28] → sāmañña+si(→aṃ)[KV219] → sāmaññ+aṃ[KV83] → sāmaññaṃ
- suhada+ya[KV362, KV398] → suhad+ya[KV263] → sohad+ya [KV402] → sohaja[KV271] → sohajja[KV28] → sohajja+si(→aṃ) [KV219] → sohajj+aṃ[KV83] → sohajjaṃ

무슨 목적으로 'ya를 가진'이 [명시되어 있는가]? [이 규칙에서 명시한 조건에 부합해야만 이 규칙의 기능이 적용된다는 것을 보여 주기 위해서이다. 다음과 같은 예에서는 이 규칙의 기능이 적용되지 않는데, 이것은 'ya를 가진'이라는 조건에 부합하지 않기 때문이다.] tiṇadalaṃ. [이 예는 ya가 뒤따라오는 단어가 아니다.]

무슨 목적으로 '음절 ta, la, ṇa, da'가 [명시되어 있는가]? [이 규칙에서 명시한 조건에 부합해야만 이 규칙의 기능이 적용된다는 것을 보여 주기 위해서이다. 다음과 같은 예에서는 이 규칙의 기능이 적용되지 않는데, 이것은 '음절 ta, la, ṇa, da'라는 조건에 부합하지 않기 때문이다.] ālasyaṃ. ārogyaṃ. [이 예는 ya는 뒤따라오지만 음절 ta, la, ṇa, da가 아니라 각각 s와 g가 있는 단어이다.]
무슨 목적으로 '자음'이 [명시되어 있는가]? [이 규칙에서 명시한 조건에 부합해야만 이 규칙의 기능이 적용된다는 것을 보여 주기 위해서이다. 다음과 같은 예에서는 이 규칙의 기능이 적용되지 않는데, 이것은 '자음'이라는 조건에 부합하지 않기 때문이다.] maccunā. [이 예는 ta, la, na, da에서 a가 탈락한 후 남은 '자음'이 있는 단어가 아니다. maccu의 모음 u가 탈락하지 않기에 끝음이 자음이 아닌 단어이다. maccunā의 nā는 제3 단수 격어미이다.]
무슨 목적으로 [규칙에 kārānaṃ의] 'kāra(음절)'가 [명시되어 있는가]? ya가 y가 m로 대체되는 것을 알리기 위해서이다. [그 예는 다음과 같다.] opammaṃ.

- upama+ya[KV362, KV398] → opama+ya[KV402] → opam+ya[KV263] → opam+ma[KV271−kāra] → opamma+si(→aṃ)[KV219] → opamm+aṃ[KV83] → opammaṃ

|| *mhatumhanturājabrahmattasakhasatthupitâdīhi smā nā va* || 272 ||

amha, tumha, ntu, rāja, brahma, atta, sakha, satthu, pitu 등등의 뒤에 격어미 smā는 격어미 nā처럼 간주해야 한다.[203]

203 제5 단수 격어미 smā를 제3 단수 격어미 nā처럼 간주한다는 것은, 그 의미에 있어서는 변화가 없고 형태학적 절차만 같게 한다는 의미이다.

[그 예는 다음과 같다.] mayā. tayā. guṇavatā. raññā. brahmunā. attanā. sakhinā. satthārā. pitarā. mātarā. bhātarā. dhītarā.

- amha+smā → mayā[KV272, KV145] → mayā
- tumha+smā → tayā[KV272, KV145] → tayā
- guṇavantu+smā → guṇava+tā[KV272, KV127] → guṇavatā
- rāja+smā → raññā[KV272, KV137] → raññā
- brahma+smā → brahmu+nā[KV272, KV198] → brahmunā
- atta+smā → atta+nā[KV214][204] → attanā
- sakha+smā → sakhi+smā[KV272, KV194] → sakhinā
- satthu+smā → satthāra+smā[KV200] → satthāra+ā[KV272, KV207] → satthār+ā[KV83] → satthārā
- pitu+smā → pitāra+smā[KV200] → pitāra+ā[KV272, KV207] → pitār+ā → pitārā

무슨 목적으로 '이 [단어들]'이 [명시되어 있는가]? [이 규칙에서 명시한 조건에 부합해야만 이 규칙의 기능이 적용된다는 것을 보여 주기 위해서이다. 다음과 같은 예에서는 이 규칙의 기능이 적용되지 않는데, 이것은 '이 [단어들]'이라는 조건에 부합하지 않기 때문이다.] purisā. [이 예는 이 단어들, 즉 amha, tumha 등등의 단어가 아니다.]

여기까지 명사의 장의 다섯 번째 부분이다.

---

204 KV214는 atta 뒤에 붙는 격어미 smā에 관련된 규칙이다.

II.6
제2장의 여섯 번째 부분

Kārakakappa[205]

205 제2장의 여섯 번째 부분은 첫 번째~다섯 번째 부분과는 구분되는 Kārakakappa(Kāraka의 장)로, 총 45개의 규칙(KV273–317)으로 구성된다. kāraka의 글자 그대로의 의미는 '행위자' 또는 '동작의 주체'이지만, 문법 관련 맥락에서 kāraka의 의미는 설명이 더 필요하다. 국문 번역에도 단 한 마디의 번역어를 정해서 쓰기에는 제대로 그 뜻이 전달되지 않아서 국문 번역 없이 kāraka 그대로 쓰기로 한다. KV는 kāraka의 정의를 제시하지 않았고, Sadd549는 "kāraka는 행위의 원인이다(kiriyānimittaṃ kārakaṃ)."라고 정의하고, "kāraka는 행위와 관계가 있는 것이 특징이다(kiriyābhisambandhalakkhaṇaṃ kārakaṃ)."라고 설명하고 있다. 자세히 말하자면, 주어와 목적어 등과 같은 문장의 필수 구성 요소들은 특정한 행위를 완전하게 표현하는 데 도움을 준다. 이렇게 문장에서 행위와 행위에 관계된 것들의 관계를 나타내고, 그 행위를 완전하게 표현하기 위해 각각의 역할을 하는 것을 가리켜 'kāraka'라고 한다. 그리고 특정 kāraka라고 불리는 각 단어는 특정 격어미를 가진다. 따라서 KV 규칙도 이에 맞게 전개되는데, KV273–285는 6개의 kāraka(kattu, kamma, karaṇa, sampadāna, apādāna, okāsa)와 sāmi, ālapana의 역할을 자세히 설명하고, KV286–317은 이미 KV55에서 제시되었던 격어미들이 어떤 kāraka에 사용되는지 보여 준다. 그런데 모든 kāraka는 격어미를 가지지만, 격어미가 붙은 모든 단어가 kāraka로 다 설명될 수 있는 것은 아니다. 따라서 KV286–317에서 격어미의 사용이 제시될 때 kāraka 외에도 설명되는 내용이 많다. 한 가지 덧붙이자면, KV는 kāraka와 비슷한 역할로 kāraka 외에 sādhana라는 용어를 제4장의 도입 시(詩)에 사용하기도 한다.

Kāraka의 장[206]

|| ***yasmād apeti bhayaṃ ādatte vā tad apādānaṃ*** || **273** || [207]

['~에서 떠난다'와 같이 누군가가] 떠나는 곳, ['~한테서 두려움이 생긴다'와 같이] 두려움이 생기는 [근원], ['~로부터 받는다'와 같이 누군가로부터 무엇을] 받을 때 [그것을 주는 대상이나 출처], 그것은 'apādāna'[208]라고 불린다.

그것은 이와 같다. gāmā apenti munayo. nagarā niggato rājā. corā bhayaṃ jāyate. ācariyupajjhāyehi sikkhaṃ gaṇhāti sisso.

• gāmā apenti munayo : 성자들은 마을에서 떠난다.

---

206 이 kāraka의 장은 단어의 형태학적 절차보다 문장 구성 요소들의 역할과 의미가 중요하므로, 예문 하나씩 국문 번역을 넣어서 원문과 맞추어 볼 수 있도록 구성하였다. 예시 단어 중에서 각 규칙의 kāraka(또는 격어미)에 해당하는 빠알리어 단어와 국문 번역은 실선 밑줄(__)로 표시하였고, 규칙의 조건이나 보조적인 것은 점선 밑줄(....)로 표시하였다.

207 KV273−277은 apādāna에 관한 규칙이다. apādāna를 나타낼 때 기본적으로 제5 격어미가 사용되지만, 다른 격어미가 사용되는 경우도 언급된다.

208 apādāna라는 개념은 기본적으로 제5 격어미(단수 smā, 복수 hi)로 표현된다. 제5 격어미는 국내에서 탈격, 유래격, 분리격 등으로 불린다. apādāna의 글자 그대로의 의미는 '분리'이지만, kāraka로서 apādāna를 국내에 통용되는 용어로 표현하자면, '탈격이 의미하는 것', '탈격이 나타내는 것'이라 할 수 있다. '~에서 떠난다.', '~한테서 두려움이 생긴다.', '~로부터 받는다.'에서 '~에서, ~한테서, ~로부터' 등이 나타내는 것이 apādāna이다.

• nagarā niggato rājā : 왕은 도시에서 떠났다.

• corā bhayaṃ jāyate : 강도한테서 두려움이 생긴다.

• ācariyupajjhāyehi sikkhaṃ gaṇhāti sisso : 제자는 스승과 계사로부터 가르침을 받는다.

'apādāna'에 대해 말하는 목적이 무엇인가? [이 규칙을 참고하여] 규칙 "apādāne pañcamī"(KV297)에 [언급되는 용어 apādāna를 정확히 이해할 수 있게 하기 위함이다.]

|| ***dhātunāmānaṃ upasaggayogâdīsv api ca*** || **274** || [209]

[특정한] 어근이나 명사와 관련될 때, 접두사와 관련될 때 등등, 그것은 'apādāna'라고 불린다.

1) 어근과 관련되는 경우는 [다음과 같다.] 어근 ji에 parā가 앞에 붙어 사용될 때, '이길 수 없는'[의 의미가 있는] 그것은 'apādāna'라고 불린다.

그것은 이와 같다. Buddhasmā parājenti aññatitthiyā.

• Buddhasmā parājenti aññatitthiyā : 이교도들은 부처님에게 패배한다.

---

209 이 규칙의 ca는 해설, 예시 다음에 제시된, 추가 정보를 가리킨다. 추가 정보는 국문 번역에 "규칙에 있는 단어 ca를 취함으로써"의 뒤에 이어진 내용으로, 기존 규칙의 기능에 형태학적 변화의 예를 더 보탠 것이다.

어근 bhū에 pa가 앞에 붙어 사용될 때, '끊기지 않는 근원'[의 의미가 있는] 그것은 'apādāna'라고 불린다.

그것은 이와 같다. Himavatā pabhavanti pañca mahānadiyo. Anavatattamhā pabhavanti mahāsarā. Aciravatiyā pabhavanti kunnadiyo.

- Himavatā pabhavanti pañca mahānadiyo : 다섯 개의 큰 강은 히말라야에서 발원한다.
- Anavatattamhā pabhavanti mahāsarā : 큰 호수들은 Anavatatta 호수에서 발원한다.
- Aciravatiyā pabhavanti kunnadiyo : 작은 강들은 Aciravatī 강에서 발원한다.

2) [특정한] 명사와 관련될 때도, 그것은 'apādāna'라고 불린다.

그것은 이와 같다. urasmā jāto putto. bhūmito niggato raso. ubhato sujāto putto.

- urasmā jāto putto : 아들은 가슴에서 태어났다.
- bhūmito niggato raso : [과일 등등의] 맛은 땅에서 나왔다.
- ubhato sujāto putto : 아들은 [어머니와 아버지] 둘 다로부터 잘 태어났다.

3) [특정한] 접두사가 붙을 때도, 그것은 'apādāna'라고 불린다.

그것은 이와 같다. apa sālāya āyanti vāṇijā. ā brahmalokā saddo abbhuggacchati. upari pabbatā devo vassati. Buddhasmā pati

Sāriputto dhammadesanāya ālapati temāsaṃ. ghaṭaṃ assa telasmā pati dadāti. uppalaṃ assa padumasmā pati dadāti. kanakaṃ assa hiraññasmā pati dadāti.

- apa sālāya āyanti vāṇijā : 회당을 떠나 상인들이 온다.
- ā brahmalokā saddo abbhuggacchati : 소리는 브라흐마의 세계까지 퍼진다.
- upari pabbatā devo vassati : 비가 산 위로 내린다.
- Buddhasmā pati Sāriputto dhammadesanāya ālapati temāsaṃ : 부처님을 대신해서 사리뿟따는 석 달 동안 법을 설하기 위해 [비구들을] 부른다.
- ghaṭaṃ assa telasmā pati dadāti : 그에게 참기름 대신 버터기름을 준다.
- uppalaṃ assa padumasmā pati dadāti : 그에게 홍련 대신 청련을 준다.
- kanakaṃ assa hiraññasmā pati dadāti : 그에게 가공되지 않은 금 대신 황금을 준다.

[규칙에 있는] ādi를 취함으로써, [문장의 주성분을 나타내는 kāraka가 아닌, 시간과 거리를 나타내는 단어가] kāraka 사이에 [사용될 때,] 제5 격어미가 사용된다. 그것은 이와 같다. pakkhasmā vijjhati migaṃ. kosā vijjhati kuñjaraṃ. māsasmā bhuñjati bhojanaṃ.

- pakkhasmā vijjhati migaṃ : [지금부터] 2주 후에 사슴을 쏜다.
- kosā vijjhati kuñjaraṃ : [여기서부터] 1 kosa에 코끼리를 쏜다.

• māsasmā bhuñjati bhojanaṃ : [지금부터] 한 달 후에 음식을 먹는다.

[규칙에 있는] api를 취함으로써, 불변화사와 사용될 때 제5 격어미가 사용되고, 제2 격어미와 제3 격어미도 사용된다. [그 예는 다음과 같다.] rahitā mātujā puññaṃ katvā phalaṃ deti. rahitā mātujaṃ rahitā mātujena vā. rite saddhammā kuto sukhaṃ labhati. rite saddhammaṃ rite saddhammena vā. te bhikkhū nānākulā pabbajitā. nānākulaṃ nānākulena vā. vinā saddhammā n' atth' añño koci nātho loke vijjati. vinā saddhammaṃ vinā saddhammena vā. vinā buddhasmā. vinā buddhaṃ vinā buddhena vā.

• rahitā mātujā[210] puññaṃ katvā phalaṃ deti : 아들딸[211] 없이 공덕을 짓고 나서 결과를 회향한다. rahitā mātujaṃ 또는 rahitā mātujena[212]도 [가능하다.]
• rite saddhammā kuto sukhaṃ labhati : 정법 없이 어디에서 행복을 얻겠는가? rite saddhammaṃ 또는 rite saddhammena도 [가능하다.]
• te bhikkhū nānākulā pabbajitā : 그 비구들은 각자의 가정을 떠나 비구가 되었다. nānākulaṃ 또는 nānākulena도 [가능하다.]
• vinā saddhammā n' atth' añño koci nātho loke vijjati : 정법

210 mātujā는 제5 격어미가 사용된 예이다.

211 '아들딸'은 mātuja를 옮긴 것으로 '어머니에게서 태어난 [자]'라는 뜻을 의역한 것이다.

212 mātujaṃ과 mātujena는 각각 제2 격어미와 제3 격어미가 사용된 예이다.

을 제외하고 세상에 존재하는 다른 어떤 의지처는 없다. vinā saddhammaṃ 또는 vinā saddhammena도 [가능하다.]

- vinā buddhasmā : 부처님 없이. vinā buddhaṃ 또는 vinā buddhena도 [가능하다.]

[규칙에 있는] 단어 'ca(또한)'를 취함으로써, 다른 의미에도 제5 격어미가 사용된다. [그 예는 다음과 같다.] yato 'haṃ bhagini ariyāya jātiyā jāto. yato sarāmi attānaṃ yato patto 'smi viññutaṃ. yatvādhikaraṇaṃ enaṃ … abhijjhādomanassā pāpakā akusalā dhammā anvāssaveyyuṃ.

- yato 'haṃ bhagini ariyāya jātiyā jāto : 자매여, 내가 성스러운 태어남으로 태어난 이래
- yato sarāmi attānaṃ yato patto 'smi viññutaṃ : 내가 나를 기억하는 때부터, 내가 지혜로운 상태에 이르렀을 때부터
- yatvādhikaraṇaṃ enaṃ … abhijjhādomanassā pāpakā akusalā dhammā anvāssaveyyuṃ : 그런 이유로 … 욕심, 싫어하는 마음과 같은 나쁘고 해로운 법들이 그에게 흘러 들어올 것이다.

‖ *rakkhanatthānaṃ icchitaṃ* ‖ 275 ‖

'보호'를 의미하는 어근이 사용될 때, [보호를] 원하는 그 대상은 'apādāna'라고 불린다.

[그 예는 다음과 같다.] kāke rakkhanti taṇḍulā. yavā patisedhenti

gāvo.

- kāke rakkhanti taṇḍulā : 까마귀들을 쌀로부터 멀리한다=쌀을 까마귀로부터 보호한다.
- yavā patisedhenti gāvo : 소를 보리로부터 막는다=보리를 소로부터 보호한다.

‖ *yena vâdassanaṃ* ‖ 276 ‖

보이지 않기를 원할 때, [안보이고자 하는] 그 대상은 'apādāna'라고 불린다.

[그 예는 다음과 같다.] upajjhāyā antaradhāyati sisso. mātarā ca pitarā ca antaradhāyati putto.

- upajjhāyā antaradhāyati sisso : 제자는 스승으로부터 숨는다.
- mātarā ca pitarā ca antaradhāyati putto : 아들은 어머니와 아버지로부터 숨는다.

무슨 목적으로 '선택에 따라(vā)'가 [명시되어 있는가]? [이 경우에] 제7 격어미가 사용된다는 것을 보여 주기 위해서이다. [그 예는 다음과 같다.]

- Jetavane antarahito : 제따 숲에서 사라졌다.

|| ***dūrantikaddhakālanimmānatvālopadisāyogavibhattāra(ti)ppayogasuddhappamocanahetuvivittappamānapubbayogabandhanaguṇavacanapañhakathanathokâkattūsu ca*** || 277 || [213]

'멀다'의 의미, '가깝다'의 의미, 거리를 재는 것, 시간을 재는 것, tvā의 탈락, 방향에 관한 것, [차이를 강조하기 위한] 비교, 절제에 관한 것, '순수'의 의미, '해방'의 의미, '원인'의 의미, '분리'의 의미, 측정에 관한 것, ['전에'라는 의미의 단어] pubba에 관한 것, 체포, 미덕에 관한 말, 질문, 대답, '적다, 작다'의 의미, '행위자 없음', 이런 의미들로 사용될 때, 그것은 'apādāna'라고 불린다.

1) '멀다'의 의미와 관련될 때, [apādāna의 예는 다음과 같다.] kīvadūro ito Naḷakāragāmo? dūrato vâgamma. ārakā te moghapurisā imasmā dhammavinayā.

- kīvadūro ito Naḷakāragāmo? : Naḷakāra 마을은 여기서 얼마나 멉니까?
- dūrato vâgamma : 멀리서 오고 나서
- ārakā te moghapurisā imasmā dhammavinayā : 이 어리석은 자들은 이 법과 율에서 멀다.

제2 격어미와 제3 격어미도 [이 apādāna를 나타내는 단어에] 사용

213 이 규칙의 ca는 이전 규칙의 단어를 끌어와 문맥을 맞추는 용도로, KV273의 apādānaṃ을 의미한다.

된다. [그 예는 다음과 같다.] dūraṃ gāmaṃ āgato. dūrena gāmena āgato. ārakā imaṃ dhammavinayaṃ. anena dhammavinayena.

2) '가깝다'의 의미와 관련될 때, [apādāna의 예는 다음과 같다.] antikaṃ gāmā. āsannaṃ gāmā. samīpaṃ gāmā. samīpaṃ saddhammā.

- antikaṃ gāmā : 마을에서 가깝다.
- āsannaṃ gāmā : 마을에서 가깝다.
- samīpaṃ gāmā : 마을에서 가깝다.
- samīpaṃ saddhammā : 정법에 가깝다.

제2 격어미와 제3 격어미도 [이 apādāna를 나타내는 단어에] 사용된다. [그 예는 다음과 같다.] antikaṃ gāmaṃ 〈antikaṃ〉 gāmena. āsannaṃ gāmaṃ 〈āsannaṃ〉 gāmena. samīpaṃ gāmaṃ 〈samīpaṃ〉 gāmena. samīpaṃ saddhammaṃ saddhammena.

3) 거리와 시간 재는 것과 관련될 때, [apādāna의 예는 다음과 같다.] ito Madhurāya catūsu yojanesu Saṅkassanagaraṃ atthi. tattha bahū janā vasanti. ito bhikkhave ekanavutikappe Vipassī nāma sammāsambuddho loke uppajji. ito tiṇṇaṃ māsānaṃ accayena parinibbāyissāmi.

- [거리] ito Madhurāya catūsu yojanesu Saṅkassanagaraṃ atthi. tattha bahū janā vasanti : 이 마두라(Madhura)에서 4 요자나(yojana) 되는 곳에 상깟싸(saṅkassa)라는 도시가 있다. 많은 사람이 거기에 산다.

• [시간] ito bhikkhave ekanavutikappe Vipassī nāma sammāsambuddho loke uppajji : 비구들이여, 지금으로부터 91겁 전에 위빳씨(Vipassī)라고 불리는 정등각께서 세상에 출현하셨다.

• [시간] ito tiṇṇaṃ māsānaṃ accayena parinibbāyissāmi : 지금으로부터 석 달 안에 [나는] 반열반에 들 것이다.

4) tvā[로 끝나는 단어와] 대격(kamma) 단어 또는 처격(adhikaraṇa) 단어의 탈락이 있지만 [그 함축적 의미가 명백할 때, apādāna의 예는 다음과 같다.] pāsādā saṅkameyya. pāsādaṃ abhiruyhitvā vā. pabbatā saṅkameyya. pabbataṃ abhiruyhitvā vā. hatthikkhandā saṅkameyya. hatthikkhandaṃ abhiruyhitvā vā. āsanā vuṭṭhaheyya. āsane nisīditvā vā.

• pāsādā saṅkameyya : 저택에서 나와야 한다.(저택에 올라가 있는 것은 이미 내포되어 있음.) [탈락한] pāsādaṃ abhiruyhitvā[가 앞 문장에 붙었을 때의 국역은 다음과 같다]. 저택에 올라가서는 저택에서 나와야 한다.

• pabbatā saṅkameyya : 산에서 내려와야 한다.(산에 올라가 있는 것은 이미 내포되어 있음.) [탈락한] pabbataṃ abhiruyhitvā[가 앞 문장에 붙었을 때의 국역은 다음과 같다]. 산에 올라가서는 산에서 내려와야 한다.

• hatthikkhandā saṅkameyya : 코끼리 등에서 내려와야 한다.(코끼리 등에 올라가 있는 것은 이미 내포되어 있음.) [탈락한] hatthikkhandaṃ abhiruyhitvā[가 앞 문장에 붙었을 때의 국역은 다음과 같다]. 코끼

리 등에 올라가서는 코끼리 등에서 내려와야 한다.

• āsanā vuṭṭhaheyya : 자리에서 일어나야 한다.(자리에 앉아 있는 것은 이미 내포되어 있음.) [탈락한] āsane nisīditvā[가 앞 문장에 붙었을 때의 국역은 다음과 같다]. 자리에 앉고서는 자리에서 일어나야 한다.

5) 방향과 [물리적 지점을] 나타낼 때, [apādāna의 예는 다음과 같다.] Avīcito upari bhavaggaṃ antare 〈bahū sattanikāyā vasanti〉. yato khemaṃ tato bhayaṃ. puratthimato dakkhiṇato pacchimato uttarato 〈aggī pajjalanti〉. yato assosuṃ Bhagavantaṃ. uddhaṃ pādatalā adho kesamatthakā.

• Avīcito upari bhavaggaṃ antare bahū sattanikāyā vasanti : 지옥부터 가장 높은 천상 사이에 많은 종류의 존재들이 살고 있다.
• yato khemaṃ tato bhayaṃ : 안전했던 곳에 두려움(위험)이 있다.
• puratthimato dakkhiṇato pacchimato uttarato aggī pajjalanti : 동쪽에서, 남쪽에서, 서쪽에서, 북쪽에서 불이 타오른다.
• yato assosuṃ Bhagavantaṃ : 부처님의 [말씀을] 들었기 때문에
• uddhaṃ pādatalā adho kesamatthakā : 발바닥에서 위로 머리끝에서 아래로

6) [차이를 강조하기 위해] 비교를 나타낼 때, [apādāna의 예는 다음과 같다.] yato paṇītataro vā visiṭṭhataro vā n' atthi.

• yato paṇītataro vā visiṭṭhataro vā n' atthi : 이것에서(이보다) 더 훌륭하거나 뛰어난 것은 없다.

제6 격어미도 [이 apādāna를 나타내는 단어에] 사용된다. [그 예는 다음과 같다.] channavutīnaṃ pāsaṇḍānaṃ dhammānaṃ pavaraṃ yadidaṃ Sugatavinayo. 96가지 이교 사상 중에서 부처님의 율이 가장 뛰어나다.

7) 절제와 관련될 때, [apādāna의 예는 다음과 같다.] gāmadhammā vasaladhammā asaddhammā ārati virati paṭivirati. pāṇātipātā veramaṇī.

- gāmadhammā vasaladhammā asaddhammā ārati virati paṭivirati : 나쁜 행위, 비열한 행위, 삿된 행위를 싫어하고 끊고 제한한다.
- pāṇātipātā veramaṇī : 살생을 끊음.

8) '순수'의 의미와 관련될 때, [apādāna의 예는 다음과 같다.] lobhanīyehi dhammehi suddho asaṃsaṭṭho. mātito ca pitito ca suddho asaṃsaṭṭho anupakkuṭṭho agarahito.

- lobhanīyehi dhammehi suddho asaṃsaṭṭho : 탐욕을 일으키는 것들로부터 순수하고 섞이지 않은
- mātito ca pitito ca suddho asaṃsaṭṭho anupakuṭṭho agarahito : 어머니 쪽에서도 아버지 쪽에서도 순수하고, [인종적으로] 섞이지 않았고, 비난할 수 없고, 결점이 없다.

9) '해방'의 의미와 관련될 때, [apādāna의 예는 다음과 같다.] parimutto dukkhasmā ti vadāmi. mutto 'smi mārabandhanā. na te

muccanti maccunā.

- parimutto dukkhasmā ti vadāmi : "고통에서 벗어났다."라고 [나는] 말한다.
- mutto 'smi mārabandhanā : [나는] 악마의 속박에서 벗어났다.
- na te muccanti maccunā : 그들은 죽음으로부터 자유롭지 못하다.

10) '원인'의 의미와 관련될 때, [apādāna의 예는 다음과 같다.] kasmā hetunā. kasmā nu tumhe daharā na miyyatha. kasmā idh' eva maraṇaṃ bhavissati.

- kasmā hetunā : 무슨 이유로?
- kasmā nu tumhe daharā na miyyatha : 왜 너희 젊은이들은 일찍 죽지 않는가?
- kasmā idh' eva maraṇaṃ bhavissati : 왜 여기에 죽음이 있을까?

11) '분리'의 의미와 관련될 때, [apādāna의 예는 다음과 같다.] vivitto pāpakā dhammā. vivicc' eva kāmehi vivicca akusalehi dhammehi.

- vivitto pāpakā dhammā : 악한 것으로부터 분리된 것
- vivicc' eva kāmehi vivicca akusalehi dhammehi : 감각적 욕망을 떨쳐 버리고 해로운 법들을 떨쳐 버린 후

12) '측정'의 의미와 관련될 때, [apādāna의 예는 다음과 같다.] dīghaso navavidatthiyo sugatavidatthiyā pamāṇikā kāretabbā.

majjhimassa purisassa aḍḍhatelasahatthā.

- dīghaso navavidatthiyo sugatavidatthiyā pamāṇikā kāretabbā : 부처님 뼘을 기준으로 9뼘을 재야 한다.
- majjhimassa purisassa aḍḍhatelasahatthā : 보통 남자의 12.5 손대중으로 [재야 한다.]

13) ['전에'라는 의미의 단어] pubba와 관련될 때, [apādāna의 예는 다음과 같다.] pubbe va me bhikkhave sambodhā.

- pubbe va me bhikkhave sambodhā : 비구들이여, 나의 깨달음으로부터 이전에=내가 깨닫기 전에

14) '체포'의 의미와 관련될 때, [apādāna의 예는 다음과 같다.] satasmā baddho naro 〈raññā iṇatthena〉.

- satasmā baddho naro raññā iṇatthena : 사람은 빚진 100[냥] 때문에 왕에게 체포되었다.

제3 격어미도 [이 apādāna를 나타내는 단어에] 사용된다. [그 예는 다음과 같다.] satena vā baddho naro 〈raññā iṇatthena〉.

15) 미덕·특성에 관한 말과 관련될 때, [apādāna의 예는 다음과 같다.] puññāya sugatiṃ yanti. cāgāya vipulaṃ dhanaṃ. puññāya 〈vimutto〉 mano. issariyā janaṃ rakkhati rājā.

- puññāya sugatiṃ yanti : 공덕으로 인해 선도(善道)에 간다.
- cāgāya vipulaṃ dhanaṃ : 베풂에 의한 막대한 부

• puññāya vimutto mano : 공덕으로 인해 마음이 자유롭다.

• issariyā janaṃ rakkhati rājā : 왕은 최고 권력으로 백성을 다스린다.

16) 묻는 내용에서, tvā[로 끝나는 단어와] 대격 단어 또는 처격 단어의 탈락이 있지만 [그 함축적 의미가 명백할 때, apādāna의 예는 다음과 같다.] Abhidhammā pucchanti. Abhidhammaṃ sutvā Abhidhamme ṭhatvā vā. Vinayā pucchanti. Vinayaṃ sutvā Vinaye ṭhatvā vā.

• Abhidhammā pucchanti : 아비담마에 관해 묻는다.(아비담마를 들었거나 아비담마에 근거한다는 것은 이미 내포되어 있음.) [탈락한] Abhidhammaṃ sutvā Abhidhamme ṭhatvā vā[가 앞 문장에 붙었을 때의 국역은 다음과 같다]. 아비담마를 듣고는 또는 아담마다에 근거하여 아비담마에 관해 묻는다.

• Vinayā pucchanti : 위나야에 관해 묻는다.(위나야를 들었거나 위나야에 근거한다는 것은 이미 내포되어 있음.) [탈락한] Vinayaṃ sutvā Vinaye ṭhatvā vā[가 앞 문장에 붙었을 때의 국역은 다음과 같다]. 위나야를 듣고는 또는 위나야에 근거하여 위나야에 관해 묻는다.

제2 격어미와 제3 격어미도 [이 apādāna를 나타내는 단어에] 사용된다. [그 예는 다음과 같다.] Abhidhammaṃ Abhidhammena vā. Vinayaṃ Vinayena vā.

sutta, geyya, gāthā, Veyyākaraṇa, Udāna, Itivuttaka, Jātaka, Abbhutadhamma, Vedalla 등등에도 이렇게 적용된다.

17) 대답하는 내용에서, tvā[로 끝나는 단어와] 대격 단어 또는 처격 단어의 탈락이 있지만 [그 함축적 의미가 명백할 때, apādāna의 예는 다음과 같다.] Abhidhammā kathayanti. Abhidhammaṃ sutvā Abhidhamme ṭhatvā vā.[214] Vinayā kathayanti. Vinayaṃ sutvā Vinaye ṭhatvā vā.

- Abhidhammā kathayanti : 아비담마에 관해 대답한다.(아비담마를 들었거나 아비담마에 근거한다는 것은 이미 내포되어 있음.) [탈락한] Abhidhammaṃ sutvā Abhidhamme ṭhatvā vā[가 앞 문장에 붙었을 때의 국역은 다음과 같다]. 아비담마를 듣고는 또는 아담마다에 근거하여 아비담마에 관해 대답한다.
- Vinayā kathayanti : 위나야에 관해 대답한다.(위나야를 들었거나 위나야에 근거한다는 것은 이미 내포되어 있음.) [탈락한] Vinayaṃ sutvā Vinaye ṭhatvā vā[가 앞 문장에 붙었을 때의 국역은 다음과 같다]. 위나야를 듣고는 또는 위나야에 근거하여 위나야에 관해 대답한다.

제2 격어미와 제3 격어미도 [이 apādāna를 나타내는 단어에] 사용된다. [그 예는 다음과 같다.] Abhidhammaṃ Abhidhammena vā. Vinayaṃ Vinayena vā.

sutta, geyya, gāthā, Veyyākaraṇa, Udāna, Itivuttaka, Jātaka, Abbhutadhamma, Vedalla 등등에도 이렇게 적용된다.

---

214 다른 텍스트에는 있고 PTS본에 빠져 있는 "Abhidhammaṃ sutvā Abhidhamme ṭhatvā vā"는 꼭 있어야만 규칙 이해에 도움이 되므로 이 문장을 삽입하였다.

18) '적다, 작다'의 의미와 관련될 때, [apādāna의 예는 다음과 같다.]

thokā muccati. appamattakā muccati. kicchā muccati.

- thokā muccati. 적은 것으로 자유로워진다.
- appamattakā muccati. 사소한 것으로 자유로워진다.
- kicchā muccati. 어렵게 자유로워진다.

제3 격어미도 [이 apādāna를 나타내는 단어에] 사용된다. [그 예는 다음과 같다.] thokena. appamattakena. kicchena.

19) [명백한 이유가 있지만] 행위자는 없을 때, [apādāna의 예는 다음과 같다.] kammassa katattā upacitattā ussannattā vipulattā uppannaṃ cakkhuviññāṇaṃ.

- kammassa katattā upacitattā ussannattā vipulattā uppannaṃ cakkhuviññāṇaṃ. 업의 지음과 쌓임과 넘침과 풍부함으로 안식(眼識)이 생긴다.

|| ***yassa dātukāmo rocate vā dhārayate vā taṃ sampadānaṃ*** ||
|| **278** ||[215]

[무언가를] 누군가에게 주고자 할 때 그 '누구', [무엇이] 누군가를 기쁘게 할 때 그 '누구', 누군가를 위해 [무언가를] 잡을 때 그 '누구', 그

215 KV278-279는 sampadāna에 관한 규칙이다. sampadāna를 나타낼 때 기본적으로 제4 격어미가 사용되지만, 다른 격어미가 사용되는 경우도 언급된다.

것은 'sampadāna'[216]라고 불린다.

[그 예는 다음과 같다.] samaṇassa cīvaraṃ dadāti. samaṇassa rocate saccaṃ. Devadattassa suvaṇṇachattaṃ dhārayate Yaññadatto.

- samaṇassa cīvaraṃ dadāti : 수행자에게 법의를 준다.
- samaṇassa rocate saccaṃ : 진리는 수행자를 기쁘게 한다.
- Devadattassa suvaṇṇachattaṃ dhārayate Yaññadatto : 얀냐닷따는 데와닷따를 위해 황금양산을 들고 있다.

'sampadāna'에 대해 말하는 목적이 무엇인가? [이 규칙을 참고하여] 규칙 "sampadāne catutthī"(KV295)에 [언급되는 용어 sampadāna를 정확히 이해할 수 있게 하기 위함이다.]

‖ ***silāghahanuṭṭhāsapadhārapihakudhaduhissôsuyya-rādhikkhappaccāsuṇaanupatigiṇapubbakattārocanatthatadatthatumatthâlamatthamaññanādarappāṇinigatyatthakammaṇi-āsiṃsatthasammutibhiyyasattamyatthesu ca*** ‖ **279** ‖

어근 silagha(칭찬하다), hanu(숨다), ṭhā(서 있다), sapa(저주하다, 욕하다),

216 sampadāna라는 개념은 기본적으로 제4 격어미(단수 sa, 복수 naṃ)로 표현된다. 제4 격어미는 국내에서 여격, 위함격 등으로 불린다. sampadāna의 글자 그대로의 의미는 '주기', '증여'이지만, kāraka로서 sampadāna를 국내에 통용되는 용어로 표현하자면, '여격이 의미하는 것', '여격이 나타내는 것'이라 할 수 있다. '~에게 주고 싶다.', '~을 기쁘게 한다.', '~을 위해 잡는다/든다.'에서 '~에게, ~을, ~을 위해'가 나타내는 것이 sampadāna이다.

dhara(잡다, 젊어지다), piha(부러워하다, 선망하다), kudha(화가 나다), duha(고통을 주다, 망치다), issa(화가 나다, 시샘하다)와 관련될 때; usuyya(질투)[의 뜻을 가진 어근과] 관련될 때; 어근 rādha(기쁘게 하다)와 ikkha(보다)와 관련될 때; pati, ā가 붙는 어근 su(듣다)와 anu, pati가 붙는 어근 ge(노래하다)와 함께 사용되어 이전에 주어였던 것과 관련될 때; 알린다는 의미, '그것을 위해서'라는 의미, 접미사 tuṃ의 의미(~위하여), [불변화사] alaṃ의 의미에; maññe(나는 생각한다)의 뜻으로 무생물과 비교하면서 경시하는 것과 관련될 때; 가는 것을 의미하는 목적어와 관련될 때; 축복의 의미에; 승낙(sammuti)과 더욱(bhiyya)과 제7 [격어미가 사용되는] 의미와 관련될 때; 그것은 'sampadāna'라고 불린다.

1) 어근 silagha(칭찬하다)와 관련될 때, [sampadāna의 예는 다음과 같다.] Buddhassa silāghate. dhammassa silāghate. saṅghassa silāghate. ⟨saka-upajjhāyassa silāghate⟩. tava silāghate. mama silāghate.

- Buddhassa silāghate : 부처님을 칭송한다.
- dhammassa silāghate : 법을 칭송한다.
- saṅghassa silāghate : 승가를 칭송한다.
- saka-upajjhāyassa silāghate : 자신의 스승을 칭송한다.
- tava silāghate : 당신을 칭송한다.
- mama silāghate : 나를 칭송한다.

2) 어근 hanu(숨다)와 관련될 때, [sampadāna의 예는 다음과 같다.]

hanute tuyhaṃ eva. hanute mayhaṃ eva.

- hanute tuyhaṃ eva : 당신에게서 숨는다.
- hanute mayhaṃ eva : 나에게서 숨는다.

3) 어근 ṭhā(서 있다)와 관련될 때, [sampadāna의 예는 다음과 같다.] upatiṭṭheyya Sakyaputtānaṃ vaḍḍhaki. bhikkhussa bhuñjamānassa pāniyena vā vidhūpena vā upatiṭṭheyya.

- upatiṭṭheyya Sakyaputtānaṃ vaḍḍhaki : 목수는 사꺄의 아들들을(스님들을) 보살펴야 한다.
- bhikkhussa bhuñjamānassa pānīyena vā vidhūpanena vā upatiṭṭheyya : 식사하는 비구를 물이나 부채를 들고 보살펴야 한다.

4) 어근 sapa(저주하다, 욕하다)와 관련될 때, [sampadāna의 예는 다음과 같다.] tuyhaṃ sapate. mayhaṃ sapate.

- tuyhaṃ sapate : 당신에게 욕한다.
- mayhaṃ sapate : 나에게 욕한다.

5) 어근 dhara(잡다, 짊어지다)와 관련될 때, [sampadāna의 예는 다음과 같다.] suvaṇṇaṃ te dhārayate. suvaṇṇaṃ me dhārayate.

- suvaṇṇaṃ te dhārayate : 당신의 금을 짊어지고 있다(빚지고 있다).
- suvaṇṇaṃ me dhārayate : 나의 금을 짊어지고 있다(빚지고 있다).

6) 어근 piha(부러워하다, 선망하다)와 관련될 때, [sampadāna의 예는 다

음과 같다.] Buddhassa aññatitthiyā pihayanti. devā dassanakāmā te. yato icchāmi bhaddantassa. samiddhānaṃ pihayanti daliddā.

- Buddhassa aññatitthiyā pihayanti : 이교도들은 부처님을 선망한다.
- devā dassanakāmā te : 신들이 당신을 보고 싶어 한다.
- yato icchāmi bhaddantassa : [나는] 덕 높은 분을 원하기에
- samiddhānaṃ pihayanti daliddā : 가난한 사람들은 부자를 부러워 한다.

7) 어근 kudha(화가 나다), 어근 duha(고통을 주다, 망치다), 어근 issa(화가 나다, 시샘하다), usuyya(질투)[의 뜻을 가진 어근]과 관련될 때, [sampadāna의 예는 다음과 같다.] kodhayati Devadattassa. tassa kujjha mahāvīra. duhayati disānaṃ megho. titthiyā samaṇānaṃ issayanti. titthiyā samaṇānaṃ usuyyanti lābhagiddhena. dujjanā guṇavantānaṃ usuyyanti guṇavaḍḍhena. kā usuyyā vijānataṃ.

- kodhayati Devadattassa : 데와닷따에게 화가 났다.
- tassa kujjha mahāvīra : 위대한 영웅이여, 그에게 화내시오.
- duhayati disānaṃ megho : 비는 [그] 지역에 영향을 끼친다.
- titthiyā samaṇānaṃ issayanti : 이교도들은 사문들을 질투한다.
- titthiyā samaṇānaṃ usuyyanti lābhagiddhena : 이교도들은 물질에 대한 욕망으로 사문들을 질투한다.
- dujjanā guṇavantānaṃ usuyyanti guṇavaḍḍhena : 나쁜 사람들은 덕 있는 이들에게 덕이 늘어나는 것을 질투한다.
- kā usuyyā vijānataṃ : 지혜로운 이들에게 무슨 질투인가?

8) 어근 rādha(기쁘게 하다)와 ikkha(보다)와 관련되고, 침묵하는 이에게 질문할 때의 그 대상과 행위(감정)를 알리고자 하는 그 대상, 그것은 'sampadāna'라고 불린다. 제2 격어미도 [이 sampadāna를 나타내는 단어에] 사용된다. [그 예는 다음과 같다.] ārādho 'haṃ rañño. ārādho 'haṃ rājānaṃ.[217] ky āhaṃ ayyānaṃ aparajjhāmi · ky āhaṃ ayye aparajjhāmi. cakkhuṃ janassa dassanāya taṃ viya maññe. āyasmato Upālitherassa upasampadâpekkho Upatisso āyasmantaṃ vā.

- ārādho 'haṃ rañño : 나는 왕에게 만족한다.
- ārādho 'haṃ rājānaṃ : 나는 왕에게 만족한다. (제2 격어미 사용)
- ky āhaṃ ayyānaṃ aparajjhāmi : 제가 그분들에게 무엇을 잘못했나요?
- ky āhaṃ ayye aparajjhāmi : 제가 그분들에게 무엇을 잘못했나요? (제2 격어미 사용)
- cakkhuṃ janassa dassanāya taṃ viya maññe : 당신이 [사람을 보듯] 눈이 사람을 본다고 생각한다.
- āyasmato Upālitherassa upasampadâpekkho Upatisso : 우빠띳사는 우빨리 장로에게서 구족계 받기를 원한다. [제2 격어미가 붙은] āyasmantaṃ[도 가능하다.]

217 PTS본에는 ārādho me rañño, ārādho me rājānaṃ인데, me 대신에 ahaṃ이 있어야 문법적으로 알맞아서, 다른 텍스트를 참고하여 ārādho 'haṃ rañño, ārādho 'haṃ rājānaṃ으로 고쳐 넣었다.

9) [접두사] pati, ā가 붙는 어근 su(듣다)와 [접두사] anu, pati가 붙는 어근 ge(노래하다)와 관련된 것으로 이전에 주어(행위의 주체)였던 것이 [이 sampadāna이다.] pati, ā가 붙는 suṇoti의 목적어이자 이전에 주어는 'sampadāna'라고 불린다. [그 예는 다음과 같다.] te bhikkhū Bhagavato paccassosuṃ. āsuṇanti Buddhassa bhikkhū.

- te bhikkhū Bhagavato paccassosuṃ : 그 비구들은 세존에게 응답했다.[218] (어근에 pati가 붙음.)
- āsuṇanti Buddhassa bhikkhū : 비구들은 세존 [말씀을] 듣는다. (어근에 ā가 붙음.)

[접두사] anu, pati가 붙는 어근 ge와 관련될 때도 목적어이자 이전에 주어(행위의 주체)는 'sampadāna'라고 불린다. [그 예는 다음과 같다.] bhikkhu janaṃ dhammaṃ sāveti. tassa bhikkhuno jano anugiṇāti. tassa bhikkhuno patigiṇāti.

[예를 제시하기 전에 이 문장을 보자.] bhikkhu janaṃ dhammaṃ sāveti. 비구는 사람들에게 법을 듣게 한다. [이 문장에서 bhikkhu는 주어이므로 제1 격어미가 사용되었지만, 다음 문장에서는 격이 바뀌면서 bhikkhuno가 된다.]

- tassa bhikkhuno jano anugiṇāti : 사람들은 그 비구를 따라 읊는다.[219] (어근에 anu가 붙음.)

---

218 "그 비구들은 세존에게 응답했다."의 문맥상 그 이전에 "세존께서 비구들을 부르셨다."의 상황이 있을 것이다. 그래서 '세존'이 이전에 주어이자, pati가 붙은 paccassosuṃ(응답했다)의 목적어이므로 sampadāna는 '세존에게(Bhagavato)'이다.

219 "사람들은 저 비구를 따라 읊는다."의 이전에 "비구는 사람들에게 법을 듣게 한

• tassa bhikkhuno patigiṇāti : 그 비구에게 동의했다. (어근에 pati가 붙음.)

10) 알린다/말한다/선언한다는 의미와 관련될 때, [sampadāna의 예는 다음과 같다.] ārocayāmi vo bhikkhave. āmantayāmi vo bhikkhave. paṭivedayāmi vo bhikkhave. ārocayāmi te mahārāja paṭivedayāmi te mahārāja. ārocemi kho te mahārāja paṭivedemi kho te mahājāja.

• ārocayāmi vo bhikkhave : 비구들이여, [나는] 그대들에게 선언한다.
• āmantayāmi vo bhikkhave : 비구들이여, [나는] 그대들에게 말한다.
• paṭivedayāmi vo bhikkhave : 비구들이여, [나는] 그대들에게 알린다.
• ārocayāmi te mahārāja paṭivedayāmi te mahārāja : 대왕이여, [나는] 그대에게 선언합니다. 대왕이여, 나는 그대에게 알립니다.
• ārocemi kho te mahārāja paṭivedemi kho te mahājāja : 대왕이여, [나는] 그대에게 선언합니다. 대왕이여, 나는 그대에게 알립니다.

11) '그것을 위해서'라는 의미와 관련될 때, [sampadāna의 예는 다음과 같다.] ūnassa pāripūriyā. Buddhassa atthāya dhammassa

---

다."가 있다. '비구'는 이전에 주어이자, anugiṇāti(따라 읊는다)의 목적어이므로 여기서 sampadāna는 '비구를(bhikkhuno)'이다.

atthāya saṅghassa atthāya jīvitaṃ pariccajāmi.

- ūnassa pāripūriyā : 부족함을 채우기 위해
- Buddhassa atthāya dhammassa atthāya saṅghassa atthāya jīvitaṃ pariccajāmi : 부처님의 이익을 위해, 법의 이익을 위해, 승가의 이익을 위해, [나의] 목숨을 바칩니다.

12) 접미사 tuṃ의 의미(~위하여, ~하려고)와 관련될 때, [sampadāna의 예는 다음과 같다.] lokânukampāya. atthāya hitāya sukhāya devamanussānaṃ. bhikkhūnaṃ phāsuvihārāya.

- lokānukampāya : 세상을 연민하여
- atthāya hitāya sukhāya devamanussānaṃ : 신과 인간의 이익, 복지, 행복을 위해
- bhikkhūnaṃ phāsuvihārāya : 비구들이 편안하게 머물게 하려고

13) [불변화사] alaṃ의 의미와 관련된 [sampadāna이다.] alaṃ은 자격 있음(적합함)과 거절의 의미가 있다. [그 예는 다음과 같다.] alaṃ me Buddho. alaṃ me rajjaṃ. alaṃ bhikkhu pattassa. alaṃ mallo mallassa. arahati mallo mallassa.

- alaṃ me Buddho : 부처님은 나에게 알맞다.(나는 부처님을 뵐 자격이 있다.)
- alaṃ me rajjaṃ : 왕국은 나에게 알맞다.(나는 왕국을 통치할 자격이 있다.)
- alaṃ bhikkhu pattassa : 비구는 발우를 [가질] 자격이 있다.
- alaṃ mallo mallassa : [그] 레슬링 선수는 [다른] 레슬링 선수와

[겨룰] 만하다.

- arahati mallo mallassa : [그] 레슬링 선수는 [다른] 레슬링 선수와 [겨룰] 만하다.

거절의 의미에 대한 예는 다음과 같다. alaṃ te rūpaṃ karaṇīyaṃ.

- alaṃ me hiraññasuvaṇṇena.
- alaṃ te rūpaṃ karaṇīyaṃ : 만들어진 외모는 너에게 필요 없다.
- alaṃ me hiraññasuvaṇṇena : 금은 나에게 필요 없다.

14) maññe(나는 생각한다)를 사용하여 무생물과 경시를 나타내는 [sampadāna이다.] '생각한다'의 뜻이지만 무생물과 비교하면서 경시하는 것과 관련될 때, [sampadāna의 예는 다음과 같다.] kaṭṭhassa tuvaṃ maññe. kaliṅgarassa tuvaṃ maññe.

- kaṭṭhassa tuvaṃ maññe : 나는 당신을 나무토막처럼 [하찮게] 생각한다.
- kaliṅgarassa tuvaṃ maññe : 나는 당신을 왕겨처럼 [하찮게] 생각한다.

무슨 목적으로 '경시를 나타낼 때'가 [명시되어 있는가]? [이 규칙에서 명시한 조건에 부합해야만 이 규칙의 기능이 적용된다는 것을 보여 주기 위해서이다. 다음과 같은 예에서는 이 규칙의 기능이 적용되지 않는데, 이것은 '경시를 나타낼 때'라는 조건에 부합하지 않기 때문이다.] suvaṇṇaṃ taṃ maññe 나는 당신을 황금처럼 생각한다. [이 예에서 suvaṇṇaṃ은 경시를 의미하는 단어가 아니다.]

무슨 목적으로 '무생물을 나타낼 때'가 [명시되어 있는가]? [이 규칙에서 명시한 조건에 부합해야만 이 규칙의 기능이 적용된다는 것을 보여 주기 위해서이다. 다음과 같은 예에서는 이 규칙의 기능이 적용되지 않는데, 이것은 '무생물을 나타낼 때'라는 조건에 부합하지 않기 때문이다.] gadrabhaṃ tuvaṃ maññe 나는 당신을 당나귀처럼 생각한다. [이 예에서 gadrabhaṃ은 무생물을 의미하는 단어가 아니다.]

15) 간다는 의미의 목적지와 관련될 때, [sampadāna의 예는 다음과 같다.] gāmassa pādena gato. nagarassa pādena gato. appo saggāya gacchati. saggassa gamanena vā. mūlāya paṭikasseyya saṅgho.

- gāmassa pādena gato : 걸어서 마을에 갔다.
- nagarassa pādena gato : 걸어서 도시에 갔다.
- appo saggāya gacchati : 소수만이 천상에 간다.
- saggassa gamanena vā : 천상에 가는 것으로
- mūlāya paṭikasseyya saṅgho : 승가는 처음 (상태로) 되돌려야 한다.

제2 격어미가 사용된 예는 다음과 같다. gāmaṃ pādena gato. nagaraṃ pādena gato. appo saggaṃ gacchati. saggaṃ gamanena vā. mūlaṃ paṭikasseyya saṅgho.

16) 축복의 의미와 관련될 때, [sampadāna의 예는 다음과 같다.] āyasmato dīghâyu hoti. bhaddaṃ bhavato hotu. kusalaṃ bhavato hotu. anāmayaṃ bhavato hotu. sukhaṃ bhavato hotu. svāgataṃ bhavato hotu.

• āyasmato dīghāyu hoti : 존자에게 긴 수명이 있습니다. (=존자는 장수합니다.)

• bhaddaṃ bhavato hotu : 존자에게 행운이 있기를!

• kusalaṃ bhavato hotu : 존자에게 선(공덕)이 있기를!

• anāmayaṃ bhavato hotu : 존자에게 건강이 있기를! (=존자가 건강하기를!)

• sukhaṃ bhavato hotu : 존자에게 행복이 있기를!

• svāgataṃ bhavato hotu : 존자에게 잘 오는 것이 있기를! (=존자를 환영합니다.)

17) 승낙(sammuti)과 관련될 때, [sampadāna의 예는 다음과 같다.] 〈aññatra saṅghasammutiyā bhikkhussa vippavatthuṃ na vaṭṭati〉. sādhu sammuti me tassa Bhagavato dassanāya.

• aññatra saṅghasammutiyā bhikkhussa vippavatthuṃ na vaṭṭati : 승가의 허락(공식적 인정)이 없는 한, [법복을] 멀리하는 것은 비구에게 적절하지 않다.

• sādhu sammuti me tassa Bhagavato dassanāya : 세존을 뵙는 것에 대한 허락은 나에게 좋은 일이다. (=세존을 뵐 수 있게 되어 나는 기쁘다.)

18) 더욱(bhiyya)과 관련될 때, [sampadāna의 예는 다음과 같다.] bhiyyoso mattāya.

• bhiyyoso mattāya : 더욱더, 더 많은

19) 제7 [격어미가 사용되는] 의미와 관련될 때, [sampadāna의 예는 다음과 같다.] tuyhañ c' assa āvikaromi. tassa me Sakko pāturahosi.[220]

- tuyhañ c' assa āvikaromi : 당신 앞에서 인정한다.
- tassa me Sakko pāturahosi : 신들의 왕(Sakka)이 나에게 나타났다.

[규칙에 있는 sattamyatthesu의] attha를 취함으로써, [제7 격어미가 사용되는 의미와 관련된 sampadāna의 예는] 많은 단어에서 나타난다. upamaṃ te karissāmi. dhammaṃ vo bhikkhave desissāmi. sappurisadhammañ ca vo Bhikkhave desissāmi.

- upamaṃ te karissāmi : 너에게 비유를 들겠다.
- dhammaṃ vo bhikkhave desissāmi : 비구들이여, 그대들에게 법을 설할 것이다.
- sappurisadhammañ ca vo Bhikkhave desissāmi : 비구들이여, 그대들에게 훌륭한 분(성자)의 가르침을 설할 것이다.

본질/가치(sāra) [등등의] 의미와 관련될 때, [sampadāna의 예는 다음과 같다.] desetu bhante Bhagavā dhammaṃ bhikkhūnaṃ. tassa phāsu hoti. tassa pahiṇeyya. yathā no Bhagavā byākareyya tathâpi tesaṃ byākarissāma. kappati samaṇānaṃ āyogo. amhākaṃ maṇinā attho. kimattho me Buddhena. seyyo me attho. bahūpakārā bhante

220 tuyhaṃ assa의 assa는 tuyhaṃ을 강조하기 위한 표현이고, tassa me의 tassa는 me를 강조하기 위한 표현이다.

Mahāpajāpatī Gotamī Bhagavato. bahūpakārā bhikkhave mātāpitaro puttānaṃ.

- desetu bhante Bhagavā dhammaṃ bhikkhūnaṃ : 세존께서 비구들에게 법을 설하시기를!
- tassa phāsu hoti : 그에게 편안함을 위한 것이다.
- tassa pahiṇeyya : 그에게 보내야 한다.
- yathā no Bhagavā byākareyya tathâpi tesaṃ byākarissāma : 세존께서 우리에게 설명해 주시는 대로 [우리는] 그들에게 설명할 것입니다.
- kappati samaṇānaṃ āyogo : 수행자들에게 옷 벨트는 허용되나요?
- amhākaṃ maṇinā attho : 우리에게 보석은 필요하다.
- kimattho me Buddhena : 부처님이 나에게 무슨 의미가 있는가?
- seyyo me attho : 나에게 숭고한 의미이다.
- bahūpakārā bhante Mahāpajāpatī Gotamī Bhagavato : 대덕이시여, 마하빠자빠띠 고따미는 세존에게 많은 도움을 주었습니다.
- bahūpakārā bhikkhave mātāpitaro puttānaṃ : 비구들이여, 부모는 아이들에게 많은 도움을 준다.

[규칙에] 단어 ca가 있는 것은 '정해지지 않음(달리 택할 여지)'을 의미하는 vā를 [앞 규칙에서] 끌어오기 위해서이다.[221] [그 예는 다음

221 vā라는 용어가 여기에 제시된 것은 아직 이 규칙에서 설명하지 않은 sampadāna의 예들도 문법적으로 가능하다는 것을 보여 주기 위한 것이다. 이 예문들에서

과 같다.] bhikkhusaṅghassa pabhū ayaṃ Bhagavā. desassa pabhū ayaṃ rājā. khettassa pabhū ayaṃ gahapati. araññassa pabhū ayaṃ luddako.

- bhikkhusaṅghassa pabhū ayaṃ Bhagavā : 이분 세존께서는 비구 승가의 통치자이시다.
- desassa pabhū ayaṃ rājā : 이 왕은 지역의 통치자이다.
- khettassa pabhū ayaṃ gahapati : 이 장자는 경작지의 주인이다.
- araññassa pabhū ayaṃ luddako : 이 사냥꾼은 숲의 주인이다.

‖ *yo 'dhāro taṃ okāsaṃ* ‖ 280 ‖

위치, 그것은 'okāsa'[222]라고 불린다. 위치(ādhāra)는 네 가지 종류로, 스며듦(byāpika), 근접(opasilesika), 영역에 속함(vesayika), 근처(sāmīpika)이다.

1) 스며듦(byāpika)에 대한 [예는 다음과 같다.] jalesu khīraṃ. tilesu telaṃ. ucchūsu raso.

- jalesu khīraṃ : 물속의 우유
- tilesu telaṃ : 참깨 속의 참기름
- ucchūsu raso : 사탕수수 속의 주스

---

pabhu(통치자, 주인)라는 단어는 주로 sampadāna를 나타내는 단어와 함께 사용됨을 보여 준다.

222 okāsa는 기본적으로 제7 격어미(단수 smiṃ, 복수 su)로 표현된다. 제7 격어미는 국내에서 처격, 처소격, 곳때격 등으로 불린다.

2) 닿음(opasilesika)에 대한 [예는 다음과 같다.] pariyaṅke rājā seti. āsane upaviṭṭho saṅgho.

- pariyaṅke rājā seti : 왕은 침상에 눕는다.
- āsane upaviṭṭho saṅgho : 승가는 자리에 앉아 있다.

3) 영역에 속함(vesayika)에 대한 [예는 다음과 같다.] bhūmīsu manussā caranti. antaḷikkhe vāyū vāyanti. ākāse sakuṇā pakkhandanti.

- bhūmīsu manussā caranti : 인간은 땅 위를 걷는다.
- antaḷikkhe vāyū vāyanti : 바람은 하늘에서 분다.
- ākāse sakuṇā pakkhandanti : 새들은 하늘에서 날아다닌다.

4) 근처(sāmīpika)에 대한 [예는 다음과 같다.] vane hatthino. Gaṅgāyaṃ ghoso. vaje gāviṃ duhanti. Sāvatthiyaṃ viharati Jetavane.

- vane hatthino. 숲 주변의 코끼리들
- Gaṅgāyaṃ ghoso. 갠지스강에서 [나는] 소리
- vaje gāviṃ duhanti. 소 우리에서 우유를 짠다.
- Sāvatthiyaṃ viharati Jetavane : 사왓티의 제따 숲에 머문다.

'okāsa'에 대해 말하는 목적이 무엇인가? [이 규칙을 참고하여] 규칙 "okāse sattamī"(KV304)에 [언급되는 용어 okāsa를 정확히 이해할 수 있게 하기 위함이다.]

[어떤 행위가] 행해지는 수단, 보는 수단, 듣는 수단, 그것은 'karaṇa'[223]라고 불린다.

[그 예는 다음과 같다.] dattena vihiṃ lunāti. vāsiyā rukkhaṃ tacchati. pharasunā rukkhaṃ chindati. kuddālena āvāṭaṃ khaṇati. hatthena kammaṃ karoti. cakkhunā rūpaṃ passati. sotena saddaṃ suṇāti.

- dattena vihiṃ lunāti : 낫으로 벼를 벤다.
- vāsiyā rukkhaṃ tacchati : 까뀌로 나무를 깎는다.
- pharasunā rukkhaṃ chindati : 도끼로 나무를 벤다.
- kuddālena āvāṭaṃ khaṇati : 삽으로 구덩이를 판다.
- hatthena kammaṃ karoti : 손으로 일을 한다.
- cakkhunā rūpaṃ passati : 눈으로 형상을 본다.
- sotena saddaṃ suṇāti : 귀로 소리를 듣는다.

'karaṇa'에 대해 말하는 목적이 무엇인가? [이 규칙을 참고하여] 규칙 "karaṇe tatiyā"(KV288)에 [언급되는 용어 karaṇa를 정확히 이해할 수 있게 하기 위함이다.]

---

223 karaṇa(행위의 수단)라는 개념은 기본적으로 제3 격어미(단수 nā, 복수 hi)로 표현된다. 제3 격어미는 국내에서 구격, 도구격, 수단격 등으로 불린다. kāraka로서 karaṇa를 국내에 통용되는 용어로 표현하자면, '구격이 의미하는 것', '구격이 나타내는 것'이라 할 수 있다. '~으로 한다.', '~으로 본다.', '~으로 듣는다.'에서 '으로'가 나타내는 것이 karaṇa이다.

|| *yaṃ karoti taṃ kammaṃ* || 282 ||

행해지는 것, 보이는 것, 들리는 것, 그것은 'kamma'[224]라고 불린다. [그 예는 다음과 같다.] rathaṃ karoti. rūpaṃ passati. saddaṃ suṇāti. visaṃ gilati.

- rathaṃ karoti : 마차를 만든다.
- rūpaṃ passati : 형상을 본다.
- saddaṃ suṇāti : 소리를 듣는다.
- visaṃ gilati : 독을 삼킨다.

'kamma'에 대해 말하는 목적이 무엇인가? [이 규칙을 참고하여] 규칙 "kammatthe dutiyā"(KV299)에 [언급되는 용어 kamma를 정확히 이해할 수 있게 하기 위함이다.]

|| *yo karoti sa kattā* || 283 ||

행하는 자(행위주체), 그것은 'kattu'[225]라고 불린다.

---

224 kamma(행위의 목적 또는 대상)라는 개념은 기본적으로 제2 격어미(단수 aṃ, 복수 yo)로 표현된다. 제2 격어미는 국내에서 대격, 목적격, 대상격 등으로 표현된다. kāraka로서 kamma를 국내에서 통용되는 용어로 표현하자면, '대격이 의미하는 것', '대격이 나타내는 것'이라 할 수 있다. '~을 한다.', '~을 본다.', '~을 듣는다.'에서 '~을'이 나타내는 것이 kamma이다.

225 능동문에서 kattu(행위주체)는 제1 격어미(단수 si, 복수 yo)로 표현되고 이렇게 표현된 kattu가 논리상의 주어이다. 제1 격어미는 국내에서 주격, 주어격, 임자격 등으로 불린다. 수동문에서 kattu(행위주체)는 제3 격어미(단수 nā, 복수 hi)로 표현되고

[그 예는 다음과 같다.] ahinā daṭṭho naro. garuḷena hato nāgo. Buddhena jito Māro. Upaguttena baddho Māro.[226]

- ahinā daṭṭho naro : 뱀에게 사람이 물렸다. (=뱀이 사람을 물었다.)
- garuḷena hato nāgo : 금시조에 의해 뱀이 죽었다. (=금시조가 뱀을 죽였다.)
- Buddhena jito Māro : 부처님에게 악마는 정복되었다. (=부처님은 악마를 정복했다.)
- Upaguttena baddho Māro : 우빠굿따에게 악마는 묶였다. (=우빠굿따는 악마를 묶었다.)

'kattu'에 대해 말하는 목적이 무엇인가? [이 규칙을 참고하여] 규칙 "kattari ca"(KV290)에 [언급되는 용어 kattu를 정확히 이해할 수 있게 하기 위함이다.]

‖ *yo kāreti sa hetu* ‖ **284** ‖

행위주체에게 행하도록 하는 자, 그것은 '원인(hetu)'이면서 '행위주체(kattu)'라고 불린다.

[그 예는 다음과 같다.] so puriso taṃ purisaṃ kammaṃ kāreti. so puriso tena purisena kammaṃ kāreti. so puriso tassa purisassa

이렇게 표현된 kattu가 논리상의 주어이다.

226 이 예문들은 수동태 문장으로, 논리상의 주어에 제3 격어미가 붙었고, 목적어에 제1 격어미가 붙었다.

kammaṃ kāreti.[227]

- so puriso taṃ purisaṃ kammaṃ kāreti : 그 남자가 다른 남자에게 그 일을 하게 한다.[228]
- so puriso tena purisena kammaṃ kāreti : 그 남자가 다른 남자에게 그 일을 하게 한다.
- so puriso tassa purisassa kammaṃ kāreti : 그 남자가 다른 남자에게 그 일을 하게 한다.

hāreti(가져오게 한다), pāṭheti(읽게 한다), pāceti(요리하게 한다), dhāreti(들게 한다)에도 이렇게 적용된다.

'원인(hetu)'에 대해 말하는 목적이 무엇인가? [이 규칙을 참고하여] 규칙 "dhātūhi ṇeṇayaṇāpeṇāpayā kāritāni hetvatthe"(KV440)에 [언급되는 용어 hetu를 정확히 이해할 수 있게 하기 위함이다.]

‖ *yassa vā pariggaho taṃ sāmī* ‖ 285 ‖

소유물을 가진 자, 그것은 'sāmi'[229]라고 불린다.

---

227 이 예문들은 사역형 문장으로, 문장 안에 한 개의 주어와 두 개의 목적어와 한 개의 사역동사가 있다.

228 이 예문에서 한 개의 주어는 so puriso(그 남자가)이고, 두 개의 목적어는 taṃ purisaṃ(다른 남자에게)과 kammaṃ(일을)이고, 한 개의 사역동사는 kāreti(하게 한다)이다. 이 예문에서 목적어 taṃ purisaṃ은 제2 격어미가 붙은 것인데, 제3 격어미가 붙은 tena purisena나 제4 격어미가 붙은 tassa purisassa도 가능하다.

229 sāmi(소유자, 주인)라는 개념은 기본적으로 제6 격어미(단수 sa, 복수 naṃ)로 표현된다. 제6 격어미는 국내에서 속격, 소유격, 가짐격 등으로 불린다. 문장에서 sāmi

[그 예는 다음과 같다.] tassa bhikkhuno paṭiviso. tassa bhikkhuno pattaṃ. tassa bhikkhuno cīvaraṃ.

- tassa bhikkhuno paṭiviso : 그 비구의 몫
- tassa bhikkhuno pattaṃ : 그 비구의 발우
- tassa bhikkhuno cīvaraṃ : 그 비구의 법의

'sāmi'에 대해 말하는 목적이 무엇인가? [이 규칙을 참고하여] 규칙 "sāmismiṃ chaṭṭhī"(KV303)에 [언급되는 용어 sāmi를 정확히 이해할 수 있게 하기 위함이다.]

‖ *liṅgatthe paṭhamā* ‖ **286** ‖

[문법적] 성(남성, 여성, 중성)을 의미하고 나타낼 때, 제1 격어미가 사용된다.

[그 예는 다음과 같다.] puriso. purisā. eko. dve. ca. vā. 〈ha. aha. he. re. hare. are.〉[230]

- [일반명사] puriso. purisā.

를 나타내는 단어는 행위(동사)와 관계가 없으므로 빠알리어 문법가들은 sāmi를 kāraka 범주에 넣지 않는다. ālapana(부름격, 호격)도 같은 이유로 개별 kāraka로 간주하지 않는다. kāraka와는 상관없이, sāmi와 ālapana에도 그에 맞는 격어미는 사용된다.

230 이 예들은 제1 격어미가 사용되는 다양한 단어를 보여 주는데, 불변화사 뒤에 쓰이는 격어미는 탈락하는 반면, 일반명사 뒤에 사용되는 격어미는 격변화를 겪는다. 불변화사, 접두사 등의 뒤에 오는 격어미의 탈락 기능은 KV221에 제시된다.

• [수사] eko. dve.

• [불변화사] ca. vā.

• [부르는 말 불변화사] ha. aha. he. re. hare. are.

‖ *ālapane ca* ‖ 287 ‖[231]

[문법적] 성(남성, 여성, 중성)의 의미를 나타내고 부르는 말의 의미가 보태어질 때(호격에), 제1 격어미가 사용된다.

[그 예는 다음과 같다.] bho purisa. bhavanto purisā. bho rāja. bhavanto rājāno. he sakhe. he sakhino.

• bho purisa : 남자여!

• bhavanto purisā : 남자들이여!

• bho rāja : 왕이여!

• bhavanto rājāno : 왕들이여!

• he sakhe : 친구여!

• he sakhino : 친구들이여!

‖ *karaṇe tatiyā* ‖ 288 ‖

karaṇa[232]를 나타낼 때, 제3 격어미가 사용된다.

---

231 이 규칙의 ca는 이전 규칙의 단어를 끌어와 문맥을 맞추는 용도로, KV286의 paṭhamā를 의미한다.

[그 예는 다음과 같다.] agginā kuṭiṃ jhāpeti. manasā ce paduṭṭhena. manasā ce pasannena. kāyena kammaṃ karoti.

- agginā kuṭiṃ jhāpeti : 불로 오두막을 태운다.
- manasā ce paduṭṭhena : 만일 나쁜 마음으로
- manasā ce pasannena : 만일 청정한 마음으로
- kāyena kammaṃ karoti : 몸으로 일을 한다.

‖ *sahâdiyoge ca* ‖ 289 ‖ [233]

saha(함께) 등등과 관련되는 의미에, 제3 격어미가 사용된다.

[그 예는 다음과 같다.] sahā pi Gaggena saṅgho uposathaṃ kareyya. mahatā bhikkhusaṅghena saddhiṃ. sahassena samaṃ mitā.

- sahā pi Gaggena saṅgho uposathaṃ kareyya : 승가는 [비구] 각가(Gagga)와 함께 포살(布薩)을 행해야 한다.
- mahatā bhikkhusaṅghena saddhiṃ : 큰 비구 승가와 함께
- sahassena samaṃ mitā : 천으로 동등하게 측정하여

‖ *kattari ca* ‖ 290 ‖

[수동태 문장에서 논리상의] 주어/행위주체(kattu)[234]에 제3 격어미가

232 karaṇa의 정의와 용법에 대해서는 KV281을 참고하라.

233 KV289−294의 ca는 KV288의 tatiyā를 의미한다.

사용된다.

[그 예는 다음과 같다.] raññā hato poso. yakkhena dinno varo. ahinā daṭṭho naro.

- raññā hato poso : 왕에 의해 사람이 죽었다. (=왕이 사람을 죽였다.)
- yakkhena dinno varo : 야차에 의해 공덕이 베풀어졌다. (=야차가 공덕을 베풀었다.)
- ahinā daṭṭho naro : 뱀에게 사람이 물렸다. (=뱀이 사람을 물었다.)

|| *hetvatthe ca* || 291 ||

원인의 의미에, 제3 격어미가 사용된다.

[그 예는 다음과 같다.] annena vasati. dhammena vasati. vijjāya vasati. sakkārena vasati.

- annena vasati : 음식으로 산다.
- dhammena vasati : 법으로 산다.
- vijjāya vasati : 지식 때문에 산다.
- sakkārena vasati : 명예 때문에 산다.

|| *sattamyatthe ca* || 292 ||

제7 [격어미가 사용되는] 의미에, 제3 격어미가 사용된다.

---

234 kattu의 정의와 용법에 대해서는 KV283을 참고하라.

[그 예는 다음과 같다.] tena kālena. tena samayena. tena kho pana samayena.

- tena kālena : 그때
- tena samayena : 그때
- tena kho pana samayena : 그때

‖ *yen'aṅgavikāro* ‖ 293 ‖[235]

신체의 질병으로 인해 신체의 결함이 나타날 때, [결함이 있는 신체 부위를 나타내는 단어 뒤에] 제3 격어미가 사용된다.

[그 예는 다음과 같다.] akkhinā kāṇo. hatthena kuṇi. kāṇaṃ passatu nettena. pādena khañjo. piṭṭhiyā khujjo.

- akkhinā kāṇo : 눈이 먼 사람
- hatthena kuṇi : 손이 비뚤어진 사람
- kāṇaṃ passatu nettena : 눈먼 사람이 눈으로 보기를!
- pādena khañjo : 발을 저는 사람
- piṭṭhiyā khujjo : 등이 굽은 사람

235 KV288의 tatiyā가 KV294까지 이어지고 규칙마다 ca를 사용하여 tatiyā를 지시하고 있으므로 KV293에도 ca가 있어야 한다고 본다.

‖ *visesane ca* ‖ 294 ‖

[뜻을] 수식하는[236] 의미에, 제3 격어미가 사용된다.

[그 예는 다음과 같다.] gottena Gotamo nātho. 〈su〉vaṇṇena abhirūpo. tapasā uttamo.

- gottena Gotamo nātho : 부처님은 혈통상 고따마이다.
- suvaṇṇena abhirūpo : 금빛으로 잘생겼다.
- tapasā uttamo : 고행으로 고귀하다.

‖ *sampadāne catutthī* ‖ 295 ‖

sampadāna[237]를 나타낼 때, 제4 격어미가 사용된다.

[그 예는 다음과 같다.] Buddhassa vā dhammassa vā saṅghassa vā dānaṃ deti. dātā hoti samaṇassa vā brāhmaṇassa vā.

- Buddhassa vā dhammassa vā saṅghassa vā dānaṃ deti : 부처님, 법, 승가에 공양을 올린다.
- dātā hoti samaṇassa vā brāhmaṇassa vā : 사문이나 브라만에게 베푸는 자

236 뜻을 수식하는 한정사(visesana)에는, 수식하는 명사와 같은 격어미를 가지는 한정사가 있고, 이 규칙처럼 수식하는 명사와 다른 격어미를 가지는 한정사가 있다.

237 sampadāna의 정의와 용법에 대해서는 KV278−279를 참고하라.

‖ ***namoyogâdīsv api ca*** ‖ **296** ‖ [238]

namo(예경) 등등과 관련될 때, 제4 격어미가 사용된다.

[그 예는 다음과 같다.] namo te buddhavīr' atthu. sotthi pajānaṃ. namo karohi nāgassa. svāgatam te mahārāja.

- namo te buddhavīr' atthu : 위대한 부처님이시여! 당신께 예경 올리게 해주십시오.
- sotthi pajānaṃ : 존재들에게 축복이 [있기를!]
- namo karohi nāgassa : 용(부처님)에게 예경을 올리시오.
- svāgatam te mahārāja : 위대한 왕이시여! 당신을 환영합니다.

‖ ***apādāne pañcamī*** ‖ **297** ‖

apādāna[239]를 나타낼 때, 제5 격어미가 사용된다.

[그 예는 다음과 같다.] pāpā cittaṃ nivāraye. abbhā mutto va candimā. bhayā muccati so naro.

- pāpā cittaṃ nivāraye : 악으로부터 마음을 멀리해야 한다.
- abbhā mutto va candimā : 구름에서 벗어난 달처럼
- bhayā muccati so naro : 두려움에서 그 사람은 벗어난다.

---

238 이 규칙의 ca는 이전 규칙의 단어를 끌어와 문맥을 맞추는 용도로, KV295의 catutthī를 의미한다.

239 apādāna의 정의와 용법에 대해서는 KV273-277을 참고하라.

|| *kāraṇatthe ca* || 298 ||[240]

원인의 의미에, 제5 격어미가 사용된다.

[그 예는 다음과 같다.] ananubodhā appaṭivedhā. catunnaṃ ariyasaccānaṃ yathābhūtam adassanā.

- ananubodhā appaṭivedhā : 알지 못했고 꿰뚫지 못했기 때문에
- catunnaṃ ariyasaccānaṃ yathābhūtam adassanā : 네 가지 성스러운 진리를 있는 그대로 보지 못했기 때문에

|| *kammatthe dutiyā* || 299 ||

kamma[241]를 나타낼 때, 제2 격어미가 사용된다.

[그 예는 다음과 같다.] kaṭaṃ karoti. rathaṃ karoti. chattaṃ karoti. dhammaṃ suṇāti. Buddhaṃ pūjeti. vācaṃ bhāsati. taṇḍulaṃ pacati. coraṃ ghāteti. gavaṃ hanati. vīhayo lunāti.

- kaṭaṃ karoti : 매트를 만든다.
- rathaṃ karoti : 마차를 만든다.
- chattaṃ karoti : 양산을 만든다.
- dhammaṃ suṇāti : 법을 듣는다.

---

240 이 규칙의 ca는 이전 규칙의 단어를 끌어와 문맥을 맞추는 용도로, KV297의 pañcamī를 의미한다.

241 kamma의 정의와 용법에 대해서는 KV282를 참고하라.

• Buddhaṃ pūjeti : 부처님을 존경한다.
• vācaṃ bhāsati : 말을 한다.
• taṇḍulaṃ pacati : 밥을 짓는다.
• coraṃ ghāteti : 강도를 죽인다.
• gavaṃ hanati : 소를 죽인다.
• vīhayo lunāti : 벼를 벤다.

‖ *kāladdhānaṃ accantasaṃyoge* ‖ 300 ‖ [242]

[일정한] 기간이나 거리가 지속해서 이어질 때, 제2 격어미가 사용된다.

[그 예는 다음과 같다.] māsaṃ adhīte. yojanaṃ kalahaṃ karonto gacchati.

• māsaṃ adhīte : 한 달 동안 외운
• yojanaṃ kalahaṃ karonto gacchati : 1 요자나[의 거리]를 싸움하면서 간다.

무슨 목적으로 '지속해서 이어질 때'가 [명시되어 있는가]? [이 규칙에서 명시한 조건에 부합해야만 이 규칙의 기능이 적용된다는 것을 보여 주기 위해서이다. 다음과 같은 예에서는 이 규칙의 기능이 적용되

242 앞 규칙들의 ca 사용에 따르면 KV300-302에도 KV299의 dutiyā를 의미하는 ca가 있어야 하는데 제시되지 않았다. 규칙에 ca가 없더라도 해설이 그 내용을 제시하고 있어서 의미상의 문제는 없다.

지 않는데, 이것은 '지속해서 이어질 때'라는 조건에 부합하지 않기 때문이다.] saṃvacchare bhuñjati. 해마다 먹는다. [이 예는 시간이 지속해서 이어진 것이 아니기 때문에 제2 격어미가 아닌 제7 격어미가 사용된다.]

‖ *kammappavacanīyayutte* ‖ 301 ‖

행위를 표현하는 [접두사가] 있을 때, 제2 격어미가 사용된다.

[그 예는 다음과 같다.] taṃ kho pana Bhagavantaṃ Gotamaṃ evaṃ kalyāṇo kittisaddo abbhuggato. pabbajitaṃ anupabbajiṃsu.

- taṃ kho pana Bhagavantaṃ Gotamaṃ evaṃ kalyāṇo kittisaddo abbhuggato[243] : 그 존귀하신 고따마에 관하여 이와 같은 좋은 명성이 높아졌다.
- pabbajitaṃ anupabbajiṃsu[244] : 출가한 자를 따라서 출가하였다.

‖ *gatibuddhibhujapaṭhaharakarasayâdīnaṃ kārite vā* ‖ 302 ‖

gati, buddhi, bhuja, paṭha, hara, kara, saya 등등이 [가진] 어근들이 원인을 나타내는 [사역형으로] 사용될 때, [사역형 문장의 목적어 뒤

243 abbhuggato(높아졌다)의 접두사 abhi(~에 관하여)와 그 의미가 연결되는 '그 존귀하신 고따마'는 제2 격어미가 사용되어 bhagavantaṃ gotamaṃ이 된다.

244 anupabbajiṃsu(출가하였다)의 접두사 anu(~을 따라서)와 그 의미가 연결되는 '출가한 자'는 제2 격어미가 사용되어 pabbajitaṃ이 된다.

에] 제2 격어미가 선택에 따라 사용된다.

[그 예는 다음과 같다.] puriso purisaṃ gāmaṃ gāmayati. puriso purisena vā. puriso purisassa vā.

- puriso purisaṃ gāmaṃ gāmayati : 남자는 [다른] 남자를 마을로 가게 했다.
- puriso purisena vā (제3 격어미 사용례), puriso purisassa vā (제6 격어미 사용례)

bodhayati(알게 한다), bhojayati(먹게 한다), pāṭhayati(읽게 한다), hārayati(가져오게 한다), kārayati(하게 한다), sāyayati(눕게 한다)에도 이렇게 적용된다. 모든 [사역형 문장에] 이렇게 적용된다.

|| *sāmismiṃ chaṭṭhī* || 303 ||

sāmi[245]를 나타낼 때, 제6 격어미가 사용된다.

[그 예는 다음과 같다.] tassa bhikkhuno paṭiviso. tassa bhikkhuno mukhaṃ. tassa bhikkhuno pattacīvaraṃ.

- tassa bhikkhuno paṭiviso : 그 비구의 몫
- tassa bhikkhuno mukhaṃ : 그 비구의 얼굴
- tassa bhikkhuno pattacīvaraṃ : 그 비구의 발우와 법의

245 sāmi의 정의와 용법에 대해서는 KV285를 참고하라.

‖ *okāse sattamī* ‖ 304 ‖

okāsa[246]를 나타낼 때, 제7 격어미가 사용된다.

[그 예는 다음과 같다.] gambhīre odakantike. pāpasmiṃ ramati mano. Bhagavati brahmacariyaṃ vasati kulaputto.

- gambhīre odakantike : 물 밑바닥 깊은 곳에
- pāpasmiṃ ramati mano : 마음은 악을 즐긴다.
- Bhagavati brahmacariyaṃ vasati kulaputto : 명문가의 아들이 부처님 안에서 범행(梵行)을 닦는다.

‖ *sāmissarâdhipatidāyādasakkhippatibhūpasūtakusalehi ca* ‖ 305 ‖[247]

단어 sāmi, issara, adhipati, dāyāda, sakkhi, patibhū, pasūta, kusala와 관련이 있을 때, 제6·제7 격어미가 사용된다.

[그 예는 다음과 같다.] gaṇānaṃ sāmi. goṇesu issaro. goṇānaṃ adhipati. goṇesu adhipati. goṇānaṃ dāyādo. goṇesu dāyādo. goṇānaṃ sakkhi. goṇesu sakkhi. goṇānaṃ patibhū. goṇesu patibhū. goṇānaṃ pasūto. goṇesu pasūto. goṇānaṃ kusalo. goṇesu kusalo.

- gaṇānaṃ sāmi : 소의 주인

246 okāsa의 정의와 용법에 대해서는 KV280을 참고하라.

247 KV305–307의 ca는 KV303의 chaṭṭhī와 KV304의 sattamī를 의미한다.

• goṇesu issaro : 소의 지배자
• goṇānaṃ adhipati(6격).[248] goṇesu adhipati(7격) : 소의 통치자
• goṇānaṃ dāyādo(6격). goṇesu dāyādo(7격) : 소의 상속인
• goṇānaṃ sakkhi(6격). goṇesu sakkhi(7격) : 소의 증인
• goṇānaṃ patibhū(6격). goṇesu patibhū(7격) : 소의 보증인
• goṇānaṃ pasūto(6격). goṇesu pasūto(7격) : 소의 생산자
• goṇānaṃ kusalo(6격). goṇesu kusalo(7격) : 소의 전문가

‖ *niddhāraṇe ca* ‖ 306 ‖

[비교하기 위한 목적으로 많은 것을] 열거할 때도, 제6 · 제7 격어미가 사용된다.

[그 예는 다음과 같다.] kaṇhā gāvīnaṃ sampannakhīratamā · kaṇhā gāvīsu sampannakhīratamā. sāmā nārīnaṃ dassanīyatamā · sāmā nārīsu dassanīyatamā. manussānaṃ khattiyo sūratamo · manussesu khattiyo sūratamo. pathikānaṃ dhavanto sīghatamo · pathikesu dhavanto sīghatamo.

• kaṇhā gāvīnaṃ sampannakhīratamā(6격). kaṇhā gāvīsu sampannakhīratamā(7격) : 소들 가운데 검은 것이 가장 풍족한 우유

248 제6 격어미가 사용된 것과 제7 격어미가 사용된 것을 구분하기 위해 필자가 임의로 약칭하여 6격, 7격이라 하였다. 이렇게 약칭 표기한 것은 KV305-307 예시 단어에 한한다.

를 가지고 있다.

- sāmā nārīnaṃ dassanīyatamā(6격). sāmā nārīsu dassanīyatamā(7격) : 여자들 가운데 금빛 피부색을 가진 사람이 가장 아름답다.
- manussānaṃ khattiyo sūratamo(6격). manussesu khattiyo sūratamo (7격) : 인간들 가운데 캇띠야 카스트(전사 카스트)가 가장 용감하다.
- pathikānaṃ dhavanto sīghatamo(6격). pathikesu dhavanto sīghatamo(7격) : 행인들 가운데 달리는 사람이 가장 빠르다.

|| *anādare ca* || 307 ||

[동시에 일어나는 행위에서] 고려하지 않는 것에, 제6 · 제7 격어미가 사용된다.

[그 예는 다음과 같다.] rudato dārakassa pabbaji · rudantasmiṃ dārake pabbaji.

- rudato dārakassa pabbaji(6격). rudantasmiṃ dārake pabbaji(7격) : 아이의 울음에도 불구하고 [그는] 출가하였다.

|| *kvaci dutiyā chaṭṭhīnaṃ atthe* || 308 ||

제6 [격어미가 사용되는] 의미에, 때때로 제2 격어미가 사용된다.

[그 예는 다음과 같다.] apissu maṃ Aggivessana tisso upamāyo paṭibhaṃsu.

- apissu maṃ Aggivessana tisso upamāyo paṭibhaṃsu : 악기웻사나

(Aggivessana)여! 나에게 세 가지 비유가 떠올랐다.

|| *tatiyāsattamīnañ ca* || 309 || [249]

제3 · 제7 [격어미가 사용되는] 의미에도, 때때로 제2 격어미가 사용된다. [그 예는 다음과 같다.] sace maṃ samaṇo Gotamo nâlapissati. tvañ ca maṃ nâbhibhāsasi.

- sace maṃ samaṇo Gotamo nâlapissati : 사문 고따마가 나와 이야기하지 않으면
- tvañ ca maṃ nâbhibhāsasi : 너도 나와 이야기하지 않는다.

이처럼 제3 [격어미가 사용되는] 의미에, [제2 격어미가 사용된다.]

pubbaṇhasamayaṃ nivāsetvā. ekaṃ samayaṃ Bhagavā.

- pubbaṇhasamayaṃ nivāsetvā : 아침에 옷을 입고서
- ekaṃ samayaṃ Bhagavā : 한때 세존께서는

이처럼 제7 [격어미가 사용되는] 의미에, [제2 격어미가 사용된다.]

|| *chaṭṭhī ca* || 310 || [250]

제3 · 제7 [격어미가 사용되는] 의미에도, 때때로 제6 격어미가 사용

249 이 규칙의 ca는 이전 규칙의 단어를 끌어와 문맥을 맞추는 용도로, KV308의 dutiyā를 의미한다.

250 이 규칙의 ca는 이전 규칙의 단어를 끌어와 문맥을 맞추는 용도로, KV309의 tatiyāsattamīnaṃ을 의미한다.

된다.

[그 예는 다음과 같다.] kataṃ me kalyāṇaṃ. kataṃ me pāpaṃ.

• kataṃ me kalyāṇaṃ : 선은 나에 의해 행해졌다.

• kataṃ me pāpaṃ : 악은 나에 의해 행해졌다.

이처럼 제3 [격어미가 사용되는] 의미에, [제6 격어미가 사용된다.]

kusalā naccagītassa sikkhitā catur' itthiyo. kusalo tvaṃ rathassa aṅgapaccaṅgānaṃ.

• kusalā naccagītassa sikkhitā catur' itthiyo : 춤과 노래에 숙련되고 훈련된 영리한 여인

• kusalo tvaṃ rathassa aṅgapaccaṅgānaṃ : 당신은 마차의 여러 부품들에 능숙합니까?

이처럼 제7 [격어미가 사용되는] 의미에, [제6 격어미가 사용된다.]

‖ ***dutiyāpañcamīnañ ca*** ‖ **311** ‖

제2 · 제5 [격어미가 사용되는] 의미에도, 때때로 제6 격어미가 사용된다.

[그 예는 다음과 같다.] tassa bhavanti vattāro. sahasā tassa kammassa kattāro.

• tassa bhavanti vattāro : 그에게 말하는 자들이 있다.

• sahasā tassa kammassa kattāro : 갑자기 그 행위를 하는 자들

이처럼 제2 [격어미가 사용되는] 의미에 [제6 격어미가 사용된다.]

assavanatā dhammassa parihāyanti. kiṃ nu kho ahaṃ tassa sukhassa bhāyāmi. sabbe tasanti daṇḍassa. sabbe bhāyanti maccuno. bhīto catunnaṃ āsīvisānaṃ. bhāyāmi ghoravisassa nāgassa.

- assavanatā dhammassa parihāyanti : 가르침을 듣지 않으면 쇠퇴한다.
- kiṃ nu kho ahaṃ tassa sukhassa bhāyāmi : 왜 나는 그런 행복을 두려워하는가?
- sabbe tasanti daṇḍassa : 모두가 벌을 무서워한다.
- sabbe bhāyanti maccuno : 모두가 죽음을 두려워한다.
- bhīto catunnaṃ āsīvisānaṃ : 네 마리의 뱀을 두려워하여
- bhāyāmi ghoravisassa nāgassa : [나는] 무서운 독을 가진 뱀을 두려워한다.

이처럼 제5 [격어미가 사용되는] 의미에 [제6 격어미가 사용된다.]

‖ *kammakaraṇanimittatthesu sattamī* ‖ **312** ‖

kamma, karaṇa, 이유(nimitta)를 나타낼 때, 제7 격어미가 사용된다. [그 예는 다음과 같다.] sundarâvuso ime ājīvakā bhikkhusu abhivādenti.

- sundarâvuso ime ājīvakā bhikkhusu abhivādenti : 벗이여, 이 아지와까 교도들은 비구들에게 절한다.

이처럼 kamma의 의미에 [제7 격어미가 사용된다.]

hatthesu paṇḍāya caranti. pattesu piṇḍāya caranti. pathesu gacchanti.

• hatthesu piṇḍāya caranti : 손으로 탁발하러 간다.

• pattesu piṇḍāya caranti : 발우로(발우를 들고) 탁발하러 간다.

• pathesu gacchanti : 길로 간다.

이처럼 karaṇa의 의미에 [제7 격어미가 사용된다.]

dīpī cammesu haññate. kuñjaro dantesu haññate.

• dīpī cammesu haññate : 표범은 가죽 때문에 죽임을 당한다.

• kuñjaro dantesu haññate : 코끼리는 상아 때문에 죽임을 당한다.

이처럼 이유(nimitta)의 의미에 [제7 격어미가 사용된다.]

|| *sampadāne ca* || **313** ||[251]

sampadāna를 나타낼 때도, 제7 격어미가 사용된다.

[그 예는 다음과 같다.] saṅghe dinnaṃ mahapphalaṃ. saṅghe Gotami dehi. saṅghe dinne ahañ c' eva pūjito bhavissāmi.

• saṅghe dinnaṃ mahapphalaṃ : 승가에 올린 것은 큰 결실이 [있다.]

• saṅghe Gotami dehi : 고따미여, 승가에 보시하십시오.

• saṅghe dinne ahañ c' eva pūjito bhavissāmi : 승가에 보시하면 나도 공양 받을 것입니다. (=승가에 보시하면 나에게도 공양하는 것입니다.)

251 이 규칙의 ca는 이전 규칙의 단어를 끌어와 문맥을 맞추는 용도로, KV312의 sattamī를 의미한다. KV313–317은 KV312의 sattamī가 지속되는데 ca로 sattamī를 지시하는 규칙도 있지만, ca가 없는 규칙도 있다.

‖ *pañcamyatthe* ‖ 314 ‖

제5 [격어미가 사용되는] 의미로, 제7 격어미가 사용된다.

[그 예는 다음과 같다.] kadalīsu gaje rakkhanti.

- kadalīsu gaje rakkhanti : 코끼리들을 바나나 식물들로부터 멀리한다. (=바나나 식물들을 코끼리들로부터 보호한다.)

‖ *kālabhāvesu ca* ‖ 315 ‖

행위자가 [두] 시점 또는 [동시에 일어나는 두] 행위에 관여하고 있을 때도, 제7 격어미가 사용된다.

[그 예는 다음과 같다.] pubbaṇhasamaye gato. sāyaṇhasamaye āgato. bhikkhusaṅghesu bhojiyamānesu gato. bhuttesu āgato. gosu duyhamānāsu gato. duddhāsu āgato.[252]

- pubbaṇhasamaye gato sāyaṇhasamaye āgato : 아침 시간에 갔고, 저녁 시간에 왔다. (두 시점의 행위)
- bhikkhusaṅghesu bhojiyamānesu gato : 비구 승가가 공양하고 있을 때, [그는] 갔다. (동시 발생 행위)
- bhuttesu āgato : 다 먹었을 때, [그가] 왔다. (동시 발생 행위)

252 예문 "pubbaṇhasamaye gato, sāyaṇhasamaye āgato."는 행위자가 두 가지 시간에 관여하는 예이고, 그 외 예문들은 행위자가 동시 발생 행위에 관여하는 예들이다.

• gosu duyhamānāsu gato : 소젖을 짜고 있을 때, [그는] 갔다. (동시 발생 행위)

• duddhāsu āgato : 소젖을 다 짰을 때, [그가] 왔다. (동시 발생 행위)

‖ *upâdhy adhikissaravacane* ‖ 316 ‖

'우월함 · 열등함(adhika)'과 '통치자(issara)'를 의미하는 [접두사] upa와 adhi가 사용될 때, 제7 격어미가 사용된다.

[그 예는 다음과 같다.] upa khāriyaṃ doṇo. upa nikkhe kahāpaṇaṃ. adhi naccesu Gotamī. adhi Brahmadatte Pañcālā. adhi Devesu Buddho.

• upa khāriyaṃ doṇo : 도나(doṇa)는 카리(khāri)보다 아래이다.[253]

• upa nikkhe kahāpaṇaṃ : 까하빠나(kahāpaṇa)는 닉카(nikkha)보다 아래이다.[254]

• adhi naccesu Gotamī : 고따미는 무용수 중 우월하다. (=고따미는 무용수들의 수장이다.)

• adhi Brahmadatte Pañcālā : 빤짤라[의 백성들은] 브라흐마닷따의 통치하에 있다.

• adhi Devesu Buddho : 부처님은 신들보다 수승하다. (=부처님은 신들의 통치자이다.)

253 doṇa와 khāri는 고대 인도의 곡물 측정 단위이다.

254 kahāpaṇa와 nikkha는 고대 인도의 화폐 단위(동전)이다.

'분명한(maṇḍita)'과 '노력하는(ussuka)'의 의미에, 제3·제7 격어미가 사용된다.

[그 예는 다음과 같다.] ñāṇena pasīdito. ñāṇasmiṃ vā pasīdito. ñāṇena ussuko. ñānasmiṃ vā ussuko Tathāgato vā Tathāgatagotto vā Tathāgatasāvako vā.

- ñāṇena pasīdito : 지혜에 의해 명료해진
- ñāṇasmiṃ pasīdito : 지혜에 명료해진
- ñāṇena ussuko : 지혜에 의해 노력하는
- ñānasmiṃ ussuko Tathāgato vā Tathāgatagotto vā Tathāgatasāvako vā : 부처님, 부처님의 사람들, 또는 부처님의 제자는 지혜롭게 노력하는

여기까지 명사의 장의 여섯 번째 부분인 kāraka의 장이다.[255]

255 PTS본에는 "iti kārakakappe chaṭṭho kaṇḍo(여기까지 kāraka장의 여섯 번째 부분이다)." 라고 되어있지만, 이 Kāraka장은 Nāma장의 여섯 번째 부분인 Kāraka장이므로, "iti nāmakappe kārakakappo chaṭṭho kaṇḍo."라고 되어야 한다. 부분(kaṇḍa)이 끝날 때마다 등장하는 끝맺음 문장들과의 일관성을 위해 "iti nāmakappe kārakakappo chaṭṭho kaṇḍo."를 원문으로 삼고 그것에 맞게 국문 번역하였다.

참고문헌

KV : Kaccāyana-vyākaraṇa. → Pind (2013).
MV : Moggallāna-vyākaraṇa. → Kausalyayana (1965).
Sadd : Saddanīti. → Smith (2001).

강성용(2011). 『빠니니 읽기』. 파주: 한길사.

김서리(2017). 「빠알리어 시제에 관한 『깟짜야나 문법』과 『목갈라나 문법』의 규칙 분석」, 『인도철학』, 제51집. 서울: 인도철학회, 139-176.

_____(2021). 「빠알리어 동사어간을 만드는 활용문자에 관한 연구-『목갈라나 문법』과 『깟짜야나 문법』의 규칙을 중심으로」, 『인도철학』, 제61집. 서울: 인도철학회, 5-37.

백도수(2001). 『초급 빨리어 경전 강독』. 서울: 민속원.

수야홍원(2001). 『팔리어 문법』, 김형준 옮김. 서울: 연기사.

Anuruddha, K.(2004). *Dictionary of Pali Idioms*. Hong Kong: The Chi Lin Nunnery.

Buddhadatta, A. P.(1997). *The New Pali Course*, Parts II. Dehiwala: Buddhist Cultural Centre.

Collins, Steven(2006). *A Pali Grammar for Students*. Chiang Mai: Silkworm Books.

Deokar, Mehesh A.(2002). "A Comparative Study of the Pāṇinian Grammatical Tradition and the Three Grammars of Pali." PhD diss. University of Pune.

Geiger, Wilhelm(2000). *A Pāli Grammar*. 1st German ed. 1916; translated into English by Batakrishna Ghosh 1943; revised and edited by K. R. Norman 1994; Oxford: The Pali Text Society.

Joshi, J. R. & Koparkar, D. G.(1985). *Introduction to Pali*. Pune: University of Poona.

Kausalyayana, Bhadanta Ananda ed.(1965). *Moggallāna-vyākaraṇa*. Hoshiarpur: Vishveshvaranand Vedic Research Institute.

Maitreya, Balangoda Ananda(1992). *Pali Made Easy*. Dehiwala: Buddhist Cultural Centre.

Malai, Phramaha Thiab(1997). "Kaccāyana-Vyākaraṇa: A Critical Study," PhD diss. University of Pune.

Nandisena, U.(2005). *Kaccāyanabyākaraṇaṃ*. Yangon: International Theravada Buddhist Missionary University.

Norman, K. R.(1983). *Pāli Literature. A History of Indian Literature*, Vol.VII. Fasc. 2. Otto Harrassowitz: Wiesbaden.

Pind, Ole Hoten(1989). "Studies in the Pāli Grammarians I," *Journal of the Pali Text Society* 31, 33-82.

______________(2013). ed. *Kaccāyana and Kaccāyanavutti*. Bristol: The Pali Text Society.

Ruiz-Falqués, A.(2017). "On the Authorship of Kaccāyana, the Oldest Pāli Grammar," *Pariyatti: Studies in Pāli Language and Literature*. ed. Bimalendra kumar & Ujjwal Kumar, New Delhi: Aditya Prakashan, 251-268.

Smith, Helmer ed.(2001). *Saddanīti*, Vol.III Suttamāla. Oxford: The Pali Text Society.

Thitzana, A. ed.(2016a). *Kaccāyana Pāli Grammar*, Vol.I. The Complete Text. Onalaska: Pariyatti Press.

____________(2016b). *Kaccāyana Pāli Grammar*, Vol.II. translated into English with additional notes, simple explanations and tables. Onalaska: Pariyatti Press.

Warder, A. K.(1974). *Introduction to Pali*. 1st ed. 1963; London: The Pali Text Society.

Wijesekera, O. H. de A.(1993). *Syntax of the Cases in the Pali Nikayas*. Colombo: University of Kelaniya.

찾아보기

로마자 빠알리어(영어 알파벳순)

A

B

C

D

E

G

H

I

J

K

L

M

N

O

P

R

S

T

U

V

Y

한글

ㅇ

ㅈ

ㅊ

ㅌ

ㅎ

저자 소개

깟짜야나 Kaccāyana

신할라 전통에 따르면, 『깟짜야나 문법』의 저자는 부처님의 직계 제자인 마하깟짜야나(Mahākaccāyana)이지만, 여러 다른 학자들은 이 문법의 저자를 '깟짜야나(Kaccāyana)'라는 이름을 가진 후대의 인물로 추정한다. 많은 의견 중에서 6세기경 인도에서 활동한 인물이라는 의견이 가장 설득력이 있다.

이미 확립되어 있던 산스끄리뜨 문법의 틀을 받아들여 『깟짜야나 문법』의 규칙을 만들었을 것이라는 학자들의 의견에 비추어 볼 때, 동일하지는 않지만 언어적 공통점을 가진 산스끄리뜨와 빠알리어 사이에 섬세한 경계를 긋고 빠알리어에 적용할 수 있는 문법 규칙을 만든 것만으로도 『깟짜야나 문법』의 저자는 산스끄리뜨와 빠알리어에 능숙한 문법가였음을 짐작할 수 있다.

역주자 소개

김서리 金栖利

동국대학교(현 WISE캠퍼스) 불교학부를 졸업하고, 인도 뿌네대학교(현 Savitribai Phule Pune University)에서 박사학위를 받았다. 태국 마하출라롱콘라자위드얄라야 대학교와 동국대학교(WISE캠퍼스)에서 강의하였다. 역서로는 『담마빠다–빠알리어 문법과 함께 읽는 법구경』(2013, 불교출판문화상우수상 수상)이 있고, 빠알리어 문법과 관련된 다수의 논문이 있다.